国家出版基金项目
NATIONAL PUBLICATION FOUNDATION

朱旭东　丛书主编

中国教育改革开放 40 年

义务教育卷

施克灿　林钧　等 著

China
Education Reform
and Opening-up
40 Years

北京师范大学出版集团
BEIJING NORMAL UNIVERSITY PUBLISHING GROUP
北京师范大学出版社

丛书编委会

主　　任　顾明远

丛书主编　朱旭东

编　　委　(以姓氏笔画为序)

总　序

今年是改革开放 40 周年，40 年来我国教育取得了辉煌的成就。现在各个教育研究机构和出版机构都在总结 40 年的经验，出版各种丛书。这 40 年的成就是写多少书也说不周全的，但我想用五句话来做一个简要的概括。

第一，教育观念的转变。在解放思想的路线指导下，我们对教育的认识越来越深刻、越来越全面。特别是党的十八大以来，习近平总书记提出以人民为中心、教育公平是社会公平的重要基础、教育强则国家强的主张。今年教师节时，习近平总书记在全国教育大会上的讲话中首先强调教育对新时代坚持和发展中国特色社会主义的战略意义。他指出，教育是民族振兴、社会进步的重要基石，是功在当代、利在千秋的德政工程，对提高人民综合素质、促进人的全面发展、增强中华民族创新创造活力、实现中华民族伟大复兴具有决定性意义。教育是国之大计、党之大计。习近平总书记同时指出，教育的根本问题是培养什么人、怎样培养人、为谁培养人。中国共产党领导的社会主义教育，就是要培养德智体美劳全面发展的社会主义建设者和接班人。

第二，教育事业的发展。40 年来，我国全面普及了九年义务教育；学前教育已提前完成了《国家中长期教育改革和发展规划纲要（2010—2020 年）》提出的到 2020 年的指标，2017 年学前毛入园率达到 79.6%；高中阶段教育基本普及，2017 年毛入学率为 88.3%；高等教育，包括研究生教育实现了跨越式发展，2017 年各类高等教育在学总规模达到 3 779 万人，高等教育毛入学率达到 45.7%。2017年，全国有 2.7 亿人在各级各类学校学习，我国成为世界上受教育人口最多的教育大国。

第三，教育制度的创新。改革开放以来，我国逐步制定教育法律法规并不断完善。1980 年通过了《中华人民共和国学位条例》，之后，我国逐步制定了《中华人民共和国义务教育法》《中华人民共和国教师法》《中华人民共和国教育法》《中华人民共和国职业教育法》《中华人民共和国高等教育法》《中华人民共和国民办教育促进法》等，并根据教育事业的发展进行了修订或修正，使教育治理有法可依。现在希望尽早制定学前教育法、学校法，使幼儿园和学校的发展得到法律保障。

第四，教育科学的繁荣。改革开放之前，教育理论界人数很少，缺乏对教育实践中的理论问题和实际问题的研究。40 年来，中国特色社会主义教育理论体系初步形成，教育理论有了较大发展。教育科学的繁荣呈现出如下一些特点：一是改变了以前一本《教育学》一统天下的局面，恢复和创建了许多新兴学科，如教育哲学、教育经济学、教育社会学、比较教育学、课程与教学论等，研究成果丰硕；二是教育理论研究重视宏观战略研究，为我国教育事业发展的科学决策做出了一定的贡献；三是教育科学研究从书斋走向基层，教育理论工作者与广大教师共同开展教育研究，把教育改革落到实处，不仅提高了教育质量，而且积累了丰富的经验。

第五，从请进来到走出去。改革开放初期，我们打开窗户，发现世界教育已经走向现代化，于是我们如饥似渴地引进西方教育的先进理念、教育改革的经验，逐渐使我国的教育恢复起来，教育事业得到迅速发展。20 世纪 90 年代，我国教育学界开始走自己的路，创造中国特色社会主义教育理论和经验。特别是上海在 PISA（国际学生评估项目）中数次名列前茅，让外国学者对中国教育刮目相看。世界也在学习中国的教育经验。讲好中国教育故事是今后教育工作者的任务。我国多部教育著作已经被译成外文出版。2006 年，高等教育出版社就与 Springer 出版社合作出版了英文版杂志 *Frontiers of Education in China*，至今已 12 年，杂志受到外国学者的重视。这些都是中国教育走出去的标志。我们既要不断吸收世界优秀文明成果，又要讲好中国教育故事，让世界了解中国。

今后中国教育界应以习近平新时代中国特色社会主义思想为指导，贯彻落实党的十九大精神，深化教育改革，发展素质教育，推进教育公平，让每个孩子享有公平而有质量的教育。

北京师范大学出版社组织教育学术界同人，编写这套"中国教育改革开放 40 年"丛书，包括学前教育、义务教育、高中教育、高等教育、教师教育、职业教育、民办教育、终身教育、教育技术、课程与教学、政策与法律、关键数据与国际比较 12 卷。它是 40 年教育改革开放的总结，丰富了教育学术宝库。出版社要我写几句，是为序。

2018 年 11 月 5 日于北京求是书屋

目　录

第一章　普及义务教育的艰难历程　　　1

第一节　旧中国薄弱的义务教育基础　　　1

第二节　新中国普及小学教育的艰难历程　　　13

第三节　普及九年义务教育　　　19

第四节　经验与反思　　　28

第二章　义务教育管理体制的改革　　　46

第一节　"以县为主"的义务教育管理体制改革　　　47

第二节　"省级统筹，以县为主"的义务教育管理新模式　　　59

第三节　民办义务教育的改革和发展　　　67

第四节　义务教育学校内部管理改革　　　89

第三章　改革开放 40 年义务教育的成就　　　117

第一节　义务教育经费投入加大　　　118

第二节　农村义务教育取得巨大成就　　　125

第三节　弱势儿童接受义务教育的状况不断改善　　　134

第四节　义务教育信息化步伐加快　　　146

第四章　义务教育结构调整　156

　　第一节　义务教育结构调整的政策变迁　157
　　第二节　义务教育学制改革　165
　　第三节　基础教育结构调整的反思　187

第五章　义务教育课程与教学改革　203

　　第一节　义务教育课程结构的改革　203
　　第二节　义务教育教材的改革　222
　　第三节　义务教育阶段的教学改革　241

第六章　义务教育德育的改革与发展　258

　　第一节　改革开放以来中国义务教育德育改革概述　258
　　第二节　中国义务教育德育改革及反思　269

第七章　义务教育评价和考试制度改革　298

　　第一节　义务教育评价制度改革　298
　　第二节　招生和考试制度改革　319

后　记　325

第一章

普及义务教育的艰难历程

第一节　旧中国薄弱的义务教育基础

　　义务教育这一概念在旧中国的出现，昭示着中国义务教育的到来。义务教育这一概念由国外传入中国，最早的名称颇为不一。有人称之为"强迫教育"，有人谓其为"普及教育"，也有人叫它"免费教育"，等等。之所以称谓有这么多，原因是英语"Compulsory Education"的翻译有所不同。中国人借鉴日本人的翻译方法，称之为义务教育。

　　中国义务教育产生的年代，争议很大。综合来看，应从正式公布的法规和实际推行两个方面综合考察分析。

　　1904年，清政府发布了张百熙、张之洞和荣庆起草的学制，即《癸卯学制》，亦称《奏定学堂章程》。作为官方颁布实施的学制，《癸卯学制》中便有强制推行的规定，明令"除废疾、有事故外，不入学者罪其家长"。这是中国第一个颁布并实施了的学制，此后有的省份闻风响应，逐渐采取措施，加大推进义务教育。例如，张之洞1904年大力推进湖北的义务教育。初等教育方面，他下令州县自本年起，将应解庚子赔款改为"学堂捐"，悉数留下，作为各地兴办小学堂的专款，任何人不得挪用他途。他特地指出："此系学堂定名捐款，无论该处何项紧要公事，均不得擅行挪用。"①这不仅为湖北发展普及教育创造了一定的经济条件，也提供了经费保证。湖北省利用赔款办起了一大批小学堂。直隶总督袁世凯亦严令府厅州县于城乡遍设蒙小学堂。因此，中国近代义务教育发轫期定在 1904 年较为妥当，既有法律上的依据，也有实践上的依据。

从 1904 年义务教育开始在中国推广，直至南京国民政府的覆亡，在这期间，由于战争等原因，义务教育在中国的推行时断时续，兴废无常，形成了中国近代义务教育坎坷崎岖、起伏跌宕的特点。总体来说，这个时期的中国教育尤其是义务教育基础薄弱，不堪风雨。

一、时局动荡，义务教育兴废无常

义务教育在中国的政府文件中，最早见于 1902 年的《钦定学堂章程》，又叫《壬寅学制》。其中有云："儿童自六岁起受蒙学四年，十岁入寻常小学堂修业三年；俟各处学堂一律办齐后，无论何色人等，皆应受此七年教育，然后听其任为各项事业。"由此可以看出，《壬寅学制》中的确是有劝行"义务教育"的文字，此学制是清政府在学制上公布的第一个文件，具有绝对权威性。但是，《壬寅学制》虽然是我国颁布的第一个学制，但是其并未具体实施。1904 年，清政府颁布实施《癸卯学制》，其中也有强制推行义务教育的规定，明令"除废疾、有事故外，不入学者罪其家长"。这是中国第一个实施的学制，义务教育也由此兴办。

义务教育在清代实施的具体时段为 1904 年至 1911 年。其间，中央至地方虽然进行了多方努力，但因清政府腐败的政治及薄弱的经济基础，义务教育在这段时间虽然取得了一定的成绩，但总体来

---

① 《张文襄公全集》卷 105，847 页，中国书店 1990 年影印版。

说基础薄弱，难以实现当时许多人所提倡的教育救国理念。

　　1904 年后，学部及一些地方督抚提出并实施了一些推广义务教育的保证措施，将义务教育制度进一步法令化、规范化。例如，1905 年署理两江总督周馥、盛京将军赵尔巽奏设简易识字学堂，希望义务教育阶段的识字教育能收到良好的效果。同年直隶、湖北、湖南、甘肃等省为解决义务教育师资奇缺的问题，设立了优级师范、速成师范等。1906 年 1 月，学部通电各省设半日学堂，这是专收贫寒子弟的学校，不收取学费，亦不拘年龄。半日学堂为普及教育，方便儿童就学的重要教学组织形式。4 月，学部通电各省速将省城师范名额尽力扩充，至少设一年卒业之初级简易科生 500 人，以养成小学教习。7 月 23 日，学部通行第一次审定初等小学暂用书目。这一时期，大约 8 年时间，清政府的义务教育取得了一定的成就。

表 1-1　清末初等教育阶段学生数对比表

年份	小学以上全国学生数/人	初等教育阶段学生总数/人
1902	6 912	五六千
1903	31 428	两万余
1904	99 475	八万余
1905	258 876	二十三万余

表 1-2　清末义务教育阶段学堂、学生对比表

年份	初等教育各种学堂总数/所	各种学堂学生总数/人	小学生总数/人
1907	34 650	918 586	895 471
1908	41 379	1 192 921	1 153 780
1909	51 678	1 532 746	1 481 389

从表中数据可以看出，初等阶段尤其是小学生数量占所有学生数的比例非常高。但是，当时清政府约有 4 亿人口，在有统计数据的年份，初等阶段学生总数始终没有突破 30 万，这个比例实在太小了。加上当时民变四起，革命风起云涌，清政府腐败无能，国库亏空，债台高垒，实在难以全面普及义务教育。

这一时期义务教育基础的薄弱主要表现在以下几个方面。

首先，这个时期的义务教育缺乏民众基础。推行义务教育要有良好的民众根基。义务教育之所以在西方国家产生并全面普及，是以生产得到前所未有的发展，尤其是以资本主义大工业生产的发展对劳动者提出了高文化素质的要求为前提的。而当时的清政府还处于封建社会末期，因此，劳动者也就没有像西方劳动者那样渴望得到义务教育阶段的教育。再加上当时中国各级教育机构的教育内容依然空疏无用，国民无法从教育中得到实惠，因而产生不了受教育的需要。当时的老百姓知道义务教育的人更是凤毛麟角，更谈不上自发萌生追求教育的意愿。

其次，由于缺乏良好的教育基础，清末的义务教育因陋就简，教学组织形式未能统一。寺庙、祠堂及其他公共设施，都被用来充当初等小学校舍，推行义务教育。例如，1906 年 1 月，学部通电各省设半日学堂。此后，诸如简易学塾、改良私塾、女子小学堂等相继面世。各级各类教育机构相继投入至义务教育中，林林总总的义务教育机构说明了清政府希望用教育来改变中国现状的决心，同时也反映出了清政府对当时教育基础设施落后的无奈。

清政府也认识到了当时义务教育推广的不足之处，1911 年 7 月 15 日至 8 月 12 日，学部派张謇、张元济、傅增湘在北京主持召开了中央教育会。会议的十二项议决案中，有一项《试办义务教育章程案》，明确规定以四年为义务教育期，并提出了试办义务教育的办法。但是三个月后，辛亥革命爆发，这个时期的义务教育就此画上了一个句号。

辛亥革命结束了中国两千多年来的封建统治，同时也使得义务教育开始真正的发展。中华民国成立伊始，明令实行义务教育，义务教育在此时似乎要有大作为了，但是事实却并不那么顺畅。1912年1月，临时政府颁布第一个改造封建教育的法令——《普通教育暂行办法》，规定初等小学实行男女同校。小学读经科一律废止。凡各种教科书，务合于共和国教育之宗旨……确保了资产阶级民主革命的教育成果，推动了民初的教育改革。1912年7月10日至8月10日，蔡元培等在南京主持召开全国临时教育会议。同年9月，教育部公布《学校系统令》，即《壬子学制》，其后又颁布了《小学校令》《中学校令》，丰富完善了《壬子学制》的内容。经过修订，形成了《壬子癸丑学制》。这个学制规定初等小学四年，为义务教育，"毕业后得入高等小学校或实业学校"。此学制在我国推行十年，为国民政府建立起现代学制体系奠定了坚实的基础。

义务教育的推行绝非一朝一夕之事，《壬子癸丑学制》实施后，义务教育未见起色。正当南京临时政府想在义务教育方面有所作为时，袁世凯窃取了革命果实。时局的又一次动荡打击了义务教育在中国的开展。不过袁世凯掌握北京政权以后，对义务教育也十分重视。1914年12月教育部颁发的《整理教育方案草案》，提出整理义务教育的方案："确定义务教育年限，明白宣示，使地方知建学为对于国家之责任；各县暂就原有区画，分为若干学区，于一定期限内必须设置学校"。1915年1月1日，袁世凯下令颁发《教育宗旨令》，指明了义务教育存在的问题以及解决的办法。1915年2月，袁世凯颁布《特定教育纲要》，提出"施行义务教育，宜规划分年筹备办法，务使克期成功以谋教育之普及"。同时，对义务教育的组织形式也提出了改革主张，将初等小学分为两种：一为国民学校；一为预备学校。袁世凯指出从前义务教育的弊端，并采取了相应的改革措施，这是

符合地方的实际情形的。1915 年 7 月教育部公布并于 1916 年 10 月
修订后公布的《国民学校令》，第一条就规定："国民学校施行国家根
本教育，以注重儿童身心之发育，施以适当之陶冶，并授以国民道
德之基础及国民生活所必须之普通知识技能为本旨。"政府对义务教
育的重视，促进了当时义务教育的迅速发展。

表 1-3　1912—1914 年初等小学的学生数量变化

年份	学校数/所	儿童数/万人
1912	86 318	279.547 5
1913	107 286	348.580 7
1914	121 081	392.172 7

资料来源：《中华民国史档案资料汇编》，第三辑：教育，《教育部公布学校
系统令》，南京，凤凰出版社，1991。

从表中可以看出，《国民学校令》的颁布使义务教育有了法令保
障，更加制度化、规范化。北京政府推行义务教育的措施的确促进
了义务教育的发展，初等小学的学生数量还是有所增加的。但是袁
世凯在推行义务教育的过程中，为了他复辟帝制的政治需要，在义
务教育的初等小学阶段开始恢复读经，掀起了复古倒退的狂潮，不
得不说这是义务教育发展中的倒退。

1922 年《壬戌学制》建立起了符合中国国情的新学制，也成为民
国时期义务教育的基本体制。《壬戌学制》否定了袁世凯的复古教育
方针，并且建立起了新的学制。将初等小学四年定为义务教育，并
且将入学年龄交由地方掌控；将小学修业年限由 7 年改为 6 年，还
规定将 6 岁以下儿童进入幼稚园学习纳入到学制系统中。《壬戌学
制》在一定程度上贯彻了民主主义的教育改革方针。最值得称道的
是，1923 年颁布的《中华民国宪法》第四章明确了"中华民国人民依法
律有受初等教育之义务"。义务教育首次出现于宪法，为中国近代义

务教育的发展提供了法律保障。但是，这个时期军阀混战，社会动荡不安，地方不受政府辖制，所以义务教育徒有虚名。但是地方对义务教育的重视则不可忽略。例如，山西省和江苏省在义务教育的普及上位于前列。

1927 年 4 月 18 日，以蒋介石为首的国民政府成立。在教育方面，试行大学区制，中央成立大学院，蔡元培任院长，开始改造中国的教育，义务教育在这一时期也被列为发展的重点。1928 年 5 月，大学院在南京召开第一次全国教育会议。大会通过了《厉行全国义务教育》一案。大会要求中央、省、县均设义务教育委员会，协助各级教育机构开展义务教育。同时要求地方应设定专款来推行义务教育，同时应筹款补助县市义务教育，中央政府应筹款补助各省义务教育。在程序上，要求各省区、各特别市推行义务教育计划，而且规定保证各地方儿童的入学率，要求各地方失学儿童数每两年应减少百分之二十。大会的讨论结果，可以看出当时教育家对推行义务教育的决心和努力。然而南京政府成立之初，战争连年，经费拮据，政府并未认真督办，因而第一次全国教育会议提出的推行义务教育的决定，无异于海市蜃楼，无法真正推行。

鉴于第一次全国教育会议以来义务教育在中国毫无进展的现实，1930 年 4 月 15 日至 23 日，教育部召开第二次全国教育会议，全国各省教育厅局长、大学校长、专家、国民政府有关部会代表出席大会。此次会议在总结第一次全国教育会议不足的基础上，分组审议并通过了教育部制定的《改进全国教育方案》。此案更具体地拟定了"义务教育实施计划"专章。这份计划书将义务教育普及期限定为 20 年，在这 20 年中拟造就师资 148 万人，扩充教室 100 万间。第二次全国教育会议的方案相对于第一次，确实现实了许多，而且具体明了，可操作性很强。会议还通过了由陈布雷等人起草的会议宣言。宣言指出："在训政六年期间，对于义务教育和成人补习教育，主尽力推进"①。此次会议上，南京国民政府将义务教育作为实行训政的重要措施，无疑提高了义务教育的地位。第二次全国教育会议后，全国各地均有行动，但现实效果并不如愿。据 1931 年的统计，1930年度全国初等教育在校儿童仅占学龄儿童的 21.8％。② 鉴于此，教育部总结原因：第二次全国教育会议提出的一些要求与当时的国家财力及师资实际状况差距较大。所以，教育部于 1932 年 6 月，制定《短期义务教育实施办法》《第一期实施义务教育办法大纲》。两者的目的都是要求各地根据其地方情形，同时并举，以期速效。然而，抗日战争爆发后，全国进入战时状态，虽然南京国民政府要求义务教育遵循蒋介石"平时作战时看，战时作平时看"的方针，将抗战与建国两步合作一步走，义务教育作为培养人才、奠立国本的根本举措，一以贯之地照常推行。但是时局动荡，义务教育并未真正得到推行。

二、师资力量薄弱，难以满足义务教育的需求

师资是义务教育的重要依托，是影响义务教育推行的关键因素之一。欲使义务教育取得良好的效果，必须有一支质量上合格且数量上满足义务教育推行的教师队伍。这是自始至终困扰我国近代义务教育推行的一个重要问题。建立一支数量充足、质量合格的义务教育师资队伍，不仅需要政府重视、社会支持、体制完善等良好的外部条件，而且也要有一批默默无闻的奉献者这一必要的内在条件。近代的各个时期，各级政府一开始推行义务教育，都把培养义务教育的师资作为教育的大事之一。同时，在民间，义务教育的笃信者和热诚的推行者积极探求、集思广益，不仅为政府提供了决策上的依据，而且在实践中也摸索出了许多行之有效的办法，培养出了一

---

①　中央教育科学研究所：《中国现代教育大事记》，205 页，北京，教育科学出版社，1988。

②　《第一次中国教育年鉴》，丙编，487 页，上海，开明书店，1934。

定数量的教师。然而，近代中国政局动荡、财政紧缺等社会现实，使政府的规章大多停留在纸面上、口头上，难以付诸行动，政治家、教育家的奔走也收效甚微。再加上教师待遇不高，而且难以保证正常的薪水，使许多教师无心于此。种种原因使近代义务教育的师资力量薄弱，难以满足义务教育的需求，成为制约近代义务教育发展的瓶颈之一。

鸦片战争后，中国的社会发生了很大的变化，帝国主义列强的坚船利炮让清政府认识到自己的不足，开始反思如何强大起来，抵御外强的侵略。教育，在那个时代无疑被标榜成最根本的方法。在此思想的影响下，中央到地方开始兴办新学。自 1862 年京师同文馆设立以来，兴办新学校渐成风气。但因为时局的紧张及认识的局限性，绝大多数新学校属于外语、军事、技术、医学性质的。政府多败仗，未能顾及普及教育，更未能高瞻远瞩地注意到义务教育的师资问题。而且科举制度直到 1905 年才"寿终正寝"，因而，当时新学校、旧学校、私塾的教师，一部分来自新学校，一部是曾留学欧美、日本的，还有相当大一部分是封建传统教育的"遗老遗少"。因之，清末推行义务教育最棘手的问题，便是师资匮乏，无力进行大规模的普及义务教育。

中华民国建立后，百废待兴，意欲在教育方面有大作为。再加上社会的发展，要求受教育的人与日俱增，政府顿感培养义务教育的师资为当务之急。然而残酷的现实无情地打击着义务教育推行者，当时师资奇缺的现象极为严重。依据中国当时的学龄儿童折半数约 4 000 万人计算，平均每 40 人配备一个教师，需要 100 万教师。据袁希涛《义务教育之商榷》中的记述，1915 年至 1916 年，国民学校教员有 15 万余人，能胜任义务教育的也就是 10 万人，缺口 90 万。而当时培养教师的师范教育机构规模过小，培养师资所需要的经费短缺，师范生的来源本身也严重不足。民国初年，义务教育阶段的初小教师的培养训练主要由师范学校承担。1912 年 9 月颁布的《师范教育令》、12 月颁布的《师范学校规程》规定，师范学校以培养小学教员为目的；女子师范学校以培养小学教员、保姆为目的。在各方的努力下，到新学制公布前，全国师范学校达 275 所，在校学生 38 277 人，其中女师范生 6 724 人。师范学校的人数虽然有所增加，但是相对于庞大的义务教育阶段的适龄儿童人数，这些远远不能满足义务教育对教师的需求。尤其是 1922 年 11 月正式颁布的《学校系统改革令》，对中等师范有了新的规定。这个学制中的师范教育占无足轻重的地位，甚至附设于高级中学，师范和中学合并直接导致师范学校数、师范生人数、师范教育经费大幅度下降。据统计，1922 年全国师范学校 385 所，学生 43 846 人，经费 4 633 919 元，到 1928 年，师范锐减至 236 所，学生仅 29 740 人，经费仅 3 468 073 元。

南京国民政府成立后，大学院、教育部都把推行义务教育作为日常工作之首重者，颁布了一系列推行义务教育的法规、条例，加大了推行义务教育的力度，师资问题也无例外地被列入推行义务教育的议事日程。《实施义务教育计划》就如何解决师资问题，提出了数条办法，如"实施义务教育所需培养的一百四十万教师里，有百分之十五在城市小学服务，约计二十万人，可以由都市里现有的师范学校和高中师范科负责训练；其余百分之八十五须在乡村小学服务，约计一百二十万人，应由各县设立乡村师范训练"。① 这里提到的 140 万师资的缺口，其实是保守估计，其中并未统计教师的转行、退休、死亡之数，而且这里的学生数是根据 1925 年估计的，如果按照 1933 年度全国学龄儿童 49 401 443 人的数据，减去正在受义务教育的儿童数，尚有 37 065 476 名适龄儿童并未受教育。又根据教育部 1931 年度统计，师范生及初高中生合共 509 186 人，根据当时的趋

① 邰爽秋、黄振祺等：《中国普及教育问题》，91 页，商务印书馆，1938。

势推测，即使到了 1933 年，师范生及高中生的人数也不会增加多少，即使全部变成师范生，也难以满足当时失学儿童的需求。而且在校的学生还不一定就能培养出适合义务教育阶段师资需要的教师。

三、经费难以保障，影响义务教育持续发展

经费是义务教育推行的重要保障，从某种意义上说，它也是义务教育推行过程中最为关键的因素。中国近代教育经费来源，渠道过于单一，一味依赖中央财政拨款，因而始终为经费所困扰，义务教育的推行，也被严重地束住了手脚。自 1904 年义务教育开始在中国实施以来，由于没有妥善处理千秋基业与眼前利益的关系，义务教育一直"供血不足"。1912 年以后，民国义务教育经费面临诸多困境。在此期间，帝国主义对我国长期侵略和掠夺，致使我国农村经济濒临破产，加之国内战争不断，工商业凋敝，导致经济入不敷出，义务教育经费面临窘境，教师工薪被拖欠也成为常事。经济水平低下，巨额的军费开支，中央政府的言行不一以及各级政府的侵吞挪用，给民国时期义务教育经费的筹措带来了无比巨大的困扰。新文化运动之前，军阀统治承清末之余绪，教育经费常年投资不足，但在政府的压迫下，教育界对于此事敢怒不敢言。虽然当时政府一直宣扬要大力发展义务教育，确定义务教育之重要地位，提高义务教育经费在国民预算中的比例，但在其实施中却未能付诸实践，用于义务教育之投资寥寥无几。

1915 年 1 月袁世凯颁布《颁定教育要旨》，开篇指出"凡一国之盛衰强弱，视民德、民智、民力之进退为衡；而欲此三者程度日增，则必重于国民教育"。国民政府成立后，蒋介石也曾指出教育乃是邦国百年大计的基础。民国政府虽然口头上宣称"百年大计，教育为本"，但实际上却并没有给义务教育多少实惠，相反，还因各种原因挪用义务教育经费。1935 年以前，义务教育经费在国家总预算中的比例，一直处于非常低的水平。直到 1947 年 1 月，经过教育界及各

方人士坚持不懈的努力，《中华民国宪法》才规定，教育、科学、文化之经费在中央不得少于预算总额的百分之十五。但是即便如此，因诸多因素，能够分配到义务教育上的经费还是少得可怜。由此可见，政府给予的投资如此之少，而且如此微薄的办学经费竟然还是常常不能兑现的。

民国时期的中国经济仍不发达，整个社会的生产力水平极为低下，政府的各项收入也是相当微薄的。这直接导致本来就占国家预算很少部分的义务教育经费数量愈显不足。而对于义务教育本身的发展来说，它要求政府给予高额投资，但限于当时整个社会经济水平低下，民国政府很难拿出充足的经费来办教育，这直接导致义务教育发展缓慢。此外，连年战争给社会带来了极度的不稳定，严重影响了社会经济的发展，并致使政府预算中，军费占了大部分。"根据北京政府筹备国会事务所等单位档案记载，1925 年中央岁收入 60 433 758 元，军政经费 27 812 004 元，军事行政费 22 488 996 元，军费合计 50 301 000 元，占年中央总收入的 83.23％，比例之大，实属骇人听闻。"[1]更为严重的是，许多义务教育经费或被政客及军界人士中饱私囊，或被挪用充当军费，政府"重军轻教"，把本应拨给义务教育做经费的少量款项又调拨到军费上，国家预算中各项比例已经严重失调，极大地限制了用做义务教育的经费投入，使得义务教育经费严重不足，而教育事业肯定也难以稳定发展。此外，各级政府侵吞挪用本已窘迫的义务教育经费使得本已形势不妙的经费短缺问题更雪上加霜。

与此同时，各级政府除了挪用义务教育经费以弥补政费的不足，以及挪用义务教育经费以补充巨额军费外，贪污腐败、中饱私囊等现象也很严重。1921 年陈宝泉在《请划清天津县地方税以维教育建议

---

① 熊贤君：《论民国时期教育经费的困扰与对策》，载《湖北大学学报》（哲学社会科学版），1996(5)。

案》中指出："在天津县，地方税款划归省收入，而以省机关拨补县教育经费，此中款项出入之间多少不同，县教育吃亏已巨"，这足以说明各级政府的严重克扣及挪用，导致义务教育经费短缺问题十分严重，阻碍了义务教育的推行。

民国前期，中小学教师的薪俸较低。1913 年 12 月出版的《教育杂志》第 9 号报道，教育部规定中学教师薪俸不得超过 200 元，小学教师薪俸当时无明确规定，虽有主张每月薪俸不超过 60 元的，但在实际执行过程中，虽各地情况不同，但都低得可怜。1921 年 3 月 15 日，《申报》发表《京学界教育经费独立之运动》；次日发表《京学界教育经费独立之运动续记》，以后也不断有对因索薪而引起纠纷的报道。到 1922 年，教师工薪拖欠的问题仍然未能得到妥善解决。南京国民政府建立后，因为战争等原因，政府预算在军费方面远远高于其他项目，占到了 60％以上。军费开支如此巨大的情况下，义务教育经费必然寥寥无几，教师的薪俸往往减少二至三成。更有甚者，地方政府挪用和扣减义务教育经费，导致教师薪俸发放不出，常年拖欠。此种情形致使教师投身教育的热情退减，教师不得不为生存而斗争，日求三餐，夜求一宿，无心恋教，致使义务教育质量下降，完全不利于义务教育的推行及发展。

第二节 新中国普及小学教育的艰难历程

中华人民共和国成立前夕，召开了中国人民政治协商会议第一届全体会议，一致通过了《中国人民政治协商会议共同纲领》（以下简称《共同纲领》），并成为中华人民共和国的"临时宪法"。在《共同纲领》的指引下，人民政府采取积极而又稳妥的政策接管和改造旧学校，努力恢复各级教育，并致力于全面改造教育，其中尤其重视义务教育的普及。

1949 年到改革开放之前，新中国普及义务教育主要体现在普及小学教育方面。然而，由于新中国从国民党手里接管而来的是一个一贫如洗的烂摊子，再加上"左"倾主义思想的错误指导，新中国在普及小学教育的过程中走得非常艰难、辛苦。

一、忽视国情，急于求成

新中国开展义务教育是在原解放区教育的基础上展开的。中华人民共和国成立以前，我国基本上存在着两种性质不同的教育：一种是中国共产党领导下的解放区的人民教育；一种是国民党统治区的教育。解放区的教育是在中国共产党领导下的新民主主义教育。到 1949 年中华人民共和国成立，解放区的教育事业随着根据地面积的不断扩大而扩大。几十年的教育实践中，形成了新民主主义教育的方针政策，为新中国教育建设奠定了政策基础。

新中国成立后，基于解放区原有教育基础和普及教育的经验，普及小学教育开始在全国广泛开展。1950 年下半年小学招生人数达 1 086.2 万人。1951 年 3 月，教育部召开了第一次全国初等教育及师范教育会议。会议提出，1952—1957 年争取全国平均有 80% 的学龄儿童入学，从 1952 年开始，争取 10 年内基本上普及小学教育，并提出 5 年内培养百万名小学教师的规划。这就是新中国第一个普及小学教育的计划。

《1956 年到 1967 年全国农业发展纲要》提出了新中国成立后第二个普及小学教育的计划，它提出"从 1956 年开始，按照各地情况，分别在 7 年或者 12 年内普及小学义务教育"。1956 年 9 月，刘少奇在中国共产党第八次全国代表大会的工作报告中指出，在财政力量许可的范围内，逐步扩大小学教育，以求 12 年内分区分期地普及小学义务教育。1949 年至 1957 年，这一时期的普及小学教育有了较大发展。1949 年，全国有小学 34.68 万所，在校生 2 439.1 万人，到 1957 年，小学增长到 54.73 万所，在校学生达到 6 428.3 万人。

尽管普及小学教育有了较大发展，但仔细分析，这一时期普及小学教育的计划都存在着忽视中国国情和急于求成的问题。

首先，教育经费投入不足。普及教育是需要人力、物力、财力保障的，特别是要在短时期内实现这一目标，所需物资保障更多、更大。新中国成立后，尽管经济恢复且发展速度很快，但因基础太薄，难以为教育提供足够的财力支持；同时，当时国家正处于大规模经济建设时期，其战略重点是优先发展耗资巨大的重工业，而将其他方面，特别是文教卫生等放到次要位置，逐步形成资金安排时"一工交，二财贸，剩下一点给文教"的状态。显而易见，在这种形势下，国家不可能为普及教育提供必要的物质保证。

其次，轻视人口增长带来的压力。新中国成立后，一定时期内政府实行的人口政策，形成50年代中期和60年代中后期两个人口生育高峰期。学龄人口每年增加数百万，这种增长对普及教育的压力是巨大的。

最后，高估私人办学的能力。中国有私人办学的传统。当时公办学校不能满足需要的情况下，掀起了民办学校的热潮。1951年民办小学学生数达到1 469.3万人，1951年制订的普及教育计划的立足点之一，便是群众办学。然而，当时民办学校质量较差，出现了不少混乱现象，不得不加以整顿，因此民办小学的学生人数猛跌，1953年至1956年，民办小学的学生数占小学生总数的比例，一直在5％左右。第二个普及教育计划更明确地将"大力提倡集体办学，允许私人办学"的"农村多种办学形式"作为重要出发点之一。然而，中国广大农村当时的生产力十分落后，市场经济尚未起步，对教育的需求有限，同时，也没有能力承担普及教育所需的大量财力、物力。这表明，在当时的条件下把普及教育的计划寄托在群众集资办学上是不现实的。

二、调整巩固，缓慢发展

在总结以往推行普及小学教育经验的基础上，政府对以往急于求成的普及方法进行了总结反思，并于《1956 年到 1967 年全国农业发展纲要》和党的八大上都提出了在若干年内有步骤地分批、分期普及小学教育的规划，然而在"左"的思潮的干扰下，也没有得到落实。

"大跃进"时要求 3 至 5 年普及小学教育，15 年普及高等教育。实现这一目标的基本原则和途径是"两条腿走路"，即国家办学和群众办学并举。在这一指示的鼓舞和推动下，群众办学的积极性空前高涨。但是，对此没有科学、正确地引导，反而走上了相互攀比、浮夸的道路。1958 年小学在校人数比 1957 年增长了 34.41％，学龄儿童入学率由 1957 年的 61.7％上升到 80.3％，这一发展速度远远超过了当时国民经济所能承受的能力，而且给教育质量的提高也带来了很大的影响。

"大跃进"的思想引起了教育界人士及中央的高度重视，开始反思以往急于求成的做法，普及小学教育进入了调整巩固期。1959 年以后，中共中央重新确定了教育工作的方针，要求在巩固、调整和提高的基础上有重点地发展。1961 年，中共中央批转的中央文教小组《关于 1961 年和今后一个时期文教工作安排的报告》中提出，当前文教工作必须贯彻"调整、巩固、充实、提高"的方针。由于采取了上述方针，普及初等教育盲目追求数量的局面逐步得到控制。1960 年至 1962 年，小学在校生数大约下降了 30％，学校内部管理得到加强，教育质量得到了提高。

1963 年 3 月，中共中央印发《全日制小学暂行工作条例（草案）》。中共中央在《关于讨论试行全日制中小学工作条例草案和对当前中小学教育工作几个问题的指示》中，指出中小学教育是整个教育事业的基础。它的根本目的在于培养坚强的革命后代。中小学教育质量的高低，不仅关系到能否把我们的后代培养成为有社会主义觉悟的有文化的劳动者，而且直接影响我国高等教育和科学研究的水平。一二十年以后，我们新的一代的精神面貌和知识水平将会如何，我国的科学文化将会达到什么样的水平，以及我们能不能在比较短的时间内把我国建设成为一个具有现代工业、现代农业、现代科学和现代国防的社会主义强国，在相当程度上将取决于现在中小学教育的状况。因此，提高中小学的教育质量，是一项具有战略意义的任务，应该把它摆到党和政府的重要议事日程上来。

1964 年 3 月，经国务院批准，教育部召开全国教育厅长和教育局长会议，要求进一步贯彻"两条腿走路"的方针，逐步推行"两种教育制度"。提出在 1965 年和第三个五年计划期间，要积极发展小学教育，特别是简易小学，解决农村儿童入学问题。1965 年 4 月，教育部召开全国农村半农半读教育工作会议，要求农村在举办全日制小学和全日制初中的同时，大力发展耕读小学和农业中学，逐步形成全日制教育与半日制教育相互补充的格局。随着整个国民经济形势的好转，教育很快得到恢复和发展，1965 年与 1963 年相比，小学在校生数增长了 62.4%。

这一时期的普及小学教育虽然受到了"大跃进"的严重影响，但随后的调整政策使得小学教育在这一时期的普及取得了不小的成就。

表 1-4　1965 年我国普通小学与 1949 年普通小学基本情况对照表

年份	学校数/万所	毕业生数/万人	招生数/万人	在校学生数/万人	教职工数/万人	专任教师/万人
1949	34.68	64.6	680.0	2 439.1	84.9	83.6
1965	168.19	667.6	3 296.0	11 620.9	407.5	385.7

从表中数据可以看出，无论是学校数、学生数，还是专任教师数，1965 年的统计数据都比新中国成立初期高出数倍。这一时期的学龄儿童入学率在调整政策后，也稳步上升。

表 1-5　1965 年与 1952 年我国普通小学学龄儿童入学率对照表

年份	全国学龄儿童数/ 万人	已入学学龄儿童数/ 万人	入学率/ %
1952	6 642.4	3 268.1	49.2
1965	11 603.2	9 829.1	84.7

三、脱离实际，遭受重创

　　"文化大革命"给中国人民带来了巨大的灾难和创伤。"文化大革命"中，教育领域是"重灾区"，教育事业所遭受的破坏，在中国教育史上是罕见的。新中国成立以来在普及小学教育方面所取得的成绩，在此期间被破坏了。

　　1971 年全国教育工作会议再次提出要在 1971 年至 1975 年普及小学五年教育，有条件地区普及七年教育的目标。于是，农村出现了"小学不出村，初中不出大队，高中不出公社"的现象，中小学再次脱离客观实际急剧膨胀，大批农村公办小学教师被迫回生产队严重挫伤了教师的积极性。

　　"文化大革命"对普及小学教育的打击破坏主要表现为广大教师受到严重迫害。

　　学制、课程、教材大变动。"文化大革命"以前，普通中小学学制普遍为 12 年制，极少数学校进行 9 年、10 年一贯制等实验。在整个"文化大革命"期间，全国对中小学学制不作统一规定，要求各地按当地情况进行缩短学制的试验。在此期间，全国各地学制都普遍缩短了，中小学学制一般缩短了 2 至 3 年，但这一时期的学制改革并未遵守教育规律，并无科学依据，对当时的普及小学教育造成了一定的影响。

　　"文化大革命"开始后，全国各省开始了课程改革，但是课程大量被砍或合并，大大削弱了文化知识基础，并形成了许多空白，教材的科学体系被破坏。

"文化大革命"期间,教育领域遭受的打击极大,而且教育领域的破坏的后遗症更是尤为严重,对我国以后的发展造成了巨大的影响,人才断档等在后来逐渐显现出来。

第三节 普及九年义务教育

"文化大革命"结束后,全国进行大反思,开始检讨和总结"文化大革命"中出现的错误。而在所有领域中,教育这个重灾区总结反思得最彻底,力度也最大。邓小平在此时指出:"我们要实现现代化,关键是科学技术要能上去。发展科学技术,不抓教育不行。靠空讲不能实现现代化,必须有知识,有人才。没有知识,没有人才,怎么上得去?科学技术这么落后怎么行?要承认落后,承认落后就有希望了。现在看来,同发达国家相比,我们的科学技术和教育整整落后了二十年","抓科技必须同时抓教育。从小学抓起,一直到中学、大学。我希望从现在开始做起,五年小见成效,十年中见成效,十五年二十年大见成效"。① 从这段文字中我们可以看出党和国家对教育的重新定位和认识以及期待重新整顿教育界的决心。教育领域的改革开放在实践上有两个突破口:一是 1977 年恢复高等学校招生考试制度;二是 1978 年 1 月国务院批准教育部《关于办好一批重点中小学的试行方案》。从此以后,新时期的义务教育开始迅速发展,取得了世人瞩目的成就。

一、义务教育的全面实施

义务教育的根本特征之一就是强制性,实施义务教育,仅仅依靠社会宣传和教育管理上的一些措施远远不够,还必须依靠教育立

---

① 《邓小平文选》第二卷,40 页,北京,人民出版社,1994。

法来推行义务教育。诸多国家实施义务教育的成功经验表明，通过立法程序，把国家关于实施义务教育的方针政策、制度措施、实现目标等用法律的形式固定下来，使之成为整个国家的意志和整个社会遵循的准则，进而得到有效的实施，是实施义务教育的根本保障。从英、美、德、日、法等发达国家的发展来看，他们都是一开始就重视制定教育法令，并且不断加以补充修改，随时提出新的要求，以保证义务教育的实施。

改革开放以来，我国制定了相关法律，用来保障义务教育的实施。1980 年 12 月，党中央和国务院颁布《关于普及小学教育若干问题的决定》，明确指出，"我们的社会主义现代化建设，不仅要建设高度的物质文明，还要建设高度的精神文明。没有文化教育事业的充分发展，就不可能有完全的社会主义。"而"小学教育是整个教育的基础，要提高教育质量，提高全民族的科学文化水平，必须从小学抓起"。鉴于这样的认识，普及小学教育的任务被确定下来："在 80 年代，全国应基本实现普及小学教育的历史任务，有条件的地区还可以进而普及初中教育。""经济比较发达、教育基础较好的地区，应在 1985 年前普及小学教育，其他地区一般应在 1990 年前基本普及。"1982 年通过的《中华人民共和国宪法》规定"国家举办各种学校、普及初等义务教育"，这是新中国首次以法律的形式规定了义务教育的普及任务。但是，当时仍没有一部专门的义务教育法。1983 年，教育部发布《关于普及初等教育基本要求的暂行规定》，明确了普及初等教育的基本指标：学龄儿童入学率达到 95％；在校学生的年巩固率达到 97％；毕业班学生的毕业率，城市达到 95％，较发达地区的农村达到 90％，其他地区达到 80％；12 至 15 周岁少年儿童中初等教育的普及率达到 95％。这些指标的公布充分表明了改革开放后党和政府普及义务教育的决心，也为后来义务教育法的制定提供了理论依据。

　　1985 年 5 月，改革开放以来的第一次全国教育工作会议在北京召开，邓小平在这次会议上发表讲话，强调了教育与社会主义建设互相依赖的关系：教育必须为社会主义建设服务，社会主义建设必须依靠教育，同时指出："我们的国家，国力的强弱，经济发展后劲的大小，越来越取决于劳动者的素质，取决于知识分子的数量和质量。一个十亿人口的大国，教育搞上去了，人才资源的巨大优势是任何国家比不了的。"在讲话中，邓小平特别指出了基础教育的重要性，"中央提出要以极大的努力抓教育，并且从中小学抓起，这是有战略眼光的一着。如果现在不向全党提出这样的任务，就会误大事，就要负历史的责任。"①随后通过了改革开放以来第一个教育改革的纲领性文件，即《中共中央关于教育体制改革的决定》，首次明确提出了"加强基础教育，有步骤地实行九年制义务教育"的政策，同时对义务教育的定义给予了界定。这些措施都为新中国第一部义务教育法的颁布奠定了基础。

　　1986 年 4 月 12 日，第六届全国人民代表大会第四次会议通过了《中华人民共和国义务教育法》，第一次把普及义务教育建立在专门法律的基础上，从而第一次使普及义务教育有了专门法律的保障，第一次使我国的基础教育走上了法律轨道，使我国的义务教育迈入了一个新的发展时期。《中华人民共和国义务教育法》的颁布表明，国家的最高权力机关用立法将党和政府关于实施义务教育的决策转化为国家的统一意志，这样就使义务教育成为一个具有相对稳定性和规定性的制度，并且具有了法律的严肃性，从而对中国实施义务教育产生极大的推动作用，这一点已经为后来发展义务教育的事实所证明。《中华人民共和国义务教育法》的颁布，充分表明了义务教育的几个特征：强制性、普及性、免费性。它对国家、社会、学校、

---

　　① 《邓小平论教育》，148 页，北京，人民教育出版社，1990。

家庭在义务教育中所应尽的职责进行了阐述："国家实行九年制义务教育。省、自治区、直辖市根据本地区的经济、文化发展状况，确定推行义务教育的步骤。""国家、社会、学校和家庭依法保障适龄儿童、少年接受义务教育的权利。""国家对接受义务教育的学生免收学费。国家设立助学金，帮助贫困学生就学。""父母或者其他监护人必须使适龄的子女或者被监护人按时入学，接受规定年限的义务教育。""禁止任何组织或者个人招用应该接受义务教育的适龄儿童、少年就业。""地方各级人民政府必须创造条件，使适龄儿童、少年入学接受义务教育。除因疾病或者特殊情况，经当地人民政府批准的以外，适龄儿童、少年不入学接受义务教育的，由当地人民政府对他的父母或者其他监护人批评教育，并采取有效措施责令送子女或者被监护人入学。对招用适龄儿童、少年就业的组织或者个人，由当地人民政府给予批评教育，责令停止招用；情节严重的，可以并处罚款、责令停止营业或者吊销营业执照。"由此可见，接受教育是适龄儿童、少年享有的权利，同时国家、社会和家庭也有义务送适龄儿童、少年入学，权利和义务在此中得到了极好的体现。《中华人民共和国义务教育法》的颁布，标志着中国已确立了义务教育制度。

为了贯彻、落实《中华人民共和国义务教育法》，1986 年 9 月，国务院办公厅批转了《关于实施〈义务教育法〉若干问题的意见》；1992 年 3 月，经国务院批准，国家教委正式发布了《中华人民共和国义务教育法实施细则》，对义务教育管理体制、实施步骤、办学条件、实施保障、管理与监督、适龄儿童的就学、教育教学工作等问题作出规定，明确提出："实施义务教育，城市以市或者市辖区为单位组织进行；农村以县为单位组织进行，并落实到乡（镇）。"在实施步骤方面，提出了"两阶段"的规划："实施九年制义务教育，可以分为两个阶段。第一阶段，实施初等义务教育；第二阶段，在实施初等义务教育的基础上实施初级中等义务教育。初等教育达到义务教育法规定要求的，可直接实施初级中等义务教育。"随后，《中华人民共和国教育法》《中华人民共和国教师法》《中华人民共和国未成年人保护法》《中华人民共和国妇女权益保障法》《中华人民共和国残疾人教育条例》《禁止使用童工规定》《中华人民共和国职业教育法》《学校体育工作条例》《学校卫生工作条例》等教育法律、法规以及与教育关系密切的大量具体法规也相继颁布实施，各地还根据当地实际制定了贯彻落实国家法律法规的地方性法规。在《中华人民共和国义务教育法》及相关配套法律法规的保障下，我国的义务教育取得了巨大的成就，基本上实现了普及初等教育的目标。据 1992 年统计，全国共有小学校 71.3 万所，另有教学点 15 万个，在校学生 12 201.28 万人。小学入学率为 97.2%，比 1978 年提高 3.2%。在校学生的年巩固率为 98%以上。

二、义务教育的持续推进

1993 年，中共中央、国务院印发了《中国教育改革和发展纲要》，明确提出在 20 世纪 90 年代实现基本普及九年义务教育、基本扫除青壮年文盲的目标（简称"两基"）。1994 年 7 月以后，国务院、国家教委先后发布了《关于〈中国教育改革和发展纲要〉的实施意见》《关于在九十年代基本普及九年义务教育和基本扫除青壮年文盲的实施意见》等文件，对"两基"的具体要求、目标、步骤、实施方式等作出明确规定。1994 年，《普及义务教育评估验收暂行办法》颁布，对义务教育普及程度、师资水平、教育质量、教育经费等方面规定了具体指标，在县级人民政府进行自查的基础上，每年由省级人民政府进行验收，国家教委（教育部）进行抽查。1995 年 3 月，《中华人民共和国教育法》颁布，其中第十八条、第五十七条对义务教育的权利、义务以及经费来源加以明确，我国义务教育法律体系得以形成。

为了帮助贫困地区发展义务教育，国家教委（教育部）、财政部于 1995—2000 年在西部地区实施了历史上最大规模的"国家贫困地区义务教育工程"(以下简称"工程")，极大地改善了贫困地区义务教育的办学条件。"工程"共投入资金 124.62 亿元(其中中央财政总投入 39 亿元，项目省地方财政配套 59.52 亿元，其他非财政资金 26.1 亿元)，覆盖了 22 个省(自治区、直辖市)的 852 个县(旗)，受益人口约 2.5 亿。"工程"共新建项目小学 2 792 所，项目初中 854 所；改扩建项目小学 22 625 所，项目初中 5 546 所。共新建和改扩建小学校舍 1 341 万平方米，新建和改扩建初中校舍 855 万平方米。购置小学和初中课桌 628 万单人套，购置小学和初中图书 10 188 万册，购置的小学和初中教学仪器价值 80 383 万元。培训小学和初中教师 45 万人次，培训小学和初中校长 7 万人次。"工程"实施后，取得了良好的投资效益和良好的社会效益，在"工程"的促进下，852 个项目县(旗)中，有 428 个实现了普及九年义务教育目标，有 242 个普及了初等义务教育。[①] 这一项目为贫困地区基础教育的发展奠定了坚实的基础，加快了普及义务教育的发展步伐。

为了多渠道增加教育投入，政府广泛动员社会各界参与普及义务教育，1996—2000 年，社会各界向农村义务教育捐资超过 310 亿元。其中，由中国青少年发展基金会等单位发起的"希望工程"筹措捐款 20 多亿元，援建"希望小学"8 300 所，贫困地区 230 多万失学孩子重返校园，为乡村小学捐建了 10 000 个"希望书库"，培训贫困地区小学教师 2 300 名。"春蕾计划"已帮助 105 万人次女童重返校园。这些项目极大地支持了贫困落后地区和贫困家庭的儿童完成义务教育。在财政性教育经费不断增长的情况下，多渠道投资体制逐渐形成。

经过多方面努力，到 2000 年，我国基本实现了"普九"目标，实现"普九"的人口地区达 85%，全国累计有 11 个省份完成"两基"任

---

① 中央教育科学研究所：《2001 中国基础教育发展研究报告》，13～14 页，北京，教育科学出版社，2001。

务，2 385 个县(另有县级行政区划单位 156 个，合计 2 541 个)实现了"两基"目标。小学学龄儿童入学率达 99.1%，比 1990 年增加了 1.3%；小学生辍学率为 0.55%，比 1990 年降低了 1.81%。全国初中毛入学率达到 88.6%。义务教育阶段师资和办学条件得到较大改善。到 2000 年，小学教师的学历合格率提升至 96.9%，初中教师的学历合格率上升到 87%。基本普及九年义务教育的战略目标如期实现。

三、义务教育的迅猛发展

进入 21 世纪，国家对义务教育的着重点转向义务教育均衡发展。"十五"期间，国家先后出台了《国务院关于基础教育改革与发展的决定》《国务院关于进一步加强农村教育工作的决定》，明确提出各级政府要增加对义务教育的投入，及时做出西部"两基"攻坚的战略部署和新增教育经费主要用于农村的重大决策。中央和地方设立专项资金，实施了"国家贫困地区义务教育工程(第二期)""全国中小学危房改造工程""农村寄宿制学校建设工程""农村中小学现代远程教育工程"以及"中小学教师继续教育工程""两免一补"等重要工程。这些措施对义务教育均衡发展发挥了极其重要的作用，其效果十分明显。例如，2003 年年底，中央投入 10 亿元，地方配套 9.1 亿元，在中西部 20 个省份约 11 万所中小学开展了现代远程教育工程试点，共建成 20 977 个教学光盘播放点、46 605 个卫星教学接收点，7 094 个计算机教室。覆盖西部各省(自治区、直辖市)25%左右的农村中小学，约 925 万名中小学生受益；覆盖中部 6 省 21%左右的农村中小学，约 644 万名中小学生受益。[①]

为了更好地用法律规范义务教育发展，2003 年年底教育部启动

---

① 中央教育科学研究所：《2005/2006 中国基础教育发展研究报告》，14 页，北京，教育科学出版社，2006。

了《中华人民共和国义务教育法》的修订工作。经过近三年的努力，2006 年 6 月新修订的《中华人民共和国义务教育法》公布。新修订的《中华人民共和国义务教育法》由 1986 年的 18 条扩充成 8 章 63 条，对学生、学校、教师、教学、经费保障、法律责任等做了全面规定，不仅进一步强调了义务教育的公益性、统一性与强制性原则，将均衡发展作为义务教育发展的方向和原则，还明确将义务教育全面纳入财政保障范围，把"以县为主"的义务教育管理体制写入法条当中，并将义务教育实施素质教育升至法律规定。新修订的《中华人民共和国义务教育法》的颁布与实施，对 21 世纪的中国教育发展来说，是一件具有深远意义的大事，对整个教育的发展具有奠基性的意义和深远的历史作用，是义务教育的一个新的里程碑。它为我国义务教育的发展提供了全新发展范式以及管理机制与制度支持，为义务教育的高质量发展提供了法律保障。

在解决了适龄儿童"有学上"的问题之后，为了进一步实现"上好学"的目标，21 世纪以来，党和国家将均衡发展作为我国义务教育发展的新目标，大力解决义务教育发展不均衡问题。2002 年 2 月教育部发布的《关于加强基础教育办学管理若干问题的通知》中，就提出了"积极推进义务教育阶段学校均衡发展"的要求。2005 年 5 月，教育部颁布的《关于进一步推进义务教育均衡发展的若干意见》又明确要求"逐步实现义务教育的均衡发展"。2006 年 6 月，"均衡发展"作为义务教育发展的方向性要求被明确写入修订后的《中华人民共和国义务教育法》。

2010 年 1 月，教育部印发了《关于贯彻落实科学发展观进一步推进义务教育均衡发展的意见》，强调"将推进均衡发展作为义务教育改革与发展的重要任务"，提出力争在 2012 年实现区域内义务教育初步均衡，到 2020 年实现区域内义务教育基本均衡。在推进义务教育均衡发展上，强调要"以提高教育质量、促进内涵发展为重点"，并"加强制度建设，依法建立和完善推进义务教育均衡发展的有效工作机制"。同年7月，中共中央、国务院印发了《国家中长期教育改革和发展规划纲要（2010—2020年）》，明确提出"均衡发展是义务教育的战略性任务"，要求"推进义务教育均衡发展"。

2012年，国务院专门印发了《关于深入推进义务教育均衡发展的意见》，提出全国实现义务教育基本均衡目标和任务。2011—2012年，教育部分三批与31个省（自治区、直辖市）和新疆生产建设兵团全部签署了义务教育均衡发展备忘录，构建起中央部门和省级人民政府共同推进义务教育均衡发展的机制。北京、河北、河南、福建、湖北、江西、广西、贵州、海南、甘肃、内蒙古、青海、宁夏、新疆等省（自治区、直辖市）加强省级统筹作用，采取省级政府与辖区内市级或县级政府签署义务教育均衡发展责任书等形式，将本省份确定义务教育均衡发展的目标、任务和责任层层分解、逐级落实，明确县域义务教育基本均衡发展时间表、路线图和任务书。2012年，教育部印发了《县域义务教育均衡发展督导评估暂行办法》，建立和完善了均衡发展督导评估制度，形成了"县级自评、地市复核、省级评估、国家认定"的四级联动督导工作体系，为各地开展义务教育均衡发展督导评估提供了标准和依据。2013年5月，义务教育发展基本均衡县（市、区）督导评估认定工作正式启动。《2017年全国义务教育均衡发展督导评估工作报告》显示，截至2017年，全国有2 379个县义务教育发展实现基本均衡，北京、天津、上海、江苏、浙江、福建、广东、吉林、安徽、山东、湖北11个省份整体通过国家督导评估认定，山西、内蒙古、辽宁、江西、重庆、陕西、宁夏7省（自治区、直辖市）通过认定县的比例均超过80%。

2013年12月，教育部、国家发展改革委和财政部联合出台《关于全面改善贫困地区义务教育薄弱学校基本办学条件的意见》。其指导思想为统筹规划、突出重点、循序渐进，加强科学化精细化管理，提高资金使用绩效。其实施原则为覆盖贫困地区，聚焦薄弱学校；坚持勤俭办学，满足基本需要；加强省级统筹，分步逐校实施。其实施范围和主要目标为中西部农村贫困地区为主，集中连片特困地区为主，消除"大班额"现象，降低辍学率。重点任务：保障基本教学条件，改善学校生活设施，办好必要的教学点，妥善解决县镇学校大班额问题，推进农村学校教育信息化，提高教师队伍素质，特别是农村教师队伍素质。

此后，各地纷纷探索实现义务教育均衡发展的有效机制。主要包括：一是改善贫困地区和薄弱学校的办学条件，促进优质资源均衡配置，为促进教育公平提供"硬件"支持。二是推进义务教育免试就近入学，为推进教育公平提供政策支持。免试就近入学作为国家义务教育招生入学的基本政策不仅可以维护社会公正，而且能保障儿童教育机会均等，减轻儿童入学负担。三是深化义务教育育人方式改革，推进素质教育，开展减负行动。四是制定政策扶持薄弱地区，加快普及高中阶段教育。

进入 21 世纪以来，我国义务教育取得了迅猛的发展，不仅实现了我国一个多世纪以来的义务教育普及、免费的梦想，而且站在了新的历史起点上，义务教育得到了进一步的巩固和提高。

第四节　经验与反思

义务教育是一个国家走向兴盛、发达、繁荣的必经之路。回首我国义务教育走过的历程，走得非常艰辛。从 1904 年清政府开始提出和简单实施义务教育以来，义务教育时断时续，时而稳步发展，时而趋于停滞。我国真正系统实施义务教育，要从 1986 年《中华人民共和国义务教育法》颁布及实施开始算起，要数完整地实施普及义务教育，要从 2006 年新《中华人民共和国义务教育法》颁布并实施算起，因为在那时中国的义务教育才真正实现了免费的义务教育。可以看出，我国的义务教育虽然取得了巨大的成就，但是我们的路才起步，我们在义务教育方面落后了西方发达国家好多年。因此，认真总结我国义务教育发展百余年的历程，总结其经验，分析其缺失，对我国未来的义务教育，乃至整个国家的繁荣昌盛将具有很大的推动作用。

一、必须有稳定的社会环境，并提高人民的参与程度

义务教育的普及年限、普及程度、普及质量直接决定着一个国家未来几十年甚至上百年人力资源的状况。如果把整个中国的建设比作一座塔的话，那么义务教育就是塔基，塔基不牢固、不结实、不宽广，那么塔将势必不会建得高，建得牢固。一个国家政治环境将直接决定义务教育的命运。显而易见，政治环境稳定势必会使这个国家的综合实力大大提升，也会有足够的资金为义务教育提供保障，从而促进义务教育的发展。1904 年，清政府开始提议实施义务教育，部分官员也开始在地方尝试实施，但当时的清政府是一棵即将被推倒的大树，腐败无能，承担着高额的战争赔款。清政府虽然提出了义务教育，但当时的社会环境，从上至下又有几个人能安心去搞义务教育呢？即使有想大力普及义务教育的人，又因经费、师资等方面的原因而难以真正实施。可以说，义务教育并未真正实施就在 1911 年偃旗息鼓了。民国政府建立以后，开始颁行新学制，意图发展义务教育，但很快就被袁世凯窃取了革命果实。袁世凯政府初期对义务教育比较重视，但当时政局不稳，再加上袁世凯在复辟前后推行复古反动教育，即使推行义务教育也难以保障质量。袁世凯的意图很明显，即培养符合其复辟所需的奴隶人才。1927 年，以蒋介石为首的南京国民政府成立了，在教育方面，试行大学区制，中央成立大学院，蔡元培任院长，开始改造中国的教育，义务教育在这一时期也被列为发展的重点。1928 年 5 月，大学院在南京召开

第一次全国教育会议，通过了《厉行全国义务教育》。义务教育在此时期逐渐开展起来，然而还是同样的问题，当时内战不断，外患不休。尤其是随着抗日战争的爆发，南京国民政府的收入几乎全部用在战争军费上，义务教育乃至整个教育界举步维艰，发展缓慢。新中国成立以后，各方面都取得了巨大的成就，社会秩序稳定，经济稳步发展，国际地位逐步提高。党和政府非常重视义务教育，义务教育在新中国成立后稳步发展。不幸的是爆发了"文化大革命"，义务教育在此期间遭遇严重挫折。改革开放后，国家经济迅速发展，义务教育重新走上正轨。《中华人民共和国义务教育法》、修订的《中华人民共和国义务教育法》相继颁布实施，义务教育经费逐年提高，义务教育年限延长，入学率逐步提高并得到巩固，等等，这些足以说明稳定的社会环境是发展义务教育的前提条件。

义务教育如此重要，与国家与人民的前途关系如此紧密，那么就应该提高人民的参与程度。否则，义务教育便容易失去人民群众的理解与支持，其结果必然不太理想。正如我国在早期发展义务教育的过程中，就缺乏对义务教育重要性的宣传，人民根本不知道义务教育为何物。尤其是清末及民国时期，大多数时候义务教育只是政府在"一厢情愿"地实施，缺乏民众基础。其实，义务教育不仅是政府的义务，也是人民的义务。政府有义务提供义务教育的各项设施，人民有义务送子女去学校接受义务教育，两者缺一不可。如果人民不了解义务教育，不尽义务，那么政府的义务也无法进行，义务教育便难以开展。清末及民国时期，甚至新中国成立后很长一段时间，我国的义务教育宣传力度不大，人民难以了解义务教育的真谛，从而影响了义务教育的发展。例如，1931年9月来中国考察教育的国联教育考察团在视察了中国的教育后强调，在推行义务教育的同时还要大张旗鼓地宣传义务教育的作用与意义，使义务教育家喻户晓，以得到人民的理解、支持、配合和赞助，最终一举促成。

　　提高人民的参与程度，首先能提高义务教育的入学率及巩固率。义务教育实施以来，宣传义务教育的力度一直不足，尤其在农村地区，义务教育为何物，恐怕在许多地区仅仅是个名词而已，具体内容及要求又有多少人知道呢？义务教育对国家、对人民、对儿童自身的发展的影响，在改革开放前后并未得到人民的充分理解。这个现象影响最严重的就是小学、初中辍学率较高。据 1989 年统计，1989 年小学生辍学率为 3.3％。虽然比 1988 年下降了 0.1％，但是其中却有 16 个省（自治区、直辖市）的辍学率有所上升；初中辍学率呈上升趋势的有 6 个省（自治区、直辖市），升幅为 2％。又据《人民教育》(1991 年)所述，1988 年小学生辍学率以贵州最高，达 8.8％，云南次之，为 6.9％，广西 5.2％。初中辍学率更高，吉林省达12.7％，福建 12.5％，海南 11.7％，黑龙江 11.3％，天津甚至也高达 9.9％。小学、初中辍学率如此之高，原因很多，最主要的就是当时义务教育的宣传力度不足，民众未能正确认识到义务教育的重要性。扩大义务教育的宣传力度，可以提高社会各界人士参与义务教育的积极性。最近几年，随着我国义务教育的发展，义务教育的宣传力度逐渐加大，社会各界爱心人士和众多慈善机构捐资在全国各地建立希望小学、中学等，不仅为贫困地区的义务教育提供了硬件设施，还吸引了许多有志青年前往贫困地区义务支教等。这些行为无形中为我国义务教育的普及推广提供了巨大的支持。

二、必须增加义务教育经费，并确保教育经费切实落实

　　义务教育属于基础教育，是一种长期的、见效慢的国家"投资形式"。义务教育不能直接转化为生产力，它是一种潜在的生产力。从长远来看，义务教育需要投入大量经费。可以说，义务教育经费的充裕与否直接决定着义务教育的成败。清末及民国时期，倡导义务教育的仁人志士也认识到了这一点，认为义务教育不收取学费，甚至有政治家认为不仅要不收取学费，而且义务教育阶段学生的衣服、书籍等都要由国家来提供。由此可以看出，义务教育的确是一项耗资巨大的工程。然而在清末及民国时期，政府所有的收入大多用于军费，即使规定了义务教育经费但也往往被挪用于军费或者被纳入私人腰包。在这种情况下，义务教育"输血不足"，"贫血"导致当时的义务教育必然难以"生长"。

新中国成立后直至改革开放以前，义务教育的发展环境并没有好转多少，由于当时中国落后的经济基础及后来"大跃进"和"文化大革命"的影响，义务教育经费投入并没有达到足够的要求，义务教育在此阶段走得比较艰辛。1986 年，《中华人民共和国义务教育法》颁布以后，国家开始大面积推行义务教育。要求："实施义务教育所需事业费和基本建设投资，由国务院和地方各级人民政府负责筹措，予以保证。国家用于义务教育的财政拨款的增长比例，应当高于财政经常性收入的增长比例，并使按在校学生人数平均的教育费用逐步增长。"地方各级政府"在城乡征收教育事业费附加，主要用于实施义务教育"。"国家对经济困难地区实施义务教育的经费，予以补助"，同时鼓励各种社会力量和个人捐资助学。这些措施都体现了国家对义务教育的重视。但由于长期以来，我国经济还比较落后，以上各种法律只是模糊地说"应当高于"，"逐步增长"，这种模糊的表达也只是一种无奈之举。因此，很长一段时间，我国义务教育的经费投入不足，实行的还是一种收费的义务教育。同时，投入不足导致教师工资拖欠，教育财政资金不足，代课教师过多，学生辍学等现象十分严重。而且教育法规方面用词模糊，对各级政府的约束力不大，致使大多数中小学艰难维持。学校不得不征收学杂费、赞助费、书本费等费用，家长不仅要履行送子女去学校的义务，还要承担为义务教育付费的义务，严重影响了义务教育的普及。

三、必须解决义务教育的不均衡发展问题，确保义务教育公平

我国当前九年制义务教育的入学率、巩固率有了切实的提高，

实现了普及九年制义务教育。但在新的历史时期，我国义务教育发展面临着新的问题和新的矛盾。党的十九大明确提出，我国社会主要矛盾已经转化为人民日益增长的美好生活需要和不平衡不充分的发展之间的矛盾。在教育发展方面，葛道凯认为："用党的十九大报告分析社会主要矛盾的思想方法来研究，会发现当今教育的基本矛盾已具体化为教育供给的单一、粗放及教育运行的内向，与人民群众教育需求的多样、个性及社会对教育参与不充分之间的矛盾。这一基本矛盾在一定程度上支配了择校热、大班额、中小学生课外负担较重、教育对经济社会发展的支撑能力不够强等教育现象。""让所有的孩子都能上得起学，都能上好学"，成为我国当前义务教育发展的新目标。这就意味着我国义务教育开始从普及化向均衡化方向发展。有学上、上得起学到上好学的新要求，巩固提高我国义务教育依然任重道远。

2000 年全国基本实现"两基"后，义务教育的发展打下了一个良好的基础，但质量建设成为义务教育持续发展的核心问题。如何让学生在"进得来"之后，"学得好"，是义务教育工作下一阶段需认真解决的问题。部分地区出现"普九"工作滑坡或反弹的现象，学生缺乏学习兴趣是主要原因之一。而高水平、高质量的"普九"工作的建设在资金投入、师资力量、教育教学管理等方面面临着困境。已通过"两基"验收的一些地方，也仅仅达到"普九"的基本要求，依然存在着水平低、基础弱、不全面、不稳定的现象，需要相当一段时间继续投入大量人力、财力来巩固成果。义务教育质量的地区差异明显存在，初中教育质量是整个教育的薄弱环节。

近年来，政府对我国城乡教育发展不均衡问题有清醒的认识且高度重视，并对义务教育投入的增长实行农村高于城市的倾斜政策，使生均拨款的城乡之比有所缩小；全国农村义务教育生均预算内公用经费增长较快，城乡差距缩小更为明显；农村校舍增长较快，大部分省份生均校舍面积城乡基本相近；教师学历合格率进一步提高，城乡间、地区间差距缩小；全国农村学校现代教育技术装备水平有较大提高，城乡差距有所缩小。但我们应清醒地认识到，农村义务教育的发展只是相对于过去过于薄弱和落后的局面而言的，发生了一系列积极而深刻的变化，只是对今后的可持续发展提供了良好的开局和基本的条件，从整体上讲仍然是国民教育体系中最为薄弱的环节，与城市教育体系相比依然存在较大差距，现实中仍存在许多的困难，需得到全社会的高度关注。

由于历史的、现实的原因，义务教育还存在着严重的不均衡现象，如区域发展不均衡。从全国范围看，义务教育的非均衡发展集中表现为东部与中西部地区之间教育发展水平的差异，并兼有不同程度的南北地区差异；城乡之间和学校之间发展不均衡。不仅城乡之间"普九"存在着很大的差距，即使是同一城市中不同的学校之间（重点校、普通校、薄弱校）"普九"的差距也十分明显；"普九"督导评估制度相对滞后，验收标准不统一。义务教育现有的督导评估体系以选拔为主要目的。评估标准缺乏必要的教育基准，评价过程中主观性因素很多，最终导致义务教育质量参差不齐。评估内容方面，重外在形式轻实质内容，重数量轻质量。评估方法、方式，重结构轻过程。评估对象方面，重学校轻政府，把义务教育纯粹视为学校行为，忽视了对政府应尽义务的督导和评估。不仅如此，各地还自行制定验收标准，特别是在一些经济欠发达地区，普及义务教育的验收标准往往低于经济发达地区，这是我国不可回避的现实问题。就核算生均校舍建筑面积一项来看，同样面积的校舍东部地区的质量远远高于西部地区。单就西部地区比较，经济条件好的地区，其校舍质量高于经济条件差的地区。硬件建设在不同地区也存在不同的质量差别。初中毛入学率按规定应连续三年达到 95％，而有些地区的验收带有很大的突击性，只要当年达到 95％、较前两年有所增长就可以了。有些地区验收时还存在弄虚作假的现象，进而掩盖了义务教育普及中存在的问题。

从《国家教育督导报告 2005》公布的情况看，生均拨款水平中、西部地区过低，与东部地区的差距进一步拉大。2004 年，初中生均预算内教育事业费东部地区平均为 1 874 元，西部地区为 1 017 元。初中生均预算内公用经费东部地区平均为 304 元，西部地区为 121 元。与 2000 年相比，初中生均拨款东、西部地区之比均有所扩大。小学情况也与之类似。2004 年中部地区小学、初中生均拨款均低于西部地区，其中生均预算内公用经费约低 20％，与东部地区的差距则更大。全国尚有 113 个县（区）的小学、142 个县（区）的初中生均预算内公用经费为零，其中 85％以上集中在中、西部地区。生均教学仪器设备配置水平，农村和中、西部地区依然较低，城乡间、地区间差距均较大。2004 年，小学生均教学仪器设备值农村为 167 元，城乡之比为 2.9∶1；初中生均教学仪器设备值农村为 269 元，城乡之比为 1.4∶1。2004 年，小学生均教学仪器设备值东部地区为 382 元，中部地区为 266 元，西部地区为 213 元。初中生均教学仪器设备值东部地区为 474 元，中部地区为 289 元，西部地区为 242 元。

中级及以上职称教师比例的差距较大。初中、小学中级及以上职称教师的比例是反映教师队伍整体水平的一个重要指标。这一比例的城乡、县际差距较大，分布不均衡，初中尤为突出。各省农村初中中教一级及以上教师比例普遍低于城市，城乡差距过大，有 27 个省（自治区、直辖市）超过 10％。城乡差距较大且农村初中中教一级及以上教师比例较低的省（自治区、直辖市）主要为浙江、北京、山西、重庆。据《国家教育督导报告 2005》记述，2004 年，绝大多数省初中中教一级及以上职称的教师比例县际差距更大，有 28 个省（自治区、直辖市）超过 20％，其中有 16 个省（自治区、直辖市）超过 30％。从《国家教育督导报告 2005》的分析中可见，当时我国义务教育存在严重的区域之间的不均衡，东、中、西三个地区的生均教育经费、生均教学仪器设备值、教师的配置状况差距较大；城乡之间义务教育的发展也存在着较大的不均衡。

经过十年的义务教育的政策调整和实践上的努力，我国义务教育阶段的均衡化发展取得了巨大的成就。截至 2016 年年底，全国实现义务教育发展基本均衡的县(市、区)累计达到 1 824 个，占全国总数的 62.4%。《2016 年全国义务教育均衡发展督导评估工作报告》记述，据不完全统计，自 2013 年启动督导评估认定以来，各地用于推进义务教育均衡发展累计投入 2.73 万亿元，新建和改扩建学校约 20 万所，补充教师 130 万人，参与交流的校长和教师 185 万人次，有力推动了义务教育的均衡发展。2015 年生均教学仪器设备值总量增幅最大，小学和初中的增幅分别为 8.83% 和 11.38%。

梳理《2016 年全国义务教育均衡发展督导评估工作报告》中对全国 26 个省(自治区、直辖市)、522 个县进行的义务教育均衡发展状况的评估可以发现，我国当前义务教育均衡发展还存在以下问题。

第一，义务教育经费保障机制依然未完全落实到位。2016 年，全国 26 个省(自治区、直辖市)的 522 个县参加了国家义务教育均衡发展督导评估认定工作，其中 8 个省(自治区、直辖市)义务教育经费保障机制未落实到位。主要表现为：一是存在教育经费政策未落实到位现象，部分县个别学校资金缺口较大。二是未能实现义务教育经费的"三个增长"。个别受检县近三年都未能全面实现义务教育经费"三个增长"的要求，缺少保障教育经费稳定增长的长效机制。

第二，基本办学条件仍存在薄弱环节。由于人口生育高峰及人口在某些区域聚集增速快等因素，主城区教育资源紧张，不同程度地存在班级人数超额现象；学校占地面积，尤其校舍面积不足，生均体育运动场馆面积不足，这些问题在主城区较为普遍，部分学校存在功能(专用)教室配备不足等现象；部分学校存在生均教学仪器设备值偏低，计算机、实验用品等教学辅助用具、设备陈旧和配置不足等问题；部分农村地区和少数民族地区校园网建设、多媒体教室建设等滞后。

第三，教师队伍建设亟待进一步加强。中西部的部分省份和少数民族地区专任教师配备不足现象较为严重，农村小规模学校按班师比配置教师政策落实困难。一些农村中小学教师队伍老化，教师队伍年龄结构不合理，年轻教师比例偏低；教师学科结构性缺口的问题仍然不同程度地存在，尤其是音、体、美、外语、科学、信息等学科专业教师缺口严重。部分地区校长、教师交流机制和激励机制建设滞后，一些学校校长的办学理念、管理水平亟待进一步提高；农村教师外出学习机会少，教师培训经费不足，教师专业提升乏力；教师职称评聘、编制以及福利待遇等政策未能完全落实到位。

第四，学校管理水平和教育资源使用率有待提高。部分地方教育管理人员对国家政策不熟悉，信息公开意识薄弱，不能有效利用学校宣传国家为促进义务教育公平发展做出的倾斜投入。现代学校制度尚未健全，教育教学管理方式滞后，日常管理水平亟待提高。课程改革工作意识薄弱，教师教育教学方法单一，实验课、综合实践、劳动教育等课程落实不到位；学校已配备的教学仪器设备、图书等，学生利用率偏低。信息化资源使用率不高，信息化手段不能很好地服务于学校管理和教育教学改革。部分学校校园文化不够浓厚，办学特色不够鲜明。

第五，有特殊需求的学生的教育及保障机制有待完善。据《2016年全国义务教育均衡发展督导评估工作报告》所述，部分地区农村初中学生辍学问题仍未完全解决，个别学校学生辍学率有抬头的迹象。一些地方政府关爱留守儿童、进城务工人员随迁子女措施不足，乡村少年宫建设远远不能满足需求，特殊群体学生教育机会未得到完全保障。部分寄宿制学校后勤人员、卫生人员缺乏，安保工作不够到位，学校食堂卫生管理不规范，存在安全隐患。一些偏远小规模学校实施营养改善计划存在困难，企业供餐和食堂供餐成本过高，小伙房供餐则存在因卫生条件不达标而难以获得卫生许可证等问题。这些问题的存在，严重影响着我国义务教育的高位均衡化发展，所以在未来的义务教育发展中，仍然要将这些问题作为我国当前义务教育发展中的重要问题集中解决。

此外，"择校"现象的出现，也是我国义务教育发展不均衡在现实中的一个突出表现。"择校"诱发的"择校收费"近年来成为一个社会热点，是导致上学难、上学贵的重要因素。由于一些地方特别是一些大中城市义务教育优质资源相对不足，教育资源配置不均衡，学校之间发展差距进一步拉大，导致择校现象有愈演愈烈之势。加上一些地方财政投入不足，实际上新增教育机会和教师的一部分待遇仍需要学校自行解决，这势必增加学生家长的负担。还有一些学校办学行为不规范，出现了乱补课、乱办班以及有偿家教等现象，使教育乱收费问题屡禁不止。

择校现象不仅成为教育界滋生腐败的因素，而且冲击到教育公平。表面上看，择校，家长和学生考虑的是学校的升学率，事实上择的是教育资源。就教育资源而言，在我国很多城市并不是学校绝对不足，而是优质教育资源的相对不足。由于一些重点学校在国家的长期投入下，与一般学校在教学条件和水平上形成了巨大差别。地方政府为了建设窗口学校，更是加剧了优质资源向少数学校汇聚。家长和学生对优质教育资源的争夺使择校风成为必然。20 世纪 90 年代初，我国基础教育主要由政府办学，有条件的地方实行"民办公助""公办民助"等多种形式办学，后来这些学校统称为"改制校"。改制校转型，其初衷在于推行教育均衡及给"择校热"降温。改制校成立之初，拓宽了教育经费筹措渠道，但后来逐渐变味儿，一些条件较好的学校利用"改制校"的途径，获得了更多的资金支持，发展较快，而那些原本比较薄弱的学校由于缺乏资金，发展较慢，两相对比，义务教育就陷入了"好学校更好、弱学校更弱"的不良循环之中，"择校费"问题不降反升。有专家指出，改制校诞生之初是为了满足民众对优质教育资源的需求，以弥补政府对义务教育投入的不足。但在实践过程中，部分学校利用公共教育资源牟利，不利于教育公平。我国近年来着力对改制校进行整顿，但改制校普遍反映它们面临着教师去留、维持学校运转等方面的问题。

遏制择校风，根本不在"择"而在"校"，择校现象的源头不在家长和受教育者，而在学校和教育管理者，因为作为公共资源的义务教育，被人为地私利化、等级化，才导致了在供给严重失衡、不公条件下的无奈之"择"。因此，要彻底铲除择校的滋生土壤，必须从公平配给教育资源入手。

根据《中华人民共和国义务教育法》，立足治本，今后宜在以下几个方面采取有力措施：办好每一所学校。当前重点调整相关教育制度和政策，加强对困难学校的支持；建立健全办学设施设备均衡配置的制度，实施优秀校长、教师轮岗制度，加强校际的对口支持。增加教育经费投入。制定相对统一的、反映经济社会发展水平的办学条件标准与教师工资标准，使学校从筹资压力下解放出来。同时，加强对学校的收支情况、办学效益评估监督，控制学校借口经费不足而使各种收费合理化。《中华人民共和国义务教育法》对规范义务教育办学行为有严格规定：一是不得将学校分为重点学校和非重点学校，学校不得分设重点班和非重点班。关键是要对学校在资源、政策上进行公平的分配，不得有政策、资源的倾斜，这一条体现了全社会对教育公平的强烈愿望。二是不得以任何名义改变或变相改变公办学校的性质，也就是"名校不能变民校"。三是学校不得违反国家规定收取费用，不得以向学生推销或变相推销商品、服务等方式牟利。

　　2018 年 4 月，教育部全面部署 2018 年全国普通中小学招生入学工作，副部长朱之文指出，经过近几年坚持不懈的努力，大中城市"择校热"开始降温，许多重点大城市基本实现免试就近入学、规范有序入学，"择校热"有效缓解。从重点监测的 24 个大城市来看，2014—2017 年，小学免试就近入学比例一直在 97％以上，2017 年达到了 98.7％；初中免试就近入学比例一直在 95％以上，2017 年达到了 97％。总体上看，群众对普通中小学招生入学工作的满意度有了提升。第三方机构随机抽取 10 个副省级及以上城市 105 个区县的14.8 万名学生、36 万名家长进行调查，结果显示，家长对近两年当地招生入学工作总体满意度达 87.5％，学生对就读学校满意度达97％，均比过去有了明显提高。但目前来看，普通中小学招生入学方面还存在着一些问题，如中小学招生与校外培训机构考试竞赛挂钩、民办学校违规跨区域争抢生源、特长生招生、随迁子女就学难、中考加分不规范等问题。这些问题的存在一方面影响着我国义务教育的区域内均衡化发展，另一方面也会造成人民对义务教育公平的误解。因此，在未来的义务教育均衡化发展中，仍然应当将促进义务教育公平作为教育发展的重要出发点，真正实现义务教育的均衡化。

　　总之，义务教育的均衡发展体现了严肃的社会公平意识。只有起点和过程是公平的，才可能保证结果的公平。这里需要强调的一点是，义务教育的均衡发展并不是要把城乡的所有义务教育学校，办成"千校一面"的雷同式学校。它主要是要求给学校发展提供较均衡的办学条件，要求在教育设施、师资队伍以及投入经费等方面对各学校一视同仁，并且努力促使所有学校都能做到管理规范、科学有序，从而为儿童、少年提供相对平等的教育机会与条件，创造公平的人生竞争起点。只有如此义务教育才能为个体和社会的发展，提供强有力的、源源不绝的人才支持，为社会的和谐、文明的传承奠定坚实的基础。

四、农村义务教育阶段教师资源合理配置的问题

师资是普及义务教育的关键因素，其数量、素质及结构都将直接影响到义务教育的发展进程与质量。中国城乡之间的教育还存在一定的差距，要努力缩小这个差距，核心问题就是要合理配置教师资源，提高农村教师的质量，建设高质量的教师队伍。

(一)边远地区、贫困山区难以补充合格教师任教，教师流失严重

我国义务教育教师工资实行以县为主的管理体制，从而使得教师工资的发放完全取决于基层地方政府的财力。农村贫困地区由于自然条件和生态环境恶劣，地方财政多处于贫困状态。而现行体制中中央和省级财政对地方教育财政不具有宏观调控责任，因此我国至今未能建立起农村贫困地区义务教育教师工资的财政保障体制，使得这些地区拖欠教师工资的问题十分严重。这一问题不解决，必将导致以工资为主要经济来源的教师难以养家糊口，更谈不上吸引和留住外来优秀人才的问题。据 2003 年《全国基础教育发展统计公报》的统计，全国达不到规定学历的小学教师有 2.15%，初中教师有 8.02%。其中很多教师只有小学文化程度，主要集中在农村，尤其是贫困地区和少数民族地区。

(二)师资结构不合理

我国义务教育阶段教师配置不当，与国家的社会经济发展水平和教育经费的支持能力不相适应。生师比往往能够反映一个国家教育资源以及师资的使用效益。过大的生师比反映出教师数量和教育经费不足，较小的生师比则表明政府对教育的投入较大，教育质量较高。联合国教科文组织 1995 年对全球 190 个国家的统计数据显示，越是发达国家，初等教育和中等教育的生师比越小；越是欠发达国家，其生师比越大。发展中国家教育资源短缺，小学教师分科

授课，中学选修课比例较小，大班额教学的现象比较普遍。而发达国家办学条件良好，小学教师往往包班上课，中学选修课很多，实际班级规模小。据对发达国家的统计，随着经济和教育的发展，生师比会逐渐缩小。

根据联合国教科文组织 1995 年的统计数据，生师比发展中国家的平均水平（小学为 30，中学为 20）；世界平均水平（小学为 27，中学为 17）；发达国家的水平（小学为 16，中学为 14）。而据《2007 年全国教育事业发展统计公报》统计，2007 年中国小学生生师比为 18.82∶1，初中生师比为 16.52∶1。近些年来，在乡村教师职业吸引力得到提升的同时，乡村教师队伍学历水平和收入水平也不断提高。免费师范生政策、农村义务教育阶段学校教师特设岗位计划、农村学校教育硕士师资培养计划等为农村义务教育提供了师资力量。《中国农村教育发展报告 2016》统计显示，我国乡村学校生师比持续下降，乡村小学生师比由 2011 年的 16.64 下降到 2014 年的 14.41，乡村初中生师比由 2011 年的 13.58 下降到 2015 年的 10.89。

虽然从生师比的数据中可以看到，我国当前农村义务教育阶段生师比呈现下降的趋势，但其比例下降更多的是由于随着我国城镇化水平的提高以及人们对于城市教育资源的不断追求，进城务工人员随迁子女进入城市的人口比例增加，造成农村义务教育阶段的学生人数降低，直接导致农村义务教育阶段生师比不断下降。但由此，城市中大班额现象愈演愈烈，生师比严重失调。这些现象都说明，我国在义务教育阶段教师资源配置不合理的状况仍然存在，尤其在新的历史时期，我国"二孩"政策放开之后，义务教育阶段的人口不断增加，师资的合理配置在促进义务教育均衡化方面显得越来越重要。

当前，在"县管校聘"制度下，我国农村义务教育阶段师资结构问题主要表现在以下几个方面：义务教育师资结构缺乏"均衡性"。

近年来新进教师性别比例失衡严重；义务教育师资配备缺乏"全面性"，地区之间教育经费和教育基础设施建设投入不均衡，新城区以及新兴城镇内超大班额、特大班额问题十分严重；义务教育师资培养缺乏"针对性"，教师队伍老龄化严重，专业学科优秀教师短缺，高等师范院校与中小学校交流互动存在真空，培养年轻教师队伍缺乏针对性、定向性。教师配置制度和合理流动制度未能建立起来或未严格执行。一是教师的分布极不平衡。各地均出现了城市的重点中小学教师普遍超编，农村贫困地区的普通和薄弱中小学教师严重短缺的问题；同时也出现了一面尽力解决民办教师问题，一面又大量招聘代课教师等矛盾现象。二是教师的合理流动缺少可行的制度。许多地方教师的余缺即使在县乡内部也不能有效调节，从而严重影响了教师资源的使用效率。

（三）农村教师队伍建设问题突出，成为制约义务教育发展的主要因素

2006 年全国仍有约 31 万名教师未达到国家规定的学历。代课教师现象并非西部地区所独有，但问题最为严重的还是西部的贫困地区。到 2007 年年底，全国中小学的代课人员是 37.9 万人。农村小学和初中教师中高级职称比例偏低：2004 年，全国农村小学高级教师的比例为 35.9%，农村初中中教一级及以上教师的比例为 32.3%，分别比城市低 8.9% 和 14.5%。小学高级教师的比例、初中中教一级及以上职称教师的比例，东、西部地区都相差 12%。

农村学校用人制度和教师补充机制不规范。一些地方还存在着政府部门长期借调教师和占用教师编制，基层政府将农村学校作为分流、安置人员的主要渠道的现象。农村中小学沉淀了大批顶编不顶岗、顶岗不顶用而又动不了、流不出的人员。一些经济欠发达地区由于教师工资占当地财政供养人口的基数较大，财政压力较大，长期有不补正式公办教师，而大量使用代课人员的现象。一些地方

县级教育行政部门统筹管理教师的职责没有完全落实到位，难以统筹调配教师资源。

农村教师待遇和生活水平仍然偏低，教师待遇中地方出台的津贴、补贴难以落实到位，大部分地区没有建立起农村中小学教师医疗保障制度。一些地区农村教师的住房十分紧缺，甚至城镇到农村支教的教师的周转住房都不具备。农村还有大量的教学点，地点比较分散，学校没有一定的规模，不可能配备足够数量的教师，开不足国家规定的课程。为解决上述问题，国家在 2003 年至 2007 年采取了一系列措施，创新农村教师补充机制，农村教师队伍整体素质进一步提高，高学历和高级教师的比例提升明显，城乡之间教师学历合格率差距缩小。实施农村义务教育阶段学校教师特设岗位计划，两年共从应届大学毕业生中招聘特岗教师 3.3 万名，覆盖了 12 个省（自治区、直辖市）和新疆生产建设兵团 395 个县级单位的 4 074 所农村中小学，缓解了"两基"攻坚地区教师不足、素质不高的问题。教育部直属师范大学试点师范生免费教育，为农村中小学培养高水平的教师，所需经费由中央财政安排。通过以上措施的实施，农村地区小学专任教师学历合格率进一步提高。

从 2010 年开始，我国逐步实施免费师范生政策、农村义务教育阶段学校教师特岗计划、农村学校教育硕士师资培养计划等为农村义务教育提供师资力量，为农村义务教育阶段培养和补充了大量的教师，优化了教师队伍。但是，当前的农村教师队伍建设中仍然存在农村义务教育师资体系缺乏"系统性"，各地区"地方教师人才储备库"尚未构建完善，义务教育资源难以有效整合和充分使用，师资资源还存在浪费等现象；义务教育师资管理缺乏"统筹性"，城乡教师编制标准与核定工作进度滞后，区域内教师流动性差，难以适应快速城镇化进程中农村小规模学校与城镇大规模学校的发展需求等问题，这些问题的存在一定程度上会影响我国未来农村义务教育的发展，所以在加强农村义务教育阶段教师队伍建设方面，各级政府和教育部门仍然需要不断进行政策调整和加大经费支持，鼓励更多的高校毕业生到农村、到民族地区、到贫困地区去，补充当地义务教育教师队伍，优化师资结构，提高师资水平，提升我国农村地区、贫困地区、偏远地区以及少数民族地区的义务教育均衡化水平。

第二章
义务教育管理体制的改革

改革开放以来，随着社会主义教育方针的调整，教育优先发展战略地位的确定，素质教育的全面推进，义务教育教学改革的深入，学校管理体制也面临着巨大挑战。特别是进入 21 世纪以来，社会经济格局有了很大的变化，基础教育是科教兴国的奠基工程，对提高中华民族素质，培养各级各类人才，促进社会主义现代化建设具有全局性、基础性和先导性作用。义务教育关系到国民素质的高低，更需要根据时代要求做出相应的回应。叶澜教授指出："与上世纪末的变革以冲破旧体制、扫清新体制建立的障碍、解决产业结构调整中一系列社会问题为主的总体特征相比，新阶段更加着力于新形势下和已有改革开放基础上的新体制、新经济结构的建构和完善，更加关注社会发展的整体性和协调性，更加强调社会发展与人的终身、全面发展的内在一致性。这一切对于学校改革来说，具有重要导向价值和多重影响。"[1]面对新的历史形势，义务教育行政管理体制、办学主体以及学校内部管理等方面有了新的改革，有力促进了 21 世纪义务教育的推进和发展。

---

[1]　叶澜：《实现转型：新世纪初中国学校变革的走向》，载《探索与争鸣》，2002(7)。

第一节　"以县为主"的义务教育管理体制改革

中华人民共和国成立后，很长一段时间，基础教育行政管理体制是在中央指导下以地方管理为主的体制。在"坚决改造旧教育"方针的指导下，从 1952 年下半年到 1956 年，基础教育领域完成了接办私立中小学校工作，所有全日制正式学校完全实现了国有化。实行以地方分权为主的教育行政体制。在这种体制的影响下，在中国的城市和农村形成了"双轨制"的教育经费投入体制，即城市基础教育由政府财政负担，广大农村的基础教育管理主要通过层层下放，由财力最薄弱的乡镇和农民负担。改革开放以来，特别是 20 世纪 80 年代，随着中央和地方的关系的调整，中央政府行政权力下放，教育管理的权力也开始逐级下放。《关于教育体制改革的决定》(1985 年)，明确指出"把发展基础教育的责任交给地方，有步骤地实行九年义务教育"，"实行基础教育地方负责，分级管理"的原则，"是发展我国教育事业、改革我国教育体制的基础一环"。以此为标志，以"普九"为切入点，义务教育行政管理体制拉开了全面改革的序幕。

一、从"以乡为主"转向"以县为主"

《中华人民共和国义务教育法》(1986 年)，以法律的形式，明确规定了"义务教育事业，在国务院领导之下，实行地方负责、分级管理"。《中国教育改革和发展纲要》(1993 年)，重申"深化中等以下教育体制改革，继续完善分级办学、分级管理的体制"。

"地方负责，分级管理"的义务教育行政管理体制，是与各级地方财政包干制度相适应的，扩大了地方义务教育的管理权，使得各级地方可以根据自身经济发展和社会需求发展义务教育，极大地调动了地方办教育的积极性，为"普九"的完成做出了巨大的贡献。但是，在"地方负责，分级管理"体制贯彻执行的过程中，也出现了不容忽视的严重问题，特别是 90 年代中期以后，义务教育财政责任过度下放，大多数农村地区实际上是由乡政府和农民来主要承担义务教育的财政责任的。义务教育的投入演变成了"以乡为主"。乡政府财力有限，导致全国出现大面积拖欠教师工资等问题，严重影响了义务教育的发展。

中国作为一个农业人口大国，农村义务教育的实施情况，直接影响到整个国家义务教育的质量。这种"以乡为主"、低重心的义务教育管理体制，引发了一系列问题。例如，教育经费短缺，教育投入长期不足，很多农村地区的义务教育基本办学条件得不到保障。据教育部不完全统计，到 2000 年 4 月为止，全国普通中小学共有危房 741.4 万平方米，主要集中在中、西部经济欠发达的农村地区。随着教育经费短缺而来的是教师工资拖欠严重，优秀师资大量流失等问题。据袁振国《中国教育政策评论 2001》统计，截至 2000 年 4 月，全国 22 个省、自治区和直辖市拖欠教师工资总额达 76.68 亿元。1998 年至 2000 年 4 月，全国 2 300 个县中，有 1/3 的县存在教师工资拖欠问题。地区之间、城乡之间的差异问题也比较突出。由于乡镇财政力量有限，很多地方很难执行国家规定的工资标准，教师待遇低下，加上工资拖欠等问题，直接导致了农村骨干教师大量流失，从贫困地区和西部地区纷纷流向东部和沿海地区，形成了新时期的"孔雀东南飞"。

为了维持学校正常的教学秩序，解决师资短缺问题和节约教育经费投入，很多地方采取聘用代课教师的办法，其远远低于正规教师的工资。大量学历不达标的代课教师因此进入农村义务教育的课堂。据统计，1995 年我国农村小学共有代课教师 55.4 万人，约占小学教师总数的 14.4%；1997 年，我国农村小学代课教师 73 万人，约占总数的（376 万人）的 19.4%；到了 2002 年，我国农村小学代课教师仍有 47.7 万人。① 农村教师数量和质量上的不足，成为农村义务教育发展中的突出问题。

　　这个局面的形成，问题主要出在"分级管理"上，各级政府层层下放义务教育的管理权限，从省到市，市再下放给县，县依次将义务教育的管理权下放到乡，乡政府又将大部分教育经费筹措的任务下派给行政自然村和农民。《关于教育体制改革的决定》（1985 年）曾专门规定："为了保证地方发展教育事业，除了国家拨款以外，地方机动财力中应有适当比例用于教育，乡财政收入应主要用于教育。地方可以征收教育费附加，此项收入首先用于改善义务教育的教学实施，不得挪作他用。"1994 年我国实行分税制度以后，农村乡镇财政收入变得极为薄弱。但义务教育行政管理体制并没有随之改变。实际上，在这个义务教育管理"权力下放"的过程中，各级政府将对义务教育的责任层层推下来，最为基层且财力也最为薄弱的乡镇承担了义务教育管理责任的绝大部分。据《2001 年中国教育绿皮书》对全国 7 个省份 26 个县的抽样调查，1998 年样本县义务教育经费总支出（含预算外支出）中各级财政的教育补助专款约占 12%，县财政约占 9.8%，其余 78.2% 为乡镇和农民负担。截至 2002 年年底，这种情况还没有得到根本扭转，据《2002 年中国教育绿皮书》统计，中国的义务教育经费 78% 由乡镇负担，9% 左右由县财政负担，省里负担 11%，中央财政负担低至不足 2%。20 世纪 90 年代，在"人民教育人民办"理念的指导下，我国义务教育"两基"是以农民的巨大投入来实现的，义务教育事权和责任与财政收入严重不匹配，与农村经济社会发展的状况脱节。在"以乡为主"的义务教育管理体制下，几乎是村村有小学（一些大的自然村还设有中学），乡乡办中学，许多地方学校规模小，师资力量薄弱，教学质量低下，随着计划生育的深

---

　　① 　中央教育科学研究所：《2004/2005 中国基础教育发展研究报告》，47 页，北京，教育科学出版社，2004。

入，适龄儿童的减少，造成了教育资源的极大浪费。且"以乡为主"的义务教育管理体制，乡镇之间"各自为政"，使得县级管理工作非常被动，难以在全县范围内合理、有效地配置资源。

基层的管理缺乏必要的财政支持，必然产生农民负担问题。特别是近些年来，农村经济发展和农民收入增长缓慢。1997 年后，农民收入增幅连续 4 年下滑，2000 年增长幅度降至 3％左右，而农民购买力占全国的比重由 80 年代中期的 53％以上下滑到 38％。[①]"三农问题"突出，农村义务教育发展遇到了前有未有的困难和挑战。新的形势下，"以乡为主"的义务教育管理体制亟须调整。

2001 年 6 月，国务院专门召开基础教育工作会议。《国务院关于基础教育改革与发展的决定》明确了 21 世纪义务教育发展的目标，认为"农村义务教育持续健康发展是治本之策"，规定了农村义务教育"在国务院领导下，由地方政府负责、分级管理，以县为主的体制"。建立"以县为主"的义务教育管理体制，是在认真研究、总结我国义务教育发展实践，深入分析农村经济和社会发展形势的基础上，针对我国义务教育中存在的困难和问题而做出的重大决策。以此为标志，"以县为主"的义务教育行政管理体制改革进入一个新的发展阶段。

从我国义务教育管理体制改革实践的效果来看，由"地方负责、分级办学、分级管理"，到全面系统落实"以县为主"，基本符合我国国情和社会的发展。改革逐步把权力下放给地方，让地方政府能从当地的实际出发，制定适合本地区的教育措施，进而提高教育质量和办学效率。

二、"以县为主"是义务教育管理体制改革的关键

实行"以县为主"的义务教育行政管理体制改革，不仅仅是农村

---

① 中央教育科学研究所：《2002/2003 中国基础教育发展研究报告》，139 页，北京，教育科学出版社，2003。

义务教育责任的转移，即"以乡为主"转向"以县为主"，同时也是将教育投入从主要由农民负担转到由政府负担上来。换句话说，"以县为主"的义务教育管理体制改革，其核心问题是教育投入机制的转变，要求县政府通过调整本级财政支出结构，增加教育经费预算，对上级转移支付的资金做出科学、合理的安排。

《国务院关于基础教育改革与发展的决定》对教师工资支付作了明确规定："确保农村中小学教师工资发放是地方各级人民政府的责任。省级人民政府要统筹制定农村义务教育发展和中小学布局调整的规划，严格实行教师资格制度，逐县核定教师编制和工资总额，对财力不足、发放教师工资确有困难的县，要通过调整财政体制和增加转移支付的办法解决农村中小学教师工资发放问题。""从 2001年起，将农村中小学教师工资的管理上收到县。为此，原乡（镇）财政收入中用于农村中小学教职工工资发放的部分要相应划拨上交到县级财政，并按规定设立'工资资金专户'"，"在此基础上，为支持国家扶贫开支工作重点县等中西部困难地区建立农村中小学教师工资保障机制，中央财政将给予适当补助"。

"以县为主"的义务教育行政管理体制改革，要求县政府要确保中小学教职工工资的足额发放。按照规定，农村中小学教职工工资要县里集中管理，2001 年国家统一规定的工资项目和标准将农村中小学教职工工资总额上划到县，调整县、乡财政体制，由县按照国家统一规定的工资项目和标准，统一发放农村中小学教职工工资。同时，《中华人民共和国教师法》中也规定，县级政府安排使用上级的工资性转移支付资金、农村税费改革转移支付资金和一般性转移支付资金，首先要用于保证农村中小学教职工工资。

"以县为主"的义务教育行政管理体制改革，并不意味着所有的责任都由县一级政府独担，中央、省级和地市级政府要做好转移支付工作。中央政府要建立合理、顺畅的转移支付制度，确保资金到位，这样才能保证义务教育彻底走出"由农民埋单""以乡为主"的旧路，推动农村义务教育发展；省级和地市级政府要统筹安排解决财力困难县农村中小学教职工工资的发放问题，实行省长（市长）负责制，根据各县财力状况和保障力度，增加工资性转移支付资金。

根据文件精神，各省（自治区、直辖市）结合当地实际，积极行动，明确规定要实行"以县为主"的农村义务教育管理体制，并进一步细化了省、市、县、乡发展义务教育所应承担的职责。例如，河南省规定，市一级要对财力不足、发放教师工资确有困难的县，通过调整财政体系和增加转移支付帮助解决；对困难县的中小学危房改造、贫困生就学，安排专项资金予以资助。县一级建立财政统一发放中学教职工工资的体制，确保教职工工资按时足额发放……乡一级要筹措教育经费，组织征收教育费附加，并在本级财政安排一定数量的中小学公用经费，提供新建扩建中小学校舍所需土地，改善中小学办学条件，提高教师待遇等。

这些措施对稳定教师队伍和提高教育质量起到了积极作用。以北京市各区县山区中小学为例，2000—2001 年，各山区县为了稳定教师队伍，进一步采取倾斜政策，提高教师待遇。延庆、密云、平谷、房山、昌平 5 个区县已全部将山区中小学教师工资改由区县财政统一发放。据统计，2000 年全市山区中学教师年人均收入为14 217元，小学教师年人均收入为 14 126 元。按同年龄教师相比，山区教师平均收入已不同程度地超过本区县中小学教师的工资水平。各山区县先后对山区教师普遍增加山区补贴和结构工资，提高奖励晋级比例，解决住房困难，使山区教师切实得到实惠。延庆县从2001 年起，县政府每年拨款 50 万元增加山区中小学教师的岗位补贴，并对山区教师增拨体改补贴，使深山区教师年工资收入高出浅山区 700 元。各区人事部门反映，山区教师现在要求调动的，比前几年大大减少。①

2006年,《中华人民共和国义务教育法》作了相应修改:"此次修订主要强调教育投入要由中央、省、地(市)、县四级政府共同承担责任,不再单独强调'以县为主';而今后所谓'以县为主',更多的是指一种管理责任。"②

我国教育体制不断改革深化,经过不断探索,正在逐步形成与我国社会主义市场经济体制及社会发展相适应的教育行政体制的新框架。义务教育行政体制正在不断完善地方负责、分级管理的体制,过去那种国家包揽办学的体制逐步被打破,义务教育管理地方化逐渐增强,地方办学积极性大大提高,地方办好义务教育的责任感不断增强。目前,我国广大农村地区按照"基础教育地方负责、分级管理的原则",已基本上确立了"县、乡、村三级办学,县乡两级管理、以县为主的体制",我国城市义务教育行政管理体制正在扭转长期以来市管教育的局面,正在形成市、区两级管理的基本格局。

2004年以来,中央和地方各级政府部门逐步加大对义务教育的投入,特别是对农村义务教育的经费保障,随着农村税费改革和免除农业税等政策的落实,农村义务教育投资主体已由农民转变为政府。2005年,温家宝总理在《政府工作报告》中承诺免除国家扶贫开发工作重点县农村义务教育阶段贫困家庭学生的书本费、杂费,并补助寄宿学生生活费。

2005年12月,《国务院关于深化农村义务教育经费保障机制改革的通知》印发,其主要内容有:全部免除农村义务教育阶段学生的学杂费,对家庭贫困的孩子免费提供教科书,对家庭贫困的寄宿生提供生活费补助。在免除学杂费的同时同步提高农村中小学公用经

---

① 北京市教育委员会:《北京教育年鉴2002》,11页,北京,开明出版社,2002。
② 季谭:《义务教育法"大修"核心明确四级政府投入责任》,载《第一财经日报》,2006-01-05。

费保障水平，建立农村中小学校舍维修长效机制，进一步巩固和完善农村中小学教师工资保障机制。确定了"明确各级责任，中央地方共担，加大财政投入、提高保障水平、分步组织实施"的基本原则。农村义务教育经费保障机制改革，旨在逐步将农村义务教育全面纳入公共财政保障范围，建立起一个中央和地方分项目、按比例分担的新型经费保障机制。从 2006 年春季学期开始，新增投入 2182 亿元，采取"分年度、分地区"逐步实施的办法，农村义务教育经费保障机制改革的试点率先在我国西部启动。

2007 年春季新学期，继我国西部和中部试点地区义务教育阶段免交学杂费之后，中东部地区农村学童也开始享受这一政策，至此，农村中小学义务教育全免学杂费在全国农村施行。至此，农村"义务教育"才成为真正意义上的义务教育。《光明日报》2007 年 3 月 2 日头版刊登了评论员文章《义务教育：政府担当的职责》，指出："这是一项被认为在中国教育史上具有里程碑意义的改革，是以胡锦涛同志为总书记的党中央总揽全局、高瞻远瞩，在建设社会主义新农村、推进公共财政建立，减轻农民负担、促进和谐社会建设过程中做出的一项重大决策。"[1]

国家对义务教育投入的不断加大，义务教育经费保障体制的建立和"以县为主，财政分级分担"机制的逐步形成，为新时期义务教育的健康发展奠定了坚实的基础。2008 年 4 月教育部在杭州召开全国基础教育工作会议，时任教育部副部长陈小娅作了报告——《深入学习贯彻党的十七大精神　全面推进基础教育的改革和发展》，总结和阐述了义务教育取得的历史成就和基本经验，突出强调了各级教育行政管理部门要切实落实科学发展观，提高科学管理水平，"县级教育部门负有规范本行政区域内所有义务教育阶段学校办学行为的

---

[1]　《义务教育：政府担当的职责》，载《光明日报》，2007-03-02。

直接管理责任，应严格执行各种法律法规和政策。"

　　义务教育作为一种公共服务，是一种政府行为，义务教育投入应该由各级政府共同负担。我国是发展中国家，地区之间、城乡之间经济和教育发展水平存在着很大的差异，贫困地区县、乡两级政府财力十分薄弱。分税制度实施以来，地方财政收入状况发生了明显变化，农村乡镇财政收入变得极为有限。据《2001 年中国教育绿皮书》中的统计，分税制实施以来，中央财政收入占国家财政收入的比例从 38% 迅速增长到 51%，省级财政的收入占国家财政收入的比例也一直处于较高的水平。作为中央政府，有义务更有责任承担起义务教育均衡发展的重任，对义务教育发展实施宏观调控，实现义务教育地区之间和城乡之间的均衡，维护教育公平和社会正义。只有在中央和地方各级财政的有力保障下，"以县为主"的义务教育管理体制改革才能落到实处，得以顺利贯彻推行。

三、"以县为主"的义务教育管理体制的实施

　　在"以县为主"的义务教育管理体制下，县级政府承担了统筹发放中小学教师工资的职责。到 2001 年 10 月为止，据 20 个省份上报给教育部的数据，全国已有 1 117 个县（市、区）将农村中小学师资管理上收到县一级，占这些省份总县（市、区）数的 58%。从数据上看，各级政府是以积极态度推进"以县为主"义务教育管理体制改革的。

　　为了了解各地实际情况，2001 年 9—12 月，国家教育督导团组织国家督学，对 8 个省份落实"以县为主"的农村义务教育管理体制进行检查。检查结果与各地政府自报材料有一定出入，许多地方对"以县为主"教育管理体制的认识尚不统一。一些地方市、县、乡各级对实行这一体制各有各的想法，积极性不高。特别是一些欠发达地区的县（市、区），过去由乡一级发放工资有困难，现在以县为主，拖欠教师工资问题依旧，只是从乡镇挪移到县，县级政府无能为力。截至 2001 年 11 月，甘肃省由县（市、区）统发教师工资的有 28 个，

占县总数的 32.18%；而河南省由县（市、区）统发教师工资的只有
14 个，仅占县总数的 8.86%。[①]

　　针对这种情况，2002 年 4 月，国务院下发了《国务院办公厅关于
完善农村义务教育管理体制的通知》，对《国务院关于基础教育改革
和发展的决定》的精神做了进一步阐释，统一认识。要求："县级人
民政府对农村义务教育负有主要责任，省、地（市）、乡等地方各级
政府承担相应责任，中央政府给予必要的支持。"此后不久，国家教
育督导团再次派人到各地巡查。继上半年对新疆、黑龙江、山东和
陕西 4 地的 14 个县（市、区）调研之后，11 月上旬，国家教育督导团
派出调研组，对河南、河北、湖南等 11 个省份的 22 个县（市、区）
进行了督导调研。与 2001 年的调查结果相比，督导检查和调研所到
的 15 个省份的大部分县（市、区）已经完成农村义务教育体制上收到
县的工作，完全实行"以县为主"的县（市、区）有 30 个；仅将教师工
资上收到县的有 34 个；仅将教师人事管理上收的有 31 个。贵州全
省范围内全部完成教育体制上收到县工作。少数管理体制没有上收
的县，主要集中在有些经济发展好、教育投入力度大的地方。这些
地方的乡镇财政体系足以支撑中小学教师工资的按时足额发放。例
如，浙江省慈溪市掌起镇 2001 年财政支出为 3 803 万元，其中教育投
入为 1 625.35 万元，2002 年教育投入超过 2 000 万元。吉林省通化县
各乡镇教育投入比例也较高。县里担心义务教育体制改革会影响到
乡镇投入的积极性。[②]

　　从各方面看，"以县为主"的义务教育管理体制实施以后，全国
大面积拖欠教师工资的势头得到了很大程度的遏制，尤其是人均收

---

　　① 中央教育科学研究所：《2001 中国基础教育发展研究报告》，4～5 页，北京，教
育科学出版社，2001。
　　② 中央教育科学研究所：《2002/2003 中国基础教育发展研究报告》，25 页，北京，
教育科学出版社，2003。

入较低的乡镇，这些乡镇教师工资基本能按时通过银行发放到个人的账户上，拖欠现象已大大减少。例如，河南省拖欠中小学教师工资最多时高达 28.5 亿元。2002 年，全省农村中小学教师工资基本上做到了按时发放。调查组所到的河南 3 个县，2002 年都实现了教师国家标准工资按月足额发放，教师满意度高，以至有些乡镇政府和农机管所等单位的职工都对教师职业表示羡慕。[①]

各级政府对农村义务教育的投入采取了政策性倾斜，据 2005 年公布的《国家教育督导报告》显示，2000－2004 年，全国农村义务教育生均预算内事业费，小学由 413 元增加到 1 014 元，初中由 534 元增长到 1 074 元。小学、初中生均预算内事业费的城乡比由 1.5∶1 缩小到 1.2∶1。[②] 政府对义务教育投入的增长率农村高于城市，生均拨款的城乡比有所缩小，义务教育均衡化正在逐步推进。

2001 年以来，各地在落实"以县为主"的农村义务教育管理体制的过程中，逐步实行了以县为主，县级教育行政部门、乡(镇)中心校(总校)和学校三级管理的体制，这一体制为农村义务教育的快速发展提供了有力保障。随着农村义务教育经费保障机制的建立，义务教育阶段的办学责任主要由政府承担，原有的以乡(镇)中心校(总校)作为一级农村教育管理机构的体制面临挑战。一些农村乡镇规模过小，以乡镇为单位实施管理，造成乡(镇)中心校(总校)数量及管理人员过多，编制紧缺，再加上受人口限制，在农村中小学布局结构调整过程中，难以按照标准化学校的建设要求制定规划，更难以实现教师配备的学科专任化，使校际间的差距不断拉大。农村中小学布局调整工作迫在眉睫。就目前来看，主要采取撤并、联合办学

---

① 中央教育科学研究所：《2002/2003 中国基础教育发展研究报告》，25 页，北京，教育科学出版社，2003。

② 中央教育科学研究所：《2005/2006 中国基础教育发展研究报告》，39 页，北京，教育科学出版社，2006。

等形式，取得了一定效果，但同时也面临不少困难。例如，学生上学路途太远，集中办学点需要更多的基建经费投入等，制约着农村中小学布局调整。有研究者指出："必须进一步理顺县域教育三级管理体制，积极推进乡（镇）中心校（总校）转变为学区中心校的管理体制改革，建立和完善以县为主，县级教育行政部门、学区中心校和学校三级管理的县域教育管理新体制，并以学区管理体制改革带动中小学布局调整和标准化学校建设，逐步缩小学校之间的差距，实现县域义务教育的均衡和可持续发展。"[1]

2004 年，国务院发布了《2003—2007 年教育振兴行动计划实施纲要》，要求进一步落实"在国务院领导下，由地方政府负责、分级管理、以县为主"的农村义务教育管理体制。县级政府要切实担负起对本地教育发展规划、经费安排使用、教师和校长人事等方面进行统筹管理的责任。明确各级政府保障农村义务教育投入的责任；中央、省和地（市）级政府通过增加转移支付，增强财政困难县义务教育经费的保障能力。建立和完善农村中小学投入保障机制，确保农村中小学教职工工资按时足额发放，确保农村中小学校舍的维护、改造和建设，确保维持学校正常运转的基本支出需要。再一次强调了实施"以县为主"的义务教育管理体制改革的必要性和重要性。

由于我国经济发展存在着很大的地区差异，从全国来看，实施"以县为主"的义务教育管理体制改革还存在着一些困难，落实农村义务教育管理体制存在不少问题，就国家教育督导团 2002 年检查和调研到的县（市、区）为例，还存在着农村中小学教职工工资发放问题还没有完全解决，税费改革对农村义务教育办学经费的影响，农村中小学学校公用经费难以维持日常办学的开支以及中小学危房问题等。时任教育部副部长的陈小娅也强调，农村税费改革在全国推

---

① 陈国庆：《关于学区制度建设的几个问题》，http://www.jxedu.gov.cn/bmgz/jyky066/2007/05/11486.html。访问时间：2018-09-28。

开后，在一些经济欠发达地区，原来作为中小学经费"半壁江山"的
农村教育费附加和教育集资等被全部取消，虽然旨在减轻农民负担，
但在客观上却使原本不足的义务教育经费再次陷入窘境。这一体制
的完善尚需做大量的工作。

第二节　"省级统筹，以县为主"的义务教育管理新模式

我国地域辽阔、人口众多，地方经济发展严重不平衡，东西部
地区间、城乡间发展差距较大。我国开始实施"以县为主"的义务教
育管理体制后，各县（市、区）义务教育经费来源于其财政收入。但
县域间经济发展的差距，导致义务教育县域间存在严重的不平衡状
况：经费投入的不平衡、物资设备配置的不平衡、师资的不平衡以
及由此而导致的义务教育质量的不平衡等方面。义务教育的本质是
实现教育的公平，这种公平不仅体现在入学机会、教育过程的公平
上，同时还要达到教育结果的公平。而"以县为主"的义务教育管理
体制在我国基本实现"普九"目标之后，只有进行相应的政策上的调
整，才能应对新的社会条件下对义务教育新的目标的追求。

一、"省级统筹，以县为主"教育管理体制的确立

针对"以县为主"的义务教育管理中存在的政府间责权不清，地
区间教育投资不合理，教育资源配置不均衡等问题，2006 年修订的
《中华人民共和国义务教育法》指出，义务教育实行国务院领导，省、
自治区、直辖市人民政府统筹规划实施，县级人民政府为主管理的
体制。县级以上人民政府教育行政部门具体负责义务教育实施工作；
县级以上人民政府其他有关部门在各自的职责范围内负责义务教育
实施工作。国家将义务教育全面纳入财政保障范围，义务教育经费
由国务院和地方各级人民政府依法予以保障。国务院和地方各级人
民政府将义务教育经费纳入财政预算，按照教职工编制标准、工资

标准和学校建设标准、学生人均公用经费标准等，及时足额拨付义务教育经费，确保学校的正常运转和校舍安全，确保教职工工资按照规定发放。国务院和地方各级人民政府用于实施义务教育财政拨款的增长比例应当高于财政经常性收入的增长比例，保证按照在校学生人数平均的义务教育费用逐步增长，保证教职工工资和学生人均公用经费逐步增长。国家将义务教育全面纳入财政保障范围，强化中央政府承担义务教育的保障义务，从法律层面理清了义务教育中的事权与财权关系。

新的义务教育管理政策是在构建"中央管理和地方管理并重"的体制政策框架下对义务教育管理体制的调整，其重点在于完善中央统一领导、省级政府统筹，地方分级负责的教育管理新体制。省级政府的主要职责是统筹协调、科学规划、政策支持和监督保障，重点探索和解决相关体制机制问题，在政策、制度上有所突破。"统筹规划"思想的提出，意味着国家加强了对义务教育的管理，明确了各级政府在义务教育管理中的责任，加强了省级政府教育统筹的权力和责任，为我国义务教育的高效发展提供了保障。义务教育是社会发展中的公共产品和公共事业，是国民整体素质提高和国家未来发展的重要基础。

新修订的《中华人民共和国义务教育法》对各级政府在义务教育中的责任进行了调整，加强了省级政府的责任，为义务教育的更快更好发展提供了新的发展途径。

2006 年《教育部关于贯彻〈义务教育法〉进一步规范义务教育办学行为的若干意见》中指出，依法加强省级统筹职能，落实县级政府规范办学行为的责任。规范义务教育办学行为中省级政府教育行政部门的责任：第一，要全面清理义务教育阶段公办学校的服务性收费项目，坚决废止与国家法律、法规、政策相违背的收费项目。第二，省级教育行政部门要会同财政、国有资产管理等部门对本地义务教育阶段改制学校进行全面清理,并在明晰学校资产属性、学校办学性质、确保公共教育资源不流失的前提下,广泛听取当地人民群众的意见,提出解决现有改制学校问题的政策措施,并依法加以规范。第三,省级教育行政部门要对本地区义务教育阶段学校举办的各类实验班进行全面清理,进一步明确审批权限和程序。第四,省级教育行政部门要根据本地实际提出中小学学期、寒暑假和学校作息时间安排的指导意见,严格控制学生在校学习时间。

2015 年 4 月修订并实施的《中华人民共和国义务教育法》明确指出,义务教育实行国务院领导,省、自治区、直辖市人民政府统筹规划实施,县级人民政府为主管理的体制。县级以上人民政府教育行政部门具体负责义务教育实施工作;县级以上人民政府其他有关部门在各自的职责范围内负责义务教育实施工作。

《中华人民共和国义务教育法》的两次修订标志着我国义务教育管理制度开始由"以县为主"向"省级统筹,以县为主"的管理模式过渡,这是政府在分析义务教育发展现状的基础上为实现教育公平所进行的政策上的调整。实现省级统筹就是让省级政府成为义务教育均衡发展在财政方面的主要承担者,这是义务教育管理体制改革的关键所在。这一规定明确了省级政府在义务教育经费投入上负有统筹落实的法律责任。省级政府作为地方政府的最高一级行政机关,要对本区域义务教育发展所需要的经费投入做出统一规划,统筹中央政府和省级政府对下级政府的财政转移支付资金,统筹落实省以下各级政府应承担的义务教育经费。

"省级统筹,以县为主"的义务教育管理体制的优势包括以下几个方面。第一,分税制改革之后,省级财政所占比例高于县级财政,通过省级统筹,可以协调省内各地区之间教育经费和资源的配置,有利于通过转移支付的方式向经济落后地区倾斜,缩小省内义务教育的差距,实现省内义务教育的均衡发展。第二,义务教育均衡发展需要高质量、稳定的教师队伍。实行省级统筹，让省级政府真正对义务教育均衡发展负起责任，可以确保义务教育阶段教师的工资、待遇及其公用经费的不断提高。

二、"省级统筹，以县为主"管理新模式下义务教育发展现状

2015 年修订《中华人民共和国义务教育法》以来，我国义务教育管理体制逐步由过去的"地方分级管理"向"省级统筹，以县为主"的管理新模式转变。截至目前，在"省级统筹，以县为主"的义务教育管理体制下，我国义务教育发展情况大致如下。

第一，义务教育均衡发展状况。为巩固义务教育均衡发展成果，防止均衡发展水平滑坡，国务院教育督导委员会办公室对 2013—2016 年通过国家认定的 1 816 个县（市、区）义务教育均衡发展情况进行了第四次监测复查，基本均衡县（市、区）的义务教育均衡发展水平总体上略有提高，也有 10 个省份的 15 个县（市、区）出现滑坡；500 多个尚未通过国家评估认定的县（市、区）义务教育均衡发展水平明显低于国家标准，中、西部地区分别有 16.3%、29.1% 的县（市、区）尚未认定，将是攻坚难点地区。[①] 2018 年，继续开展义务教育发展基本均衡县的督导评估认定工作，实现全国 85% 的县（市、区）达到基本均衡目标；启动义务教育优质均衡发展督导评估认定工作。

第二，义务教育经费分担及落实情况。国家财政性教育经费连续 5 年 GDP 占比超过 4%，其中一半以上用于义务教育。学生营养改善计划让 3 600 万名农村义务教育学生吃上了免费营养餐，试点地区学生贫血率从 2012 年的 17% 降低到 2015 年的 7.8%。高中阶段保障机制不断健全。2016 年，中央财政核定下达各地城乡义务教育经费保障机制资金 1 103 亿元，比 2015 年增加 52 亿元。各地积极落实应承担的资金，进一步加大投入力度，提高经费保障水平，支持

---

① 《全国超八成县义务教育实现基本均衡》，载《人民日报》，2018-03-01。

义务教育健康发展。

为了进一步完善义务教育城乡一体化，实现义务教育均衡化发展，在义务教育经费使用方面，加大了政府统筹规划。一是统一义务教育生均公用经费基准定额，各地均从 2016 年春季学期开始，中西部地区年生均小学 600 元、初中 800 元，东部地区年生均小学 650 元、初中 850 元，民办学校按照不低于基准定额补助公用经费。另外，各地均按中央要求提高了对寄宿制学校、规模较小学校和特殊教育学校公用经费保障水平。二是建立城市校舍安全保障长效机制，所需经费由各地市承担，省级财政给予奖补，贵州、吉林等 5 个省份由各地市自行建立，所需经费由省和市、县按比例分担。三是经费投入向农村倾斜。在统一城乡义务教育经费保障机制的同时，各省仍将农村作为义务教育投入的重点，福建、江西、河南、广东、广西、四川等省份，进一步加大了省级财政对革命老区、民族地区、集中连片特困地区的投入力度，按规定应由地方各级政府分担的经费，主要由省级财政承担。云南省统筹多个国家工程和项目资金，建立了"城乡统一、重在农村"的义务教育经费保障新机制。

第三，义务教育办学条件改善。各地推进义务教育均衡发展投入不断增加，新建改扩建学校约 26 万所，增加学位 2 725 万个，补充教师 172 万人，参与交流的校长和教师 243 万人次。义务教育学校，特别是农村义务教育学校的面貌得到较大改善。教育部《全国 31 个省份全部统一城乡义务教育经费保障机制，整体工作进展顺利》统计，全国近 5 年累计建设各类校舍和附属用房面积 4.5 亿平方米，体育运动场馆 3.4 亿平方米，实验室、功能室 746 万间，新增器材和信息化装备等价值 3 257 亿元，图书 14.4 亿册，计算机 1 248 万台。全国近 5 年新补充教师中，音体美科学信息教师 31 万人，占新补充教师总数的 18％；目前，全国 6 万多个教学点实现数字教育资源全覆盖，惠及 400 多万偏远农村地区的孩子。自 2013 年以来，中央财政累计投入 1 620 亿元，带动地方投入 3 000 多亿元，采购课桌凳 2 561 万套、图书 6.1 亿册，农村义务教育学校办学条件明显改善，学生自带课桌椅现象、睡"大通铺"现象、在 D 级危房上课现象在绝大部分农村地区已消除。

在中小学装备与信息化建设方面，教育部实施全国中小学教师信息技术应用能力提升工程，培训教师 940 多万人次。最近 5 年来，全国中小学互联网接入率持续增长，加大了对农村义务教育的投入，缩小了城乡学校在办学条件上的差距，提升了中小学装备与信息化建设水平，促进了优质教育资源共享，一定程度上促进了教育公平。全国中小学互联网接入率从 25％上升到 94％，多媒体教室比例从 40％提高到 83％。全国中小学生基本实现了电子学籍管理。"一师一优课，一课一名师"活动，吸引超过 1 000 万名教师参加，网上晒课 730 万节，数字教育资源进一步丰富和充实。[①]

第四，"县管校聘"的教师资源配置。在乡村教师队伍建设方面，各地拓宽多种补充渠道，突破体制机制障碍，统一城乡义务教育学校教师编制标准，深入实施农村义务教育教师"特岗计划"，加大农村义务教育教师培养培训力度，着力解决农村教师"下不去、留不住、教不好"的难题。各地还改进教师培训内容，创新培训方式，不断提升农村教师队伍能力水平。开展"县管校聘"管理改革，健全校长教师交流机制，突破交流轮岗的制度瓶颈，推动师资均衡配置。补充教师 172 万人，参与交流的校长和教师 243 万人次；农村特岗教师计划 5 年间招聘教师 28 万人，为乡村学校输送新鲜血液；部属师范大学师范生公费教育继续推进，2012 年至 2016 年，6 所部属师范大学培养免费师范毕业生 5.2 万人，履约就业率为 96.5％。其中，90.3％的免费师范毕业生到中、西部地区中小学任教。在部属师范

---

① 《这 5 年，基础教育谱新篇》，载《中国教育报》，2018-03-11。

大学师范生免费教育政策的示范带动下，28 个省份采取公费培养、到岗返还等多种方式实施地方师范生免费教育政策，每年有 4.1 万名免费师范毕业生直接到农村任教；国培计划共培训教师 1729 万人次，乡村教师基本轮训一遍。各地努力提高农村教师待遇，长期工作在艰苦地区的农村教师有地位、有实惠、有发展，调动他们的积极性。乡村教师生活补助政策惠及 130 余万名乡村教师，到 2017 年已实现连片特困地区县(市、区)全覆盖。

第五，义务教育就近入学状况。教育部《全国 31 个省份全部统一城乡义务教育经费保障机制，整体工作进展顺利》统计，2017 年年初，教育部门对全国 24 个大城市重点监测的调研数据显示，有 18 个城市已实现公办小学学生全部免试就近入学；上海、沈阳、深圳、济南、青岛等 9 个城市公办初中(不含寄宿制)学生也已全部实现免试就近入学。"择校热"得到有效遏制，调查显示，群众满意度近 90%。

第六，随迁子女入学状况。各地把进城务工人员随迁子女义务教育作为重大民生工程，各级教育与民政相关部门完善政策，使进城务工人员子女享受与城市学生同等的教育资源。到 2017 年，进城务工人员随迁子女在公办学校就读的比例一直保持在 80% 以上。随迁子女 100% 纳入义务教育"两免一补"补助范围。同时，由各级民政和教育相关部门共同参与的农村留守儿童关爱服务体系建立，从普查登记到结对帮扶全程管理，保障了留守儿童受教育的权利，使留守儿童身心健康成长。

根据《全国义务教育均衡发展督导评估工作报告》的统计，安徽省坚持"两个为主"(以流入地为主、以公办学校为主)和"三个一样"(一样就读、一样入学、一样免费)，不断健全完善进城务工人员随迁子女就学体制，义务教育阶段随迁子女在公办学校就读比例达 95.7%。山西省 2013 年起实行进城务工人员随迁子女与当地学生平等参加中考政策，2014 年起实行随迁子女与当地学生平等参加高考政策，实现了"平等就学全覆盖、一视同仁全覆盖"。

第七，大班额问题的解决。按照《城市普通中小学校校舍建设标准》《农村普通中小学校建设标准》《中小学校建筑设计规范》的要求，中小学标准班额为小学 45 人，初中 50 人。《国务院关于统筹推进县域内城乡义务教育一体化改革发展的若干意见》明确，56 人及以上为大班额，66 人及以上为超大班额。

2016 年 9 月，教育部实施消除大班额计划，明确提出"到 2018 年基本消除超大班额，到 2020 年基本消除大班额"。在解决大班额问题方面，各省份制定了专项规划，按时间、路线持续推进；根据常住人口科学规划城乡义务教育布局规模；统筹学校建设项目，扩大城镇学校学位供给；统筹城乡师资配置，解决师资不足问题；提升薄弱学校和农村教育办学质量。通过以上措施，2017 年在消除大班额方面，我国取得了突破性进展。2017 年，大班额有 36.8 万个班，占全部班级的 10.1%，比上一年减少了 8.2 万个，目标是 2019 年解决大班额要取得突破性、决定性进展，到 2020 年基本消除大班额。

第八，减轻中小学生课外负担。学生的学业负担，指的是违背教学规律和学生身心发展规律，教学超出教学大纲、额外增加的这部分学业。2018 年 3 月教育部等四部门印发《关于开展减轻中小学生课外负担开展校外培训机构专项治理行动的通知》，聚焦义务教育阶段学科类培训，排查、处置学校和各类校外培训机构增加学生课外负担的不良行为。其次，印发《关于做好 2018 年普通中小学招生入学工作的通知》，规范招生入学秩序，斩断校外培训机构与中小学招生的联系。此外，还将建立规范校外培训机构发展的长效机制，深化义务教育、普通高中教育教学改革，提高义务教育、普通高中教育教学质量，缓解广大学生和家长对校外培训的需求。打好"组合拳"，以解决人民群众反映的义务教育阶段课外负担过重这一突出问题。

　　总体上看，在"省级统筹，以县为主"的义务教育管理体制中，省级政府承担了城乡教育一体化发展的规划者、条件的保障者、标准的制定者、服务的提供者、公平的维护者、质量的监管者的职责。城乡义务教育一体化发展的体制机制已初步形成，城乡教育二元结构的格局正在被打破，乡村教师队伍建设全面加强，特殊群体教育和关爱体系不断健全，城乡教育差距扩大的势头得到遏制，城乡义务教育一体化发展迈出了坚实步伐。

第三节　民办义务教育的改革和发展

　　随着我国改革开放的深入和现代化建设进程的加快，40年来，我国民办义务教育逐步发展，不仅在数量上已经达到了相当的规模，而且在质量上也得到了社会的认可，形成了一定的结构、层次和办学特色，逐步成为我国义务教育的重要组成部分，在提高全民素质方面发挥了重要作用。

一、民办义务教育的发展进程

　　改革开放以来，民办教育的发展是我国经济发展和社会变革的必然要求。社会主义市场经济的发展，打破了单一的计划经济体制，集体经济、个体私营经济、股份制经济与公有经济并存，国家集中计划和政府管理学校的体制已经不能适应市场经济体制的要求。而且市场经济的发展也赋予并强化了人们对学校的选择权，人民群众日益多样化的教育消费要求需要多元的学校选择，那些教育教学质量高、特色鲜明、服务好的民办学校得到了不少家长和学生的青睐，赢得了社会的认可，公办学校"一统天下"的形势逐渐被打破。这些情况的存在，为义务教育阶段办学主体的多元化提供了基础和空间。

　　改革开放以来，面对新的历史形势，我国的教育政策进行了很大的调整，为义务教育阶段民办教育的发展提供了政策上的支持。

1982 年颁布的《中华人民共和国宪法》明确指出："国家鼓励集体经济组织、国家企事业组织和其他社会力量依照法律规定举办各种教育事业。"以此为起点，国家以根本法的形式，对 1978 年之前我国中小学实行的国家政府办学的一元化办学模式进行了解构，对多元化办学主体采取了"国家鼓励"方针。1985 年，《中共中央关于教育体制改革的决定》就长久以来基础教育办学体制单一的问题，提出了要求："地方要鼓励和指导国有企业、社会团体和个人办学，并在自愿的基础上，鼓励单位、集体和个人捐资助学。"国家教委 1987 年颁布了《关于社会力量办学的若干暂行规定》，进一步"鼓励和支持社会力量办学，加强宏观管理"，特别申明"社会力量办学是我国教育事业的组成部分，是国家办学的补充，各级人民政府及教育行政部门应鼓励和支持社会力量举办各种教育事业，维护学校正当权益，保护办学积极性，在条件允许的情况下，尽力帮助解决办学中存在的困难，对办学成绩卓著者给予表彰和奖励"。这一规定的出台，表明了国家对社会力量办学支持力度的加大，社会力量办学成为中国特色社会主义教育事业的组成部分，是国家办学的补充，国家不仅要对社会力量办学加强领导和管理，还要大力鼓励和支持。在此基础上，国家教委先后颁布了《社会力量办学财务管理暂行规定》《社会力量办学教学管理暂行规定》《关于社会力量办学几个问题的通知》等，积极引导、规范并加强对社会力量办学的管理，社会力量办学进入了新的发展阶段。

1993 年，《中国教育改革和发展纲要》要求"改革包得过多、统得过死的体制"，改变政府包揽办学的格局，逐步建立以政府办学为主体，社会各界共同办学的新体制。国家对社会团体、公民依法办学，采取积极鼓励、大力支持、正确引导、加强管理的方针。欢迎港、澳、台同胞，海外侨胞和外国友好人士捐资助学，在国家有关法律和法规的规范内进行国际合作办学。对港、澳、台同胞，海外侨胞以及外国友好人士开放国内教育事业领域，对各种社会力量办学，国家给予了积极、明朗的鼓励和支持，有力地推动了多元化办学主体的办学积极性。

1994 年《关于〈中国教育改革和发展纲要〉的实施意见》对基础教育阶段社会力量办学表明了态度："基础教育要由政府办学，同时鼓励企事业单位和其他社会力量按照国家的法律和政策，多渠道、多形式办学。有条件的地方，也可实行'民办公助''公办民助'等形式。"1997 年，《社会力量办学条例》再次强调"社会力量办学事业是社会主义教育事业的组成部分"，重申了国家对社会力量办学的十六字方针——"积极鼓励、大力支持、正确引导、加强管理"。我国中小学教育阶段出现了多元办学的新局面。

《面向 21 世纪教育振兴行动计划》指出，"深化办学体制改革，调动各方面发展教育事业的积极性"，"认真贯彻国务院对于社会力量办学实行'积极鼓励，大力支持，正确引导，加强管理'的方针，今后 3 至 5 年，基本形成以政府办学为主体、社会各界共同参与、公办学校和民办学校共同发展的办学体制。制定有利于吸纳社会资金办教育和民办学校发展的办学体制"。同时，"社会力量办学要纳入依法办学、依法管理的轨道。社会力量办学不以营利为目的，鼓励滚动发展"。民办学校如雨后春笋，涌现出一大批民办中小学。据《北京教育年鉴 2000》统计，到 1999 年年底，北京市各级各类民办学校达 2 205 所，其中中小学 101 所，积累资产近 10 亿元，在校生 3.5万人；民办学校办学形式有企业主办、事业单位主办、社会团体主办和公民个人主办以及民办公助、公办民助等。浙江省民办中学有552 所，民办小学在校生达到 38 491 人；福建省有民办中小学 755

所，四川省有民办中小学 808 所。① 这些民办中小学的出现，给中国基础教育发展增添了活力。

21 世纪以来，各级政府对社会力量办学给予了极大的关注和支持。《中华人民共和国民办教育促进法》指出，"民办教育事业属于公益性事业，是社会主义事业的组成部分"，重申了国家对民办教育实行"积极鼓励、大力支持、正确引导、依法管理"的方针，要求"各级政府应当将民办教育事业纳入国民经济和社会发展规划"中去。该法对民办学校管理体制、机构设置、收费标准等一系列民办学校的自主权给予确定，规定县级以上各级政府可以设专项资金用以资助民办学校发展，可以采取经费资助、出租、转让闲置的国有资本等措施对民办学校予以扶持。"人民政府委托民办学校承担基础教育任务，应当按照委托协议拨付相应的教育经费"；"国家对向民办学校捐赠财产的公民、法人或者其他组织按照有关规定给予税收优惠，并予以表彰；国家鼓励金融机构运用信贷手段，支持民办教育事业的发展。""新建、扩建民办学校，人民政府应当按照公益事业用地及建设的有关规定给予优惠"，"民办学校在扣除办学成本、预留发展基金以及按照国家有关规定提取其他的必需的费用后，出资人可以从办学结余中取得合理回报。"国家肯定了基础教育阶段民办学校的成绩，"人民政府委托民办学校承担义务教育任务"，第一次将民办基础教育学校列入了义务教育范围，民办学校对我国基础教育的全面推进有很大的帮助。

2004 年，国务院颁布《中华人民共和国民办教育促进法实施条例》，对民办教育中义务教育类学校在办学、招生、国家财政扶持等方面给出了具体的规定，"实施义务教育的公办学校不得转为民办学校；实施高级中等教育、义务教育的民办学校，可以自主开展教育

---

①　全国人大教科文卫委员会教育室、香港大学中国教育研究中心：《民办教育研究与立法探索》，352 页，广州，广东高等教育出版社，2001。

教学活动，但该民办学校的教育教学活动应当达到国务院教育行政
部门制定的课程标准，其所选用的教材应当依法审定"。

国家对民办义务教育办学还有一定的优惠政策：捐资举办的民
办学校和出资人不要求取得合理回报的民办学校，依法享受与公办
学校同等的税收及其他优惠政策；出资人要求取得合理回报的民办
学校享受的税收优惠政策，由国务院财政部门、税务主管部门会同
国务院有关行政部门制定；在西部地区、边远贫困地区和少数民族
地区举办的民办学校申请贷款用于学校自身发展的，享受国家相关
的信贷优惠政策。通过为民办基础教育办学主体提供优惠政策，政
府希望能够吸引更多的民间资本进入义务教育办学中，增加更多的
义务教育办学形式，让老百姓有更多的选择。

在民办义务教育收费上，该条例规定："县级人民政府根据本行
政区域实施义务教育的需要，可以与民办学校签订协议，委托其承
担部分义务教育任务。县级人民政府委托民办学校承担义务教育任
务的，应当根据接受义务教育学生的数量和当地实施义务教育的公
办学校的生均教育经费标准，拨付相应的教育经费；受委托的民办
学校向协议就读的学生收取的费用，不得高于当地同级同类公办学
校的收费标准。"这是当时我国还没有完全免除义务教育阶段学生学
杂费的情况下所实施的收费标准，即受政府委托办理的民办义务教
育学校，可以根据生均经费标准给予相应的教育经费，因此在收费
上应该不高于公办学校的收费标准。2005年印发的《民办教育收费管
理暂行办法》规定"民办学校对接受教育者可以收取学费（或培训费），
对在校住宿的学生可以收取住宿费"，也再次强调了"受县级人民政
府委托承担义务教育任务的民办学校，向协议就读的学生收取的费
用，不得高于当地同级同类公办学校的收费标准。"同时规定"民办学
校取得的合法收费收入应主要用于教学活动和改善办学条件，任何
单位和部门不得截留、平调"。这一要求保障了民办义务教育有充足

的办学经费。

2006 年修订的《中华人民共和国义务教育法》中指出："社会组织或者个人依法举办的民办学校实施义务教育的，依照《民办教育促进法》有关规定执行，《民办教育促进法》未作规定的，适用本法。"说明我国民办义务教育仍然要遵守《中华人民共和国义务教育法》的规定依法办学。《中华人民共和国义务教育法实施细则》规定，地方各级人民政府应当鼓励各种社会力量以及个人自愿捐资助学；社会力量举办实施义务教育学校的事业费和基本建设投资，由办学单位或者经国家批准的私人办学者负责筹措；实施义务教育的学校及其他机构，在实施义务教育工作上，接受当地人民政府及其教育主管部门的管理、指导和监督。

为了积极推进教育事业领域的改革，推动民办教育事业的发展，将民办社会事业作为社会公共事业发展的重要补充，2010 年 5 月印发的《国务院关于鼓励和引导民间投资健康发展的若干意见》鼓励民间资本参与发展教育和社会培训事业；支持民间资本兴办高等学校、中小学校、幼儿园、职业教育等各类教育和社会培训机构；落实对民办学校的人才鼓励政策和公共财政资助政策，加快制定和完善促进民办教育发展的金融、产权和社保等政策，研究建立民办学校的退出机制。通过机制的完善，加大对民办教育的支持，促进民办教育的发展。

随着我国经济的发展和城镇化水平的提高，人们对教育的需求发生了新的变化。人民开始不断追求高质量、高水平的教育资源，同时城镇化水平的提高带动了大量的进城务工人员随迁子女入学的需求，这使我国义务教育的发展进入一个由"追求量"到"追求质"的高水平的发展时期，当然也对我国义务教育的发展提出了更高的要求。《国家中长期教育改革和发展规划纲要（2010－2020 年）》提出，在新的历史时期，国家教育体制改革应健全政府主导、社会参与、办学主体多元、办学形式多样、充满生机活力的办学体制，形成以政府办学为主体、全社会积极参与、公办教育和民办教育共同发展的格局。调动全社会参与的积极性，进一步激发教育活力，满足人民群众多层次、多样化的教育需求。政府希望通过改革办学体制，扩大办学形式，提高办学质量来满足人民日益增长的对优质教育的需求。特别是在鼓励民办教育发展上，要求"积极鼓励行业、企业等社会力量参与公办学校办学，扶持薄弱学校发展，扩大优质教育资源，增强办学活力，提高办学效益。各地可从实际出发，开展公办学校联合办学、委托管理等试验，探索多种形式，提高办学水平"，通过提供更多的优惠政策，"支持民办学校创新体制机制和育人模式，提高质量，办出特色，办好一批高水平民办学校"。在对民办学校的管理上，政府开始积极探讨新的管理形式，并进行分类管理。通过分类管理来解决在民办教育管理中法人主体不明确、经费扶持不合理、政策落实不到位等不合理、不规范的管理行为，提高民办教育的管理水平。

2013年，时任教育部副部长鲁昕在《推进民办教育健康发展》中指出，《中共中央关于全面深化改革若干重大问题的决定》提出全面深化改革的战略部署，为我国民办教育的发展指明了制度性方向，要充分发挥市场对民办教育资源配置的作用。一方面，政府要为民间资金兴办教育创造良好条件，充分发挥社会力量办学兴教的积极性；另一方面，民办学校也要密切关注市场需要和群众需求，特别是民办高等院校和职业学校，要按照区域产业发展设置和调整专业。对于优化民办教育办学环境，鲁昕指出，落实民办学校与公办学校的平等地位。《中共中央关于全面深化改革若干重大问题的决定》要求坚持权利平等、机会平等、规则平等，废除对非公有制经济各种形式的不合理规定，消除各种隐性壁垒。这对优化民办教育发展环境具有重要的作用。要逐步健全民办学校教职工多层次的社会保障机制，使民办学校与同级同类公办学校的教职工在医疗、住房、养老等方面的保障水平基本相当。同时指出，在完善民办教育制度方面，应在以下几个方面着手。建立分类管理制度；健全政府扶持制度；建立现代学校制度；健全规范管理制度；建立改革试点制度；建立示范带动制度。这一政策的提出，为全面深化教育改革，完善民办教育发展的政策，营造民办教育发展的良好环境，开创了一个新的发展局面。

教育部 2015 年工作要点指出，鼓励社会力量兴办教育。出台鼓励社会力量兴办教育的政策文件，召开全国民办教育工作会议，研究制订民办学校分类管理配套政策。

2016 年《中华人民共和国民办教育促进法》修订通过。首先，修订后的《中华人民共和国民办教育促进法》明确了民办学校的性质：民办学校的举办者可以自主选择设立非营利性或者营利性民办学校。营利性民办学校的举办者可以取得办学收益，学校的办学结余依照公司法等有关法律、行政法规的规定处理；非营利性民办学校的举办者不得取得办学收益，学校的办学结余全部用于办学。同时明确指出不得设立实施义务教育的营利性民办学校，即义务教育阶段的民办学校应该是非营利性质。因为义务教育体现国家意志，是政府必须提供的基本公共服务和国家强制公民必须履行的义务，义务教育的性质决定了义务教育阶段不能举办营利性民办学校。如果允许举办实施义务教育的营利性民办学校，将影响义务教育政府责任的落实，影响义务教育的均衡发展。

修订后的《中华人民共和国民办教育促进法》对民办教育办学实施分类管理的新模式，即"民办学校收取费用的项目和标准根据办学成本、市场需求等因素确定，向社会公示，并接受有关主管部门的监督。""非营利性民办学校收费的具体办法，由省、自治区、直辖市人民政府制定；营利性民办学校的收费标准，实行市场调节，由学校自主决定。""新建、扩建非营利性民办学校，人民政府应当按照与公办学校同等原则，以划拨等方式给予用地优惠。新建、扩建营利性民办学校，人民政府应当按照国家规定供给土地。"

对非营利性民办学校，政府加大了扶持力度。一是在税收方面享受与公办学校相同的税收优惠政策；二是在土地优惠政策方面，新建、扩建非营利性民办学校，人民政府应当按照与公办学校同等原则，以划拨等方式给予用地优惠；三是剩余财产处理方面，非营利性民办学校清偿债务后的剩余财产继续用于其他非营利性学校办学；四是在政府扶持方面，县级以上各级人民政府可以采取购买服务、助学贷款、转让闲置的国有资产等措施对民办学校予以扶持；对非营利性民办学校还可以采取政府补贴、基金奖励、捐资激励等扶持措施。

从2012年到2016年《中华人民共和国民办教育促进法》修订审议通过，我国各级政府和教育主管部门经过长期缜密的调查研究，最终形成了符合我国当前社会发展形势和民办教育发展趋势的新的民办教育管理办法，对促进我国民办教育的健康有序发展具有重要的作用。修订的新法从法律上破解民办教育发展过程中学校法人属性不清，财产归属不明和支持措施难以落实的问题，扩展了民办教育发展空间，有利于政府加大扶持力度，落实扶持政策，促进非营利性和营利性两类民办学校的健康发展；制定两类民办学校在财政、税收优惠、土地和收费等方面的扶持政策，特别是规定了非营利性民办学校与公办学校在税收、土地等方面享有同等待遇；该法进一步强调民办学校应当依法保障教职工的福利待遇和其他合法权益，鼓励民办学校为教职工办理补充养老保险，为民办学校教师的发展和权益保护提供了更加有利的法律保障；明确了举办者参与学校办学和管理的权利，有利于形成依法办学、公平竞争和监督有利的发展环境。①

　　为了配合新修订的《中华人民共和国民办教育促进法》的实施，2016 年 12 月 29 日，中共中央办公厅印发了《关于加强民办学校党的建设工作的意见（试行）》，对民办学校党的建设做出新的部署，同日，国务院印发了《关于鼓励社会力量兴办教育促进民办教育健康发展的若干意见》，强调党对民办学校的领导；民办教育实行非营利性和营利性分类管理，实施差别化扶持政策，积极引导社会力量举办非营利性民办学校；坚持教育的公益属性，无论是非营利性民办学校还是营利性民办学校都要始终把社会效益放在首位；对民办教育改革发展做出全面安排。2016 年 12 月 30 日，教育部、人力资源社会保障部、民政部、中央编办、国家工商总局联合下发了《关于印发〈民办学校分类登记实施细则〉的通知》和《关于印发〈营利性民办学校监督管理实施细则〉的通知》，对民办学校登记具体实施程序进行了说明，并就营利性民办学校的办学主体进行了规范，加强了教育部门、工商以及税务部门的监督管理，保障其有序合法运行。

　　民办教育发展中存在较大的问题就是管理部门较多，管理责任不明确，监督管理不到位，导致民办教育办学制度制定相对较慢，实施困难。针对管理权限不明确这一主要的问题，2017 年教育部等十四部门关于印发《中央有关部门贯彻实施〈国务院关于鼓励社会力量兴办教育促进民办教育健康发展的若干意见〉任务分工方案》的通知，明确了民办教育管理中，各部门的不同任务与责任，要求各牵头部门会同参加部门研究、制定各项任务、具体落实工作方案，包括落实方式及时间进度安排。分工任务中，属于制度建设的，要抓紧研究，拿出办法；属于政策落实的，要尽快明确时间表、路线图；属于原则要求的，要认真调查研究，明确具体措施；属于由地方政

---

　　①　王俊杰：《2016 年我国民办教育发展现状与改革热点问题透析》，载《浙江树人大学学报》，2017(5)。

府负责实施的，各有关部门要加强督促检查和业务指导，推动落实。

《教育部 2018 年工作要点》指出，2018 年在民办教育改革方面，教育部的工作任务是：召开全国民办教育工作会议；加快修订《民办教育促进法实施条例》；加大对各地配套政策督察力度，推进现有民办学校平稳有序分类建设民办教育管理信息系统。出台促进中小学社会培训机构规范发展的指导意见，联合有关部门集中开展专项治理与督查，推动解决中小学生课外负担重的问题。在这一工作要点的指导下，教育部办公厅、民政部办公厅、人力资源社会保障部办公厅、工商总局办公厅联合印发了《关于切实减轻中小学生课外负担开展校外培训机构专项治理行动的通知》，重拳出击加大对中小学生课外培训机构的办学行为进行规范的力度，推动解决中小学生课外负担过重的问题，确保中小学生健康成长。当然，这也是对民办教育办学行为的规范约束，这一行动不仅有利于公办义务教育学校的发展，同时也有利于民办义务教育的健康有序发展。这是我国在深化教育体制改革的过程中对民办教育的发展所做出的重要政策，对未来民办教育，特别是课外培训机构的发展具有一定的导向作用。

改革开放 40 年来，民办中小学的发展壮大，在普及教育、提高国民素质以及吸纳社会资源等方面做出了一定的贡献，成为我国社会主义义务教育事业的组成部分，是我国教育改革的宝贵成果。大批民办中小学的涌现，是我国社会主义市场经济和社会发展的产物，带有鲜明的市场经济的色彩，为我国教育体系注入了新的活力，一定程度上缓解了我国教育经费不足导致的矛盾，满足了部分家长对选择性教育的需求，促进了教育资金的流动，促进并推动了学校在教育质量和教育服务方面的竞争，有利于优质教育资源的生成。

二、民办义务教育发展中存在的问题

民办义务教育作为我国基础教育事业的组成部分，对于我国义务教育的普及、发展发挥了很大的作用。但以市场为取向的民办中小学教育在发展过程中也暴露出不少问题，主要集中在几个方面：营利问题上的认识与实践有差异；审批方面存在不规范的情况，民办学校内部管理体制不够完善，管理上问题较多以及师资水平和教学质量的参差不齐等。① 这些问题的出现，对民办义务教育造成了不少的混乱，亟须国家立法规范，使民办义务教育得到有序、有效的发展。

　　社会上对民办义务教育意见最大的，便是其办学目的过分追求营利性。尽管《中华人民共和国民办教育促进法》明确规定"民办教育事业属于公益性事业"，并制定了一系列政策给予民办义务教育政策倾斜，《中华人民共和国民办教育促进法实施条例》规定"受委托的民办学校向协议就读的学生收取的费用，不得高于当地同级同类公办学校的收费标准"。但在现实中，只有极少数的民办学校把教育作为纯粹公益事业来办，为经济目的而办学的企业主和社会集团、个人却为数不少。办学目的的营利性追求，必然影响到教学管理层面。

　　这种问题的出现，有其产生的历史背景，从经济学角度来讲，任何投资都要求得到一定的回报，社会力量办学追求营利性是正常的。民办教育作为市场经济的产物，部分民办中小学带有或浓或淡的营利色彩在所难免，而且办学主体成分复杂，民办学校内部管理出现背离教育规律的问题难以避免。更为重要的是，民办教育投入"回报比例"的政策性缺失，也就是说，民办教育投资人实现合理回报的取得，首要问题是确定一个合理的回报标准，《中华人民共和国民办教育促进法》将"允许出资人取得合理回报"，作为国家促进民办教育发展的重要扶持措施。但回报比例迟迟没有明确规定。"根据民办教育促进法的精神，条例起草者的意图是，对合理回报进行必要的界定，使那些致力于教育事业、所办民办学校水平高、社会反映好的出资人得到激励，而使那些唯利是图、办学质量低、行为不规

---

① 国家教育行政学院：《基础教育新视点》，275 页，北京，教育科学出版社，2003。

范的出资人受到惩戒。为此，出台的条例，删掉了在较早的文稿中曾经写入的回报比例等内容，最终取消了合理回报的比例限制，而主要从制度上对出资人如何取得回报作出了若干规定，也就是说，出资人取得回报是有一定条件的，是有限制的，是依法控制在合理的范围之内的。"不难看出，由于我国对民办学校的政策正处于不断探索阶段，民办学校的申请、批准、评估、税收、组织等方面构成的"条件"，难以对"合理回报"构成有效的限制。实际上的"合理回报"的政策缺失，势必导致这种情况愈演愈烈。

就目前来讲，中国义务教育阶段大概存在着两种类型的民办学校。一是普通学校，主要针对进城务工人员的子弟等，师资力量薄弱，内部管理有些混乱，教育质量有待提升。二是"贵族学校"，大多采取"民办公助"或"国有民办"等形式，这类学校普遍存在"高收费"现象，有些名校办理民校存在着"母子校"之间的依附问题；一些地方存在着借公办转制等变相"公办转民办"等问题。

民办学校的这些问题，是民办中小学在市场经济体制下自我发展必然面对的问题，没有改变"民办教育是社会主义教育组成部分，是必要补充"的性质。面对这些问题，必须有一个清醒、辩证的认识，不能因为问题的复杂而失去信心，也不能对社会力量办学"一概否定""一棍子打死"，更不能因问题的普遍而简单对待，必须加以认真研究，找出切实可行的解决方法。在肯定成绩的同时，还要正视存在的问题，寻找对策，以进一步推进民办义务教育的发展。

民办义务教育是我国义务教育发展中重要的组成部分，为当前我国广大群众在义务教育学校选择方面提供了多样化的选择机会。民办义务教育要遵守《中华人民共和国民办教育促进法》和《中华人民共和国义务教育法》。《中华人民共和国民办教育促进法》规定了民办义务教育阶段的学校非营利性的性质，这就明确了民办义务教育的学校属性。国家采取公办教育与民办教育"一视同仁"的新政策，对

在公办学校和民办学校就读的学生"一视同仁"，民办义务教育学校
与公办义务教育学校一样免收学杂费，享受"两免一补"政策；免费
获得国家规定课程教科书，资金由中央全额承担；民办学校家庭经
济困难寄宿生生活费补助资金由中央和地方按照 5∶5 比例分担。非
营利性民办学校其他的收费，如住宿费、伙食费等标准的具体办法，
由省、自治区、直辖市人民政府制定。非营利性民办学校的举办者
不得取得办学收益，学校的办学结余全部用于办学。这些政策的实
施都是为了保障民办义务教育的公益性属性。新的《中华人民共和国
民办教育促进法》一定程度上解决了我们普遍所理解的民办教育追求
营利的问题，特别是民办义务教育学校是非营利学校，国家明确规
定了它的非营利性属性。民办教育的分类管理应该说厘清了民办教
育管理的思路。

　　民办教育改革是教育体制改革中的重点，也是难点。对民办教
育的管理涉及教育、发改、税务、人社等十多个政府部门。但对民
办教育的管理中，这些部门之间责任区分并不清晰，权力划分也缺
乏界限。例如，按照现行法律的规定，设立民办学校必须符合《中华
人民共和国教育法》和《中华人民共和国民办教育促进法》中的必要条
件，还需要获得教育部门颁发的办学许可证，并在民政部门进行法
人登记之后才算成立，因此，县级以上的教育行政机关和民政部门
分别是民办学校的业务主管和登记主管。而对比《民办非企业单位登
记管理暂行条例》第十九条和第二十条的规定可以发现，登记机关和
教育部门的监管职责存在很多交叉重叠，不仅民办学校的成立、变
更以及注销和年检均需由教育部门预先审查后再由民政部门进行复
审，而且教育部门和民政部门在查处民办学校违法行为时职责界限
也十分模糊。[①] 这种多部门管理难免会出现相互推诿的现象，甚至

---

　　① 安杨、聂志琦：《我国民办教育监管存在的问题与对策探析》，载《教育理论与实
践》，2017(3)。

出现监管不到位的情况。因此,对民办教育的管理应该区分管理责任,明确各部门的管理任务,划清界限,通力合作才能更好地为民办教育服务。《中央有关部门贯彻实施〈国务院关于鼓励社会力量兴办教育促进民办教育健康发展的若干意见〉任务分工方案》的通知,明确了民办教育管理中各部门的不同任务与责任,这是为切实解决民办教育管理中的这一难题而颁布的。同时,除了分清任务之外,还需要增强民办教育管理的系统性、整体性、协同性,坚持顶层设计与基层创新相结合,统筹教育、登记、财政、土地、收费等相关政策,形成合力,营造有利于民办教育发展的制度环境。2017 年 8 月,国务院同意建立由教育部牵头的民办教育工作部际联席会议制度。从各地出台的政策来看,改革创新这一理念已经深入人心。

民办学校法人属性是指民办学校作为一个独立的具有法人资格的社会组织,归属于哪一类法人,不同的法人属性意味着其享受的权益和承担的义务是不同的,如缴纳税费的种类和标准不同、教职工的社会保障水平不同、国家扶持和监管的政策不同,社会认可度的差异等,法人属性问题对于民办学校的生存和发展有着至关重要的影响,因此深受民办学校办学者和管理者关注。

我国在民办学校开展早期并没有指出民办学校法人的属性。1986 年通过的《中华人民共和国民法通则》规定了企业、机关、事业单位和社会团体四类法人,这四类法人中并没有民办学校的位置。以此来看,当时作为新兴事物,人们对民办教育还是缺乏法律上的认识和界定。1995 年通过的《中华人民共和国教育法》规定"任何组织和个人不得以营利为目的举办学校及其他教育机构"。《中华人民共和国教育法》作为我国规范教育发展的根本法,明确指出学校不得以营利为目的,即使民办教育也不能以营利为目的。所以,其法人不应该是企业法人性质。1998 年通过的《民办非企业单位登记管理暂行条例》和 1999 年通过的《民办非企业单位登记暂行办法》引入"民办非企业法人"概念，民办学校才找到法人类型归属，之后也一直作为民办非企业单位登记，民办非企业单位只能从事非营利性社会服务活动。2002 年通过的《中华人民共和国民办教育促进法》赋予民办学校投资人取得合理回报的权利，首次认可了出资人的回报利益。

这是由于 1999 年《民办非企业单位登记暂行办法》对"民办非企业法人"概念的提出，我国民办教育的法人在办学登记时，都以"民办非企业法人"作为办学法人类型登记；同时由于《中华人民共和国教育法》规定，所以民办学校办学性质都登记为非营利性质；再由于 2002 年《中华人民共和国民办教育促进法》规定民办学校投资人有可以取得合理回报的权利，所以民办教育开始走入不合法理的轨道："非企业"意味着民办学校不是以投入获得回报的企业性质的组织，当然也就不以营利为目的；但《中华人民共和国民办教育促进法》又规定民办学校投资人可以获得合理回报，矛盾的政策如何能理清民办学校的办学性质与法人属性呢？民办学校由于非营利性办学要求使其享受着政府对民办教育，特别是民办义务教育办学的扶持政策和优惠政策，如土地使用优惠政策、税收优惠政策等，这些都使民办教育的投资人一方面享受着非营利办学的优惠政策，另一方面享受着投资可以获得合理回报的待遇。这一悖论性的现实在我国民办教育发展的几十年中一直存在，成为影响民办教育发展的瓶颈。理清民办教育办学性质与法人属性是民办教育保持持续健康发展的重要基础，是新时期民办教育改革的重点。

我国民办义务教育发展势头强劲，在我国义务教育中所占比重在逐年增加。分析其原因主要有以下几个方面：第一，民办义务教育在教师聘用上采取竞争的方式，以教学能力与考试成绩作为衡量指标，有效地刺激了教师工作的积极性和主动性，提高了教学的质量和学生的成绩，这是吸引大量的家长和学生选择民办学校的首要原因。第二，民办学校办学各有特色，满足了不同家长和学生多样化的教育需求。第三，公办义务教育学校招生中就近划片的政策，促使一部分学区内没有质量好的学校的家长和学生只能以"择校"的方式选择教育条件优越，教学质量好的民办学校，这也是民办学校火爆的重要因素之一。总之，对优质教育资源的追求是家长和学生的最终愿望之一。

对优质教育资源的追求使得民办教育学校招生人数不断增多，而学区内质量一般的公办义务教育的学校招生人数减少，导致义务教育在招生方面不能真正做到学区内就近入学，义务教育县域内的均衡发展状况也受到了很大的挑战。在我国经济迅速发展，人民经济收入日益增加，对教育的需求尤其是对优质教育资源的需求不断提高的情况下，如何既能满足广大人民群众多样化、高质量的教育需求，同时又能保证教育的区域内均衡发展，这是摆在政府和教育行政主管部门面前的一项重要课题。

三、民办义务教育的改革发展

(一)民办义务教育改革的总体思路

改革开放 40 年，是民办义务教育快速发展的 40 年，在发展的过程中，也出现了不少问题。为了进一步促进民办义务教育的改革发展，我们必须从实际出发，实事求是，寻找对策和措施，总结经验教训，巩固社会力量办学的成果，使民办中小学真正成为社会主义义务教育的重要组成部分，成为有中国特色的义务教育阶段的公益性教育事业。

首先，健全和完善法律法规，立法规范民办义务教育的发展。鉴于民办义务教育发展所存在的问题，应努力健全和完善民办教育法律法规，弥补政策缺失问题，建立、健全相关规定，保障办学主体多元化格局中的各类学校、投资人、教师、学生等各方面的权益，对民办学校的权利，特别是合理回报、资产归属、内部管理体制等进行规范，兼顾教育公平和社会舆论，以切实推进民办学校的健康发展。一些省份进行了积极探索。例如，据《北京教育年鉴 2002》统计，北京市 2001 年有流动人口自办学校 100 余所，在校生约 1.7 万人。大多数却无办学证，办学条件难以达到最低办学标准。针对这种情形，北京市政府 2002 年出台了《北京市对流动人口中适龄儿童少年实施义务教育的暂行办法》，仅通州教育局在 4 月到 12 月，在严格考核的基础上，就先后批准了 3 所民办打工子弟学校，3 所小学共有 16 个教学班，招收学生 480 人，教职工 44 人，有效解决了该地区外地来京务工人员子女的上学问题。

在制定法律规范的过程中，有研究者提出，要进一步健全民办义务教育外部监督机制。与公办中小学一样，民办学校也要接受监督评估，定期向社会公布结果，并将其作为民办学校考评的一个重要方面。只有这样，民办学校才能进一步得到社会、家长和学生的认可，也有助于进一步提高教学质量和加强内部管理。"国家对民办学校的监督评估是民办学校的建校之根，社会对民办学校的监督评估则是民办学校的生存之本"。[1] 相对于公办中小学，我国民办教育监督评估明显滞后。2004 年颁布的《中华人民共和国民办教育促进法实施条例》中规定，教育行政部门、劳动和社会保障行政部门应当加强对民办学校的日常监督，定期组织和委托社会中介组织评估民办学校办学水平和教育质量。但就实施情况来看，教育行政部门、劳动和社会保障行政部门等对民办学校的教学质量的评估工作做得还不到位，社会中介更多地扮演了民办学校"吹鼓手"的角色，真正从民办学校发展角度出发，合法的、专家型的社会督导团体还没有出现。社会监督机制尚未建立起来，"升学率标准"比公办学校更为明显、露骨。厉以宁指出，国家要对民办学校收费有所规范，应建立

---

① 于艳玲、滕妍：《义务教育阶段民办学校存在的问题与解决对策》，载《教育探索》2007(12)。

价格听证会制度。① 这些问题的解决，需要建立、健全相应的法规，加强民办义务教育外部监督机制，规范、引导民办义务教育的发展。

其次，保障义务教育阶段民办学校的公益性。《中华人民共和国民办教育促进法》中规定，民办学校在办学申请中，必须注明出资人是否要求获得合理回报，并以此作为扶持和奖励的标准，"捐资举办的民办学校和出资人不要求取得合理回报的民办学校，依法享受与公办学校同等的税收及其他优惠政策"；"出资人要求取得合理回报的民办学校享受的税收优惠政策，由国务院财政部门、税务主管部门会同国务院有关行政部门制定。"对于受政府委托承担义务教育任务的民办学校，"应当按照委托协议拨付相应的教育经费"。《中华人民共和国民办教育促进法实施条例》进一步阐释，"县级人民政府委托民办学校承担义务教育任务的，应当根据接受义务教育学生的数量和当地实施义务教育的公办学校的生均教育经费标准，拨付相应的教育经费"，并规定该类学校"向协议就读的学生收取的费用，不得高于当地同级同类公办学校的收费标准"。这些法律、条例的出台，保障了义务教育阶段民办学校的公益性。

就国家政策看，民办教育事业是公益事业，但同时存在要求合理回报和不要求合理回报两种类型，即营利性和非营利性的民办教育都属于公益事业。要保障义务教育阶段民办学校的公益性，必须要区分营利性和非营利性学校，采取相应措施。换句话讲，如果不区分民办学校的营利性和非营利性，将会导致国家税收等优惠政策的错位，造成校际的不公平竞争。例如，一些学校利用公办转制的机会，既可"高收费"，又可"低收税"，同时享受公办学校和民办学校的双重优惠政策，不仅冲击公办教育事业的发展，也导致了投资办学的混乱。明确区分营利性和非营利性民办学校，有针对性地制

---

① 厉以宁：《关于教育产品的性质和对教育的经营》，载《教育发展研究》，1999(10)。

定更明确、具体的政策法规，对于引导和促进民办学校的健康发展
是必要的和有利的。

胡卫的《民办教育的发展与规范》从学校收费和学校盈余与办学
质量等方面，判定学校的性质：学校收费在多大程度上超过了学校
的办学成本，学校盈余在多大程度上被用在各办学主体间的分配，
学校盈余是否与学校的办学质量相符合。如果学校办学质量很差，
但盈余很多，那么即使它的学费再低，也属于营利性学校。

作为义务教育阶段的民办中小学，国家应该加大力度、保障义
务教育阶段民办学校的公益性。"民办学校如果只为了营利而办学，
将与义务教育免费原则相背离……义务教育阶段，我们为了减轻家
长的负担，国家应从自己是义务教育最大获益者的角度考虑，对民
办学校过分追求营利的现象加以控制。"①重庆市就先后制定一系列
政策，以政府文件的形式消除了政策鸿沟，给予该市民办学校以公
办学校的同等待遇。2008 年 6 月重庆市政府办公厅印发的《重庆市人
民政府关于促进民办教育发展的意见》称，该市将建立政府财政性经
费扶持民办教育的制度，对"义务教育阶段民办学校学生的杂费、公
用经费与公办学校执行同一政策，市和区县（自治县）按标准给予补
助"；"市和区县（自治县）给予中等职业学校的资助政策和资助标准，
对民办中职学校学生与公办中职学校学生一视同仁。实施中职学校
基础能力建设和实习实训基地建设项目，民办学校与公办学校同等
对待"。该市还制定了"落实民办教育发展的土地、建设、财税优惠
政策"。例如，民办学校教育教学用地按收支两条线办法先交纳土地
出让金，再申请返还以及民办学校的供电、供水、供气等享受与公
办学校同等待遇等政策。这些政策的出台，是针对前几年重庆数所
民办"贵族学校"遭遇"滑铁卢"之势，得到社会力量办学的投资人的

①　于艳玲、滕妍：《义务教育阶段民办学校存在的问题与解决对策》，载《教育探索》
2007(12)。

积极响应。

在义务教育阶段，应着力鼓励和发展非营利性民办学校，特别是面对农村义务教育经费保障机制改革，国家旨在逐步将农村义务教育全面纳入公共财政保障范围，建立起一个中央和地方分项目、按比例分担的新型经费保障机制的新形势，义务教育阶段民办教育的公益性、非营利性将成为发展趋势。

最后，挖掘自身潜力，打造教育品牌，走有特色的发展道路。面对社会力量办学的勃兴，各办学主体之间的竞争也在加剧。一些民办中小学不断挖掘自身潜力，寻求有利的市场契机，注重打造教育品牌，走有特色的发展道路。民办义务教育有很多成功的例子，这些学校选择的道路不同，但"条条大道通罗马"，都取得了良好的收益。上海市江宁学校走科研促发展的道路，加入"新基础教育"实验当中，把学校办成示范性名校。应该说，民办中小学具有更大的灵活性，可以根据市场的需求，"船小好调头"，把握有利的市场契机，在国家教育政策的引导下，在改革发展的道路上各显其能，创造出许多发展、壮大的好学校，为我国义务教育的发展贡献力量。

(二)近年来民办教育政策的调整与完善

针对我国民办义务教育中存在的营利性与公益性矛盾，法人属性、产权属性不明确，民办教育管理机构难统筹等影响我国民办教育健康发展的问题，中央开始对《中华人民共和国民办教育促进法》修改征询意见，并于2016年颁布了修订版，对民办义务教育的办学性质进行了明确规定：民办义务教育是非营利性的。民办义务教育学校不是营利性组织，民办学校办学经费的结余不允许作为投资者的收益来处置，而应被用于民办义务教育学校的发展。国家对民办教育进行财政上的扶持，帮助民办义务教育有充足的办学资金和办学条件，以此来促进公办义务教育与民办义务教育的公平、均衡发展。

同时，为了进一步加强党在教育中的领导，特别是对民办教育的领导，发挥党在教育工作中的导向性作用，2016 年 12 月 29 日，中共中央办公厅印发了《关于加强民办学校党的建设工作的意见（试行）》，对民办学校党的建设做出新的部署，要求在民办教育学校中建立党支部或党员组织，开展党组织文化建设，带动民办教育在党的思想的指引下健康发展。

在民办教育学校管理方面，国务院印发的《关于鼓励社会力量兴办教育促进民办教育健康发展的若干意见》指出民办教育实行非营利性和营利性分类管理，实施差别化扶持政策，积极引导社会力量举办非营利性民办学校；坚持教育的公益属性，无论是非营利性民办学校还是营利性民办学校都要始终把社会效益放在首位；对民办教育改革发展做出全面安排。

2016 年 12 月 30 日发布的《关于印发〈民办学校分类登记实施细则〉的通知》和《关于印发〈营利性民办学校监督管理实施细则〉的通知》，对民办学校登记具体实施程序进行了说明。

针对民办教育发展中，管理部门较多，责任和任务划分不清，管理中相互推诿影响管理效率的问题，《中央有关部门贯彻实施〈国务院关于鼓励社会力量兴办教育促进民办教育健康发展的若干意见〉任务分工方案》，明确了民办教育管理中，各部门的不同任务与责任。同时，除了分清任务之外，还需要增强民办教育管理的系统性、整体性、协同性，坚持顶层设计与基层创新相结合，统筹教育、登记、财政、土地、收费等相关政策，形成合力，营造有利于民办教育发展的制度环境。2017 年 8 月，国务院同意建立由教育部牵头的民办教育工作部际联席会议制度。从各地出台的政策来看，改革创新这一理念已经深入人心，各地重视破除体制机制障碍，寻求突破。

关于民办义务教育学校招生与课外培训机构联合，在小升初招生中出现的招生不均衡问题，2018 年，教育部办公厅等四部门《关于切实减轻中小学生课外负担开展校外培训机构专项治理行动的通知》指出："严禁校外培训机构组织中小学生等级考试及竞赛，坚决查处将校外培训机构培训结果与中小学校招生入学挂钩的行为，并依法追究有关学校、培训机构和相关人员责任。"规定要求到 2019 年 6 月全面完成对课外培训机构的督促和检查。这说明我国政府一方面加强对民办教育的管理和整顿，另一方面在民办义务教育和公办义务教育的管理上，加强管理，突破壁垒，通过整顿和治理来维护和实现义务教育的均衡发展，真正实现民办教育和公办教育的公益性。

第四节　义务教育学校内部管理改革

义务教育学校的发展，需要有强有力的内部管理体制作为后盾。改革中小学校内部管理体制，是深化教育改革的一个必然走向，是继续发展基础教育的一项迫切要求。王湛同志指出："各级教育行政部门要高度重视学校管理工作，正确理解管理与发展、创新的关系，发展、创新需要加强管理，科学的管理需要创新。要将提高管理水平作为基础教育改革和发展的一项基本内容，努力提高管理水平，为基础教育的改革和发展提供可靠保障；要大力推进学校管理的创新，以科学的教育思想和现代化的手段，构建符合素质教育要求的学校管理模式。"①改革开放 40 年，我国义务教育学校内部管理经历了数次阶段性的改革，力求建立与中国特色社会主义教育体系相适应的管理体制，中小学校内部管理体制改革已经启动多年，取得了一些成效和经验。但总体来看，这项改革还处在试行阶段，面对新的形势，义务教育学校内部管理也存在着一些问题，需要我们认真

---

① 国家教育行政学院：《基础教育新视点》，代序，北京，教育科学出版社，2003。

对待，积极寻找解决对策和措施，推动义务教育学校内部管理改革的发展。

一、义务教育学校内部管理改革进程

义务教育学校内部管理体制改革是我国教育体制改革的主要组成部分。改革开放以来，由于教育教学实践的要求和发展的需要，全国各地的中小学陆续开展了学校内部管理体制改革，以校内人事、分配制度为改革突破口，全面实行校长负责制、教职工聘任制、岗位责任制度以及结构工资制等。这些改革对于提高中小学管理效率，调动干部和教师的工作积极性，提高办学效率和教育质量，具有重要的推动作用。从总体上看，我国义务教育学校内部管理改革是随着国家经济体制改革的步伐而前进的，国家颁布的有关教育体制改革的政策主导了义务教育学校内部管理改革的进程。随着改革开放、思想解放的深入，我国义务教育学校内部管理先后经历了四个阶段的改革。

第一阶段，探索起步阶段。从党的十一届三中全会到 20 世纪 80 年代中期，义务教育管理体制主要是拨乱反正，恢复以前探索中取得的管理模式：决策权高度集中，义务教育发展的决策权集中在中央，地方教育管理部门没有决策权，实行中央—地方—学校垂直领导，各管理层级采用单一的、高效稳定的科层制管理模式。这种义务教育管理体制在新中国成立初期对我国教育事业的发展曾起到积极作用，推动了全国尤其是贫困地区义务教育的发展。但从总体上看，它对我国新时期的义务教育发展起到了阻碍作用。

由于义务教育的决策权集中在中央，中央教育行政部门集中统一管理学校，大包大揽，地方办学的积极性、责任感难以调动，这种体制下出台的方针、政策难以兼顾不同地区发展的差异性，难以做到因地制宜。而且中央政府大包大揽了学校的各种决策，学校基本上是按上级教育行政部门的计划与指示进行学校管理；强调学校的内部完善发展，忽视了学校与社会上其他系统的联系、参与和互动，教育与社会政治、经济的发展难以保持同步、协调发展，造成了教育资源的浪费和教育效率的低下。

为了改变这种局面，国家曾先后发布法规，在义务教育学校内部管理上借鉴农村改革的经验，将竞争机制引入中小学管理体制中，一些学校开始尝试在内部管理中采取"校长选任负责制，教师定编聘任制和教育岗位责任制"。但由于是在计划经济体制下进行改革，当时的义务教育管理体制改革缺乏明确的思路和可供实际操作的规范，没有试点，完全靠行政命令，重点强调的是中央和地方的管理关系，经历了管理权的"下放"和"集中"的几次反复，但始终没有打破"条块分割"的壁垒，没有走出那种"一统就死，一死就放，一放就乱，一乱就收"的怪圈，但这些改革像"一缕春风"，吹皱了整齐划一、僵化的学校管理的湖面。

在这一阶段，学校管理体制是和计划经济体制相适应的，义务教育学校内部管理所采用的"校长选任负责制"，实际上是"党支部领导下的校长分工负责制"，"党支部领导学校各方面的工作，学校的一切重大问题必须经过党支部讨论决定"。而教育行政部门是决策层，学校的招生计划、收费标准、课程计划、教科书，甚至教学仪器配备等都由上级确定，办学经费由上级部门按计划拨付，教职工由上级分配，校长无权自主任用、聘请教师。这种情况下，出现了校长"有名无实"、职责不清、学校管理工作效率低下等问题，有些学校党支部书记和校长之间互相推诿、扯皮现象严重，影响了学校正常工作的进行。

第二阶段，深入发展阶段。从 20 世纪 80 年代中期开始，随着经济、科技体制的改革，义务教育体制的改革也正式开始。党的十二届三中全会就指出："科学技术和教育对国民经济发展有着极其重要的作用。随着经济体制的改革，科技和教育体制的改革越来越成为迫切需要解决的战略任务。"人们逐步认识到，从教育自身发展来看，以往的教育管理体制存在着很大的弊端，国家统得过死，不能适应经济和社会发展的需要。在这种背景下，1985 年 5 月召开的全国教育工作会议集中讨论了教育体制改革问题。

1985 年颁布的《中共中央关于教育体制改革的决定》规定，基础教育实行"地方负责，分级管理"原则下的学校管理，提出了改革基础教育管理体制的任务："九年制义务教育，实行基础教育由地方负责、分级管理的原则，是发展我国教育事业、改革我国教育体制的关键一环。"这表明了中央将把义务教育的权力和责任下放到地方，地方政府拥有了义务教育学校的管理权和决策权，这就使"校长负责制"有了真正实施的空间。它明确指出"学校逐步实行校长负责制"，有条件的学校要设立由校长主持的人数不多的有威信的校务委员会，作为审议机关，要建立和健全以教师为主体的教职工代表大会制度，加强民主管理和民主监督，"学校中的党组织要发挥政治核心作用和监督保证作用"。

校长负责制，即校长是学校的法人代表，对外代表学校，承担学校管理的责任，对学校的教育教学和行政工作全面负责，统一领导。校长负责制最核心的内容是权责对等，即校长对外负效能责任，对内统筹学校发展。到 1993 年为止，这段时间中小学管理体制改革逐步实行"校长负责、教职工全员聘任、岗位负责以及实施校内结构工资制度"，并加大考核力度，制定了相应的考核奖惩制度。这些措施的推行，一定程度上提高了教职工工作的积极性，提高了学校的管理水平，对教育教学质量的提升有所帮助。

这一阶段的义务教育学校内部管理改革，集中在"放权"上，与以往的改革相比，具有三个明显的特点：第一，对于学校来说，这次改革是以构建一个政府宏观管理，有利于扩大学校办学自主权的体制为目的的，重点是给予学校适当的办学自主权，学校和政府的关系得以调整。第二，就政府内部而言，这次改革使地方获得了较多的决策权，拥有了相对独立的决策权，地方在办学上有了更多的自主性和更高的积极性。第三，更为重要的是，这次教育体制的改革是和经济、科技体制的改革同步的，地方获得的权限具有比较现实的资源基础，切实保障了学校管理内部管理体制改革所需的财政投入。[①]

1985 年至 1992 年"校长负责制"的试行，取得了良好的效果。校长负责制强化了行政领导的责任，在体制上基本做到了职、权、责的统一，调动了学校行政领导的工作积极性；校党支部充分调动和发挥了党员教职工和党外积极分子的作用；教职工代表大会制度增强了广大教职工的主人翁意识。校长负责制试行的良好效果为义务教育学校内部管理改革奠定了坚实的基础。

第三阶段，深化改革阶段。以 1993 年《中国教育改革和发展纲要》颁布为标志，我国义务教育学校内部管理改革进入了一个新的发展阶段："深化中等以下教育体制改革，继续完善分级办学、分级管理的体制。中等及中等以下各类学校实行校长负责制。""校长要全面贯彻国家的教育方针和政策，依靠教职员工办好学校"。以此为起点，校长负责制实现了从"逐步实行"到"实行"的跨越。同时，支持和鼓励"中小学同附近的企业事业单位、街道或村民委员会建立社区教育组织，吸引社会各界支持学校建设，参与学校管理，优化育人环境，探索出符合中小学特点的教育与社会结合的形式"。

1995 年，《中华人民共和国教育法》颁布并明确了学校的法律地位和享有的权利："学校及其他教育机构具备法人条件的，自批准设立或者注册之日起取得法人资格。"第一次从法律上明确了我国学校的法人地位和法人资格，国家通过法律的形式确立了学校的法人地位，表明了国家对学校特殊性及其自主权利的认同和尊重，意味着

---

① 帅相志、谢延龙：《对我国基础教育管理体制改革的思考》，载《当代教育科学》，2004(9)。

在法律意义上赋予了学校自主发展的空间。学校法人地位的确立，使校长负责制的改革走向深化，增强了中小学教育的社会适应性，推动了学校各要素的优化组合和有效使用，激发了学校内部管理的活力。《中华人民共和国教育法》还规定了学校享有的九项权利。

1996 年，国家教委发布了《小学管理规程》，专门对小学阶段的学校内部管理做出规定。根据规定，小学实行校长负责制，由校长全面负责学校行政工作，农村地区可视情况实行中心小学校长负责制。小学应按照"分级管理，分工负责"的原则，在当地政府的领导下实施教育工作。小学校长应具备国家规定的任职条件，由学校设置者或设置者的上级主管部门任命或聘任。在小学内部，可依规模分设副校长及分管教务、总务的机构或人员，协助校长做好有关工作。党组织应在小学中发挥核心作用，小学应建立教职工（代表）大会制度，以加强民主管理和民主监督。小学应建立、健全教育研究、业务档案、财务管理、安全工作等制度，应接受教育行政部门和上级主管部门的检查、监督和指导，定期向上级主管部门报告工作。该规程的颁布和实施使小学管理朝着规范化、科学化的方向发展，对于全面贯彻教育方针和推动义务教育阶段素质教育的全面展开，提高教育质量发挥了积极作用。

1993 年开始，不少中小学开始公开向社会招聘教师并按照考核结果"按劳分配"，拉开了分配档次，并逐步扩大学校办学的自主权。例如，面对中小学"择校"问题，一些有条件的学校开展了"两权分离"试点实验。[1] "苏州市一中是一所百年老校，多年来形成了良好

---

[1] 两权分离是一个经济学概念，指企业的所有权和经营权分离，按照经济学定义，两权分离可以极大提高优先资源的使用效率和企业竞争力。基础教育学校的"两权分离"改革是指在保持学校原所有制性质不变的前提下，把学校的所有权和办学权进行分离，即将政府和部门所办学校交给团体或个人办学或管理，参照民办学校的办学机制运行。在"两权分离"的情况下，学校成为独立的办学实体，实行自主办学、自我约束、自我发展，基本遵循了"政府办教育，校长办学校"的办学理念。

的办学传统，特别是近年实行学校所有权与办学权'两权分离改革'，搞活了办学机制，学校 3 年面貌大变，共投入 1 000 多万元改善办学条件，教育质量和办学效益明显提高。"①江苏省教委也明确提出："可以依托市重点中学和实验小学，举办'四独立'（独立学校法人、独立校舍、独立师资、独立财务）的'民办公助'、'公办民助'学校。各地加快了办学体制改革的力度和深度，'民办公助'、'公办民助'学校'忽如一夜春风来'，疏导了一大部分'择校生'。"②

2004 年年初国务院批转了教育部制定的《2003－2007 年教育振兴行动计划》，突出强调了"推进教育管理体制改革，为教育发展提供制度保障"的决心，提出了"深化学校内部管理体制改革，探索现代学校制度"的目标。强调了完善学校法人制度，"中小学要实行校长负责、党组织发挥政治核心作用、教代会参与管理与监督的制度"，逐步形成"自主管理、自主发展、自我约束、社会监督"的学校运行机制。可以看出，《2003－2007 年教育振兴行动计划》凸显了"制度创新"的地位，"是提高质量、巩固改革成果和教育持续发展的重要方面，也是深化改革的具体措施。其目的在于重建一种适应当代中国教育发展的新规范系统，从而使制度创新成为改革进入重建阶段的标志性特征。"③

《2003－2007 年教育振兴行动计划》指明了我国义务教育阶段学校实行校长负责制，要逐步完善学校法人制度，要实施学校自主管理，自主发展，但校长负责制的内涵、校长负责的内容、校长的责任范围与自主管理的程度等问题，文件中并没有明确说明。实际上义务教育管理中仍然存在政府、学校责任不清，管理权限不明确等

---

① 柳袁照：《努力办好每一所学校——从苏州市的实践看如何解决中小学"择校"问题》，http://www.jledu.com.cn/jyjxyj/view. 访问日期：2018-10-05。

② 柳袁照：《努力办好每一所学校——从苏州市的实践看如何解决中小学"择校"问题》，http://www.jledu.com.cn/jyjxyj/view. 访问日期：2018-10-05。

③ 叶澜：《"新基础教育"论》，112 页，北京，教育科学出版社，2006。

问题，严重影响着义务教育阶段的管理质量和效率。同时，中小学校长的管理理念、思想、管理能力与水平存在较大的差别，这对提高义务教育的管理水平也有着极大的影响。

第四阶段，管理标准规范化阶段。义务教育是我国教育发展的重中之重，义务教育发展水平是我国教育发展水平的重要标志。在制约义务教育发展的因素中，管理质量的高低应该说是重要因素之一。因此，提高义务教育学校的管理质量是提高义务教育质量的重要途径。我国义务教育管理中长期存在的法制不健全，制度体系不完善，校长胜任力不足等问题，导致义务教育校长负责制现实实施中多有困境，难度较大，且质量不高。学校管理是学校工作的重要方面，是育人的重要途径。

2006 年，新修订的《中华人民共和国义务教育法》规定："学校实行校长负责制。校长应当符合国家规定的任职条件。校长由县级人民政府教育行政部门依法聘任。"可见，这是对中小学校长负责制最直接明确的法律规定，凸显了中小学校长负责制的重要法律地位。自此，中小学校长负责制有了法律上的依据，同时也加强了法律上的规范与约束。

2009 年，随着我国政治体制与经济体制改革的深入推进，教育体制的改革与完善也成为社会发展的必然。国务院强调，深化教育体制机制改革的基本原则中强调对于学校的管理问题，要坚持放管服相结合，要深化简政放权、放管结合、优化服务改革，把该放的权力坚决放下去，把该管的事项切实管住管好，加强事中事后监管，构建政府、学校、社会之间的新型关系；坚持顶层设计与基层探索相结合，加强系统谋划，注重与《国家中长期教育改革和发展规划纲要(2010－2020 年)》等做好衔接，尊重基层首创精神，充分调动地方和学校改革的积极性、主动性、创造性，及时将成功经验上升为制度和政策。可见，国家对于学校管理中的政府、学校、社会三者之

间的权、责、利关系重新进行了梳理与完善，力求建立新型的责任
关系来促进学校的自主发展。

2010 年，《国家中长期教育改革和发展规划纲要（2010－2020
年）》发布，其中指出："完善普通中小学和中等职业学校校长负责
制。完善校长任职条件和任用办法。实行校务会议等管理制度，建
立健全教职工代表大会制度，不断完善科学民主决策机制。建立中
小学家长委员会。"再一次提出要完善中小学校长负责制。

法治化建设在学校管理中发挥着重要的作用，是学校管理质量
提高的重要保障。为了更好地加强依法治校，2012 年教育部印发
《全面推进依法治校实施纲要》，提出依法治校是学校适应加快建设
社会主义法治国家要求，发挥法治在学校管理中的重要作用，提高
学校治理法治化、科学化水平的客观需要；是深化教育体制改革，
推进政校分开、管办分离，构建政府、学校、社会之间新型关系，
建设现代学校制度的内在要求；是适应教育发展新形势，提高管理
水平与效益，维护学校、教师、学生各方合法权益，全面提高人才
培养质量，实现教育现代化的重要保障。这一纲要再次肯定了学校
的办学自主权，构建了规范和制约学校办学自主权的结构性框架。

校长是学校管理的灵魂人物，在学校管理中承担着重要的职责。
校长负责制要求校长能通过其办学思想、管理理念、沟通能力对学
校中的人、财、物进行有效的、合理的配置，实现效率的最大化。
但现实中，由于各地区、各层次、各类型的校长的素质、能力与水
平有较大的差距，这就使中小学管理的质量存在一定的差距。

为了提高中小学校长的管理能力与水平，2012 年教育部颁布了
《义务教育学校校长专业标准（试行）》征求意见稿，着重研究制定义
务教育学校校长专业标准，这对于明确义务教育学校合格校长专业
素质的基本要求，提升校长队伍的整体素质和管理水平具有重要意
义，也必将对全面提高义务教育学校办学水平，深入推进义务教育

均衡发展，努力办好人民满意的教育产生重要的推动作用。2013 教育部颁布了《义务教育学校校长专业标准》，标准首次明确提出了"规划学校发展、营造育人文化、领导课程教学、引领教师成长、优化内部管理、调适外部环境"6 项校长专业职责，全面涵盖了义务教育学校教育质量发展与教育现代化目标实现对校长的理念、能力、素质的全面要求。该标准体系全面、内涵丰富、价值引领显著。在履行实施义务教育的工作使命、加强学校德育工作、减轻学生过重课业负担、建立听课与评课制度、加强教师队伍建设、不得违反国家规定收取费用、健全学校应急管理机制、推进现代学校制度的建立等方面，对校长的办学行为提出明确要求，着力推进义务教育领域相关突出问题的解决。同时，标准也对校长提出一些禁令：不得随意提高课程难度，不得挤占课时，不得以向学生推销或者变相推销商品、服务等方式谋取利益，不片面追求学生考试成绩和升学率等。

2015 年修订的《中华人民共和国教育法》规定了学校及其他教育机构的管理制度。学校及其他教育机构的举办者按照国家有关规定，确定其所举办的学校或者其他教育机构的管理体制。学校及其他教育机构的校长或者主要行政负责人必须由具有中华人民共和国国籍、在中国境内定居，并具备国家规定任职条件的公民担任，其任免按照国家有关规定办理。学校的教学及其他行政管理，由校长负责。学校及其他教育机构应当按照国家有关规定，通过以教师为主的教职工代表大会等组织形式，保障教职工参与民主管理和监督。《中华人民共和国教育法》明确指出中小学校长的任职资格，并特别指出学校校长必须为中华人民共和国公民，在中国境内定居，这也就明确了我国学校的主要负责人的国籍、身份，并以此来保障我国学校的国家性质与国家意识。《中华人民共和国教育法》中关于校长资格的完善，表明我国对校长在加强中小学管理中重要作用的认识不断提高，其制度也在不断完善。

　　2017 年，国务院印发《国家教育事业发展"十三五"规划》，要求完善公办高等学校党委领导下的校长负责制和中小学、中等职业学校校长负责制，进一步明确职责分工、议事规则。到 2030 年基本实现管办评分离，形成政府依法管理、学校依法自主办学、社会各界依法参与和监督的格局，教育治理体系和治理能力现代化水平明显提升。同年 2 月，青岛市人民政府以政府令的形式，颁布《青岛市中小学校管理办法》，将多年教育改革成果固化下来，规定中小学校实行校长负责制；中小学校实行校长办公会制度；中小学校应当设立校务委员会；建立教职工代表大会或者教职工大会制度等，进一步规范长期以来困扰学校治理的人、财、物等热点难点问题。

　　2014 年，北师大基础教育质量监测协同创新中心发布"基础教育阶段学校积极心理环境指数"。数据显示，我国 11％的中小学校处于"心理环境预警线"之下，在学校纪律秩序管理、师生关系、同学关系、学生自主发展等软环境指标上存在突出问题，说明学校基本管理的各个方面都急需指导和改善。制定管理标准，有利于指导学校遵循教育规律和学生身心发展规律，实施科学管理、民主管理，发挥管理的育人功能，构建和谐的校园文化，促进学生全面发展。正是基于提高义务教育学校管理水平，科学规范义务教育管理，2017年 12 月教育部颁布了指向义务教育学校内涵发展的《义务教育学校管理标准》。这一标准对于深入贯彻落实党的十九大精神、全面提升义务教育发展水平具有特殊而重要的意义。这是全面提高义务教育质量的必然要求，是促进义务教育均衡发展的关键之举，也是规范义务教育办学行为的有效抓手。

　　《义务教育学校管理标准》的制定并不是一蹴而就的。从 2013 年开始，教育部基础教育一司就牵头研制《义务教育学校管理标准》，2014 年至 2016 年在全国的 8 个地区的中小学校进行了历时一年半的试验。经过连续五年的调研、研制、试验、研讨、总结等，最终完成了促进学校内涵发展的管理标准。它采用国际上通用的、条目式的写作方式，由 6 项管理职责、22 条管理任务和 88 条管理要求等构成主要内容框架体系，是一个具有规范性、约束性的标准性文件，同时也是规范、监测、约束和评价学校办学行为规范的基本准则，有助于学校建立现代学校治理体系，科学处理政府与学校、学校与社会、学校与个人的关系，全面推进管办评分离，不断提升义务教育的治理能力和治理水平。它明确了学校管理的 6 项职责："保障学生平等权益、促进学生全面发展、引领教师专业进步、提升教育教学水平、营造和谐美丽环境和建设现代学校制度"。每项管理职责由若干细则化的管理任务组成，每个管理任务又由若干管理要求组成，构成了相对完整、逐级细化、可操作、可监测的学校内涵发展指标体系。各地在充分把握国家对义务教育学校管理思想要求的基础上，可以将每项管理要求逐项分析，层层分解，最终分解成为更为具体、细节化、可操作、可检测的若干具体要求，使 88 条管理要求构成一个相对完整的检测评价体系，为考量和评估学校、学校开展自我诊断和评估提供参照依据。管理体系的建立有助于促进管办评分离。政府依据该体系做到不缺位、不越位、不错位；学校做到自我管理、自我约束、自我发展；社会参与管理引入社会评价机构鉴定。这样就建立起了政府、学校和社会既相互制约，又相互支持的现代教育治理体系。通过这一标准，学校能够清晰地认识到自身发展的现状，清醒地认识学校发展面临的各种问题与风险，随时把握学校发展的态势。学校需要结合自身的实际，预判学校发展的趋势，融入学校的办学思想和核心价值观，形成一种对学校发展起着指导作用的管理思路，进而将其转化成一套可操作、可改进的学校发展计划方案。这一管理标准本身就是对义务教育阶段教育改革与发展的制度性或政策性安排，而这一政策要求或制度安排，需要借助一个地区或学校规章制度的制定与实施来实现。学校要建立健全符合法律规定、体现自身特色的学校规章制度，就必须明确办学的各项管理任务、管理职责和管理要求。义务教育学校规章制度的制订必须依据《义务教育学校管理标准》，使学校规章制度切实成为学校内部管理的基本依据，成为学校成员之间的共同约定和法则。总之，出台《义务教育学校管理标准》的根本目的就是要提供尽可能充分的、平等的、有秩序的、低成本的、有质量的优质教育服务，要为社会大众获得这种优质的教育服务创造平等的制度条件。当然，《义务教育学校管理标准》毕竟是一种行政管理文件，如何科学地实施，还需要各地教育行政部门和教育督导部门，结合当地义务教育学校的实际状况，创造性地开展实施工作，提出更为具体化、更为细化的标准要求，把执行《义务教育学校管理标准》作为改善学校管理、建立内部治理体系的根本路径。

二、义务教育学校内部管理面临的问题

改革开放 40 年，义务教育学校内部管理改革取得了不小的进展，积累了不少经验教训，从总体上看，义务教育学校内部管理改革还处于"正在进行中"，由于历史原因以及改革开放过程中出现的新问题，当前我国义务教育学校内部管理中也存在着不少问题，有研究者指出："我们的学校内部管理中存在诸多弊端，主要表现在四个方面。其一是封闭性，从总体上看，我们的学校管理缺少一种开放机制，基本上处于'闭门办学'的状态，与外部环境'老死不相往来'；其二是单主体，学校管理只看重校长和主要行政人员的作用，忽视和无视学生、教师、家长的主体作用，造成'目中无人'的现象；其三是单向度，许多校长过分依赖'自上而下'的科层式或层级管理；其四是低效能，许多学校注重硬件的高投入，忽视软件建设，致使

投入与产出比例失调，教育浪费现象严重。"①

（一）义务教育学校管理机制不完善，导致管理效率低下

义务教育学校管理机制指用于规范义务教育学校管理的一系列制度所构成的完善的、有机的管理体系。义务教育学校管理制度以校长负责制为核心，包括教师管理制度、教育资源的分配制度、教育教学管理制度等内容。在管理学中，加强人的管理，提高人的积极性是提高工作效率的重要保证。而在学校管理中，加强教师的人事管理，提高教师的工作积极性是提高教育教学质量的重要保障。义务教育学校内部管理中，对教师的人事管理制度包括教师的聘任与职称制度、教师绩效工资制度、教师的考核制度以及当前"县管校聘"制度下的教师资源分配制度。我国在义务教育发展的40年中，在义务教育学校内部管理中不断出现各种问题，应该说都是义务教育学校内部管理改革与发展中的问题。这些问题尤其在公办学校教育管理体制中表现得更为明显。学校内部管理体制存在着管理体制不健全、竞争体制不活、激励机制不足和淘汰机制不力等问题。多年来，由于公办学校的专业技术人员靠上级人事部门调配上岗，工资由财政直达个人账户，评职称靠熬年头，造成教职员工缺乏活力，人的潜能在风平浪静的港湾里沉睡，得不到最大限度的开发，人才资源浪费甚为严重。各地虽然实行了教师聘任制，奖金按等级分配，象征性地打破一刀切的惯例，但奖金所占教师收入比例太小，不足以产生激励作用，在相当一部分学校只是流于形式。有的考核制度执行不严、考核等次有失公平，有的甚至将"优秀"等次"轮流坐庄"，论资历、排辈分、讲照顾等痼疾没有被大胆根除。分配制度改革阻力重重，教职工固守平均，加上分配标准难定，决定改革成败的结

---

① 转引自吴遵民、李家成：《学校转型中的管理变革》，158页，北京，教育科学出版社，2007。

构工资制无法取得实质性的突破，分配差距不能拉开。有的学校只图省事，执行方法简单，不仅没有起到调动积极性的作用，相反还挫伤了教师的积极性。公办学校淘汰机制不力，除了正常退休和因身体情况内退、落聘、缓聘外，还存在缺乏合理而强有力的淘汰机制等问题。极少数业务能力较差、工作作风和师德较差的教师仍然躺在大锅饭的灶台上心安理得、四平八稳地颐养天年，形成了快牛多干活、懒汉享供养的被动局面。[①]

从义务教育改革与发展的目标来看，在落实学校办学自主权，理顺学校内部管理体制，健全学校内部行政管理，搞活办学机制等方面，校长负责制发挥了重要的作用，为学校全面贯彻党的教育方针，适应社会主义市场经济发展需要奠定了制度性基础。然而，从近40年的学校微观运行情况看，校长负责制目前尚待完善。虽然校长负责制被结构性地规定为校长负责、党组织监督和保证、教职工民主参与管理三方面统一，但由于校长负责制本质上具有集中性，而当前教育—管理—服务的结果又缺乏科学的评价机制和有效的监督机制，不少学校校长权力过度扩张甚至玩忽职守、贪污腐败的现象常见于报端；党组织监督无力；一些学校有限的教育资源由于配置不合理常常造成极大的浪费；为了改变教职工在学校管理中的边缘化状态，保护法律赋予教职工的合法权益的诉求也愈益强烈。

由于受教育行政体制和宏观社会体制（主要是劳动人事制度和社会保障体制）的双重制约，校长的办学自主权仍然不够充分，学校自主办学的机制还没有真正形成。我国虽已公布了教师法，但由于没有实施细则，所以关于教师资格认证、遴选任用、职务聘任、培养培训、流动调配、考核奖惩、工资待遇、申诉与仲裁等方面缺乏必要的、可操作的配套法规。由于管理体制的原因，目前国内一些发

---

① 　姚夫平：《对基础教育内部管理体制改革的思考》，载《中国教师报》，2006-06-21。

达地区的城市教师超编严重，而一些农村地区，特别是贫困农村和山区，教师严重短缺，学校不得不聘用大量代课教师。例如，北京市 2004 年各区县教师数量分布严重不平衡，表现为师生比差异很大。各区县之间中学师生比的差距高达 60%；有的区县中学师生比为1∶10，而有的区县中学师生比为 1∶16。各区县之间小学师生比的差距高达 100%，有的区县小学师生比为 1∶7.5，而有的区县小学师生比为 1∶15。这种不平衡一方面造成人力资源的浪费，另一方面妨碍着教学质量的提高。农村地区严重缺乏高水平的教师，农村地区的教师向县城流动，县城的教师向城区流动。农村地区教师的待遇偏低，工作条件比较差，学习与发展的机会少，缺少持久有效的专业支持，这使多数教师不愿意到农村地区任教，更不愿意扎根于农村教育事业。①

教师资源库的"不均衡"储备，对现行由学校任用和管理教师的体制提出严重挑战，教师待遇上存在的巨大校际差异强化了教师的单位内部所有制，阻碍了合理的教师聘任、交流和轮换制度的推行。

义务教育的学校内部管理体制改革很重要的一项是人事制度的改革。教师聘任制、结构工资制是其改革的核心内容，这更需要外部条件的成熟。中西部地区代课教师的存在，对义务教育学校内部管理改革造成了很大的困难。在一些偏远的农村小学或教学点，代课教师担负了主要教学任务。这些代课教师待遇低下。2005 年 11 月《南方周末》刊登的一份调研报告震惊了社会各界："渭源县有 600 余名乡村代课教师，每月仅拿着 40 元到 80 元不等的工资。每月拿 40元工资的又占了代课教师的 70%，部分代课教师这样的工资已拿了20 年！"②

从 2006 年开始，按照教育部的规定，各省市将逐步清退代课教

① 《北京市中小学队伍调查》，载《现代教育报》，2004-09-09。
② 《县委书记"上书"教育部 直言代课教师的现状》，载《南方周末》，2005-11-04。

师，据陕西省有关部门公布的情况，陕西省代课教师数量已由 2000 年的 5.7 万人减少到现在的 2.7 万人左右，目前正在按照"谁聘任、谁管理、谁清退、谁做思想工作"的原则加快清退。蓝田、周至、临潼、商州、陇县、清涧等地的一些偏远农村小学，尤其是教学点，许多学生家长担心清退代课教师会让孩子没处上学。①

农村中小学由于种种客观原因，教师队伍老化形成了"围城"，新的进不去，老的出不来。教师基本工资保证困难，办学资金匮乏，公用经费严重不足，难以维持日常办公的运转。据国家教育督导团的调查数据，2001—2002 年中小学生均经费：吉林省通化县为 80—90 元，云南省蒙自县为 55.7 元，贵州省遵义县为 25 元，河南省焦作市为 20 元，福建省漳平市平均仅为 7.5 元。不少学校除了交水电费，真正用于教学用品开支的钱寥寥无几，个别地方竟出现了每天早晨校长站在学校门口给教师发粉笔的现象。许多地区生均公用经费日趋减少，且无法保证。② 这种情况下进行的农村中小学内部管理改革，引出了成堆的新矛盾和新问题，农村义务教育中的一些学校改革举步维艰。

此外，在义务教育学校内部管理中，绝大多数学校组织管理机构形式上是校长—主任—教职工，但在实际操作中，信息沟通和指令传达的层级却烦琐得多，一般要经历校长—副校长（校长助理）—主任—副主任—年级组长（教研组长）—班主任（教师），这种多层级的信息传输给学校内部管理的决策、指挥、调控等方面带来一系列问题。还有，一般学校中层设置是"三处一室"，即教导处（有的学校还将其分为教学处、教务处），德育处（政教处），总务处和教研室。

---

① 《陕西清退代课教师问题调查》，资料来源：http：//news3.xinhuanet.com/edu/ 2006—09/13/content_5085611.htm.访问日期：2018-10-05。

② 中央教育科学研究所：《2002/2003 中国基础教育发展研究报告》，27 页，北京，教育科学出版社，2003。

从学校管理运行情况看，很多学校都存在两个"两张皮"现象：教育与教学"两张皮"，配合不畅、相互扯皮，造成客观上的管理壁垒；教育教学与科研"两张皮"，科研脱离教育教学实际，缺乏现实针对性和实效性，科研成为教育教学的负担。这些学校组织管理上的问题，都需要加以重视。

义务教育学校内部管理的改革是一项社会系统工程，涉及面广、政策性强、工作量大、矛盾复杂，仅靠教育部门是难以完成的，各级党委、政府必须施以有力的领导。就目前来讲，需要营造有利于义务教育学校管理改革的外部环境，进一步完善中小学教师资格证制度、教育经费保障制度、行政用人及其他制度改革，学校内部管理体制改革才能顺利推进。

(二)校长负责制下校长的责权不清，学校缺乏自主管理的积极性

校长负责制是我国目前中小学实行的校内领导体制。这一领导体制包括四种含义：上级机关领导，校长全面负责，支部保证监督，教工民主管理。[1] 从这一制度可见上级领导、校长、教职工之间的责任与权力关系。但我国长期在区分三者之间的关系上没有明确的说明或制度，导致在关于校长负责制的说法中，经常听到各种抱怨，"中小学校长负责制只是一种学校管理体制改革的口号、一种形式"，"校长负责制只是校长担负责任的制度，校长有名无实、有责无权"等。[2] 有学者提出，校长负责制下校长的责权对等的问题，校长权力行使中的有效监督问题，校长权力过大造成的权力滥用问题与学校寻租问题等，这些问题都严重影响着义务教育阶段学校校长管理的积极性与主动性，同时也影响着学校管理的质量和效率。在校长负责制中，校长权力的加强与学校民主化管理之间是否矛盾，学校

---

① 萧宗六：《学校管理学》，69～70 页，北京，人民教育出版社，1994。
② 王库、林天伦：《中小学校长负责制 30 年：困境与对策》，载《教育科学研究》，2017(7)。

管理效率增加与校长权力异化的矛盾，校长应在什么范围内行使自己的权力，其他社会主体参与学校的民主管理与校长负责制究竟是什么样的关系等，都将是长期困扰学校管理领域的问题，有待于实践和理论结合起来进一步进行更深入的探讨。

校长负责制是指在党支部监督下，校长作为学校的法人代表对学校工作全面负责，教职工民主管理"三位一体"的学校领导体制。校长既然要对学校的教学及其他行政管理负责，就应具有相应的权力。一般意义上理解，校长应具有的管理权力包括办学自主权、决策指挥权、人事管理权、财务管理权和教学管理权等。但在长期的实践过程中，我们发现，由于公立中小学校与上级教育行政部门之间基本上是隶属关系，学校赖以生存和运行的资源，即人、财、物等基本的管理要素，主要通过上级教育行政部门配给，校长的工作也主要在于利用分配给自己的教育资源进行程序性的管理工作，因此，校长在办学与管理上尚无自主决策权。由于公立中小学校长由上级教育主管部门任命，校级干部也由上级指派，校长没有选聘副校长的权力，教师的聘任由"县管校聘"方式调配，校长没有人事方面的权力，这造成校长没有人事管理权力。在财务调配方面，我国义务教育学校的经费是政府全额拨款，其中大部分用于教师工资，其工资标准也由上级主管部门统一规定，剩余的经费用于支付维持学校正常运转的水电、交通及办公用品等日常费用的开支。实际上，校长在经费调配方面也没有太大的权力可支配。

目前在中小学校长负责制下，校长的权力范围有多大，校长应担负怎样的责任，如何对校长的管理进行有效的监督，防止因校长权力过大造成的权力滥用和权力寻租等腐败现象的出现，影响义务教育阶段学校教育教学工作的质量和效率，这是校长负责制管理体制建设中的重要问题，需要教育行政主管部门认真思考，完善管理体制和监督体制，真正发挥出校长的管理职能和作用。

（三）"县管校聘"政策中教师管理制度不完善，管理难度大

"县管校聘"指县级教育行政部门按照职能分工和权限设置，依法履行对中小学教师的公开招聘、职务评聘、培养培训、轮岗交流、评优考核等管理职能，学校依法与教师签订聘用合同或工作合同，负责教师的岗位配置、具体工作安排和日常管理。[①] 过去教师人事管理制度是：教师的编制以学校为单位，教师的人事、档案、日常任用与管理都由所在的学校负责，教师都是"学校人"或"单位人"。2012 年，国务院《关于深入推进义务教育均衡发展的意见》中明确提出"积极推进义务教育学校标准化建设，均衡合理配置教师、设备、图书、校舍等资源，努力提高办学水平和教育质量"。2014 年开始，教育部联合其他部委下发通知，要求义务教育阶段学校教师和校长轮岗以促进区域内教育资源的均衡。教师交流轮岗制度，就会涉及教师的人事、档案、日常管理等一系列的变动。而这些变动，无论是对教师本人，还是对学校和教育行政部门来说，都必须付出较高的个人成本和行政管理成本。这些成本就构成了教师在校际交流轮岗的体制性障碍。解决制约教师轮岗问题的关键就在于将教师人事、编制管理的权限和归属剥离出学校，提升到县级教育行政部门。县级教育行政部门统一管理教师的人事档案、编制等，打破教师在学校之间交流轮岗的"樊篱"，使教师由"学校人"变为"系统人"。"县管校聘"的教师人事制度改革由此开始。可以说，"县管校聘"的制度是我国义务教育阶段学校教师人事制度的创新，为县级教育行政部门在县域范围内，根据当地教育实情，统筹配置师资提供了制度保障，为顺利推进教师在校际的交流轮岗，破除了体制性障碍。

"县管校聘"教师管理制度要求县级教育行政部门对辖区内中小

---

① 李江源、张艳：《县管校聘：成都市教师管理制度实践探索》，载《教育与教学研究》，2015(10)。

学校的教师进行统一管理，统一确定编制，统一指挥，统一调动，而教师所在的学校负责教师的聘用及日常教育教学管理等。这一制度在一定程度上解决了我国义务教育阶段城乡之间、地区之间、校际教师资源配置不平衡问题，对区域内教育均衡发展起到了重要作用。但"县管校聘"政策在实施中也出现了一些新的问题。

第一，"县管校聘"制度的实施需要教育行政、编制、财政以及人社等多部门协调合作才能实现，这在管理中是较为复杂的工作。当然，在实施中也存在各部门之间相互扯皮和相互牵制的状况，这是影响教师管理的一个较大的阻力。在"县管校聘"政策中，"县"应该是县级部门，他们应该管理哪些方面的内容？"校聘"应如何聘以及聘用后如何协调各个县级部门之间对教师的管理等，这些目前仍然是义务教育阶段学校教师管理中存在的问题，仍然需要教育主管部门完善管理制度，不断规范管理行为来加以解决。

第二，"县管校聘"与学校自主管理相互冲突的问题。聘用分离与校长负责制下的学校自主管理之间存在冲突：校长不具备人事聘用权，仅有教育教学岗位的使用权，这与现代学校制度中所提倡的学校自主管理、校长负责制等理念有所冲突，部分流动教师甚至以"系统人"的身份为由不服从所在流动学校的统一管理，同时消极地承担教学以外的其他教育任务。[①] 这一问题的症结在于县与校的管理权限如何划分。县管什么，校管什么区分清楚后，县级管理部门与学校各自在自己的权力范围内实施有效管理，这样就实现了各自的自主管理。在"县管校聘"权限划分上涉及两个层面的权限问题：一是教育行政部门与其他政府部门之间的横向划分；二是县级教育行政部门和学校之间的纵向划分。横向划分上，以教育行政部门为核心，联合编制、人社及财政部门协调合作，由教育行政部门负责

---

① 郝保伟：《"县管校聘"的制度安排与制度保障》，载《中国教师》，2015(8)。

学校之间的动态调控；纵向管理权限的划分上，教育系统内部将"县管"与"校聘"界定清楚，明确教育行政部门和学校各自的权限、职责。依据政策要求、当下教师人事管理体制，尤其是教师聘任制的内容以及教师交流轮岗的现实需求，"县管"的内容主要包括教师的人事档案、公开招聘、培训、工资待遇、交流轮岗、退出机制等，由县级教育行政部门统一管理。"校聘"的内容主要包括教师与学校签订岗位聘任合同，教师的工作岗位在学校，学校负责对教师的日常管理、考核以及评职评优的推荐。由于教师的招聘和配置由教育主管部门来实施，因此在实际的教师管理中出现了学校的需求不能及时满足，学校需要的教师进不来，分配进来的不需要这种情况，影响了学校的教学，同时也影响了教师自身专业的发展。

第三，"县管校聘"中教师角色模糊问题。教师作为一种社会角色，需要在一定的社会群体中生存与发展。学校应该说是教师发挥自身潜能，实现自身社会价值的重要平台。教师需要一个较为固定的组织，或在一段时期之内有一个较为稳定的组织来发挥自身的才能，实现自身的价值。"县管校聘"制度中，教师工作地点、方式的变更一定程度上会影响教师的发展，会让教师对自身的角色定位较为模糊。同时，教师在不同学校的教学也会存在不同的适应性，这些都会影响教学质量的提高以及教师自身的发展。当然，除此之外，由于流动而造成教师生活上的不便，生活成本提高，生活压力加大等问题也会直接或间接地影响教师的工作热情，所以"县管校聘"的教师管理新模式在实施中存在着一定的风险与阻力，需要教育行政部门加强实地调研，完善配套的制度体系，规范教育管理的行为，才能更好地实现对教师的管理。

这些问题的出现都要求教育行政部门重新思考在"县管校聘"政策下，对于教师流动制度的完善，既能实现县域内教师资源的有效配置，又能改善流动学校校长在人事管理上的自主权，加强对流动教师的管理，真正发挥流动教师教育教学的积极性与主动性，将教师的潜力充分发挥出来，提高义务教育阶段教育的质量与水平。

三、义务教育学校内部管理改革发展趋势

义务教育阶段现代学校制度建设，作为全面推进教育改革与发展的制度创新，代表了学校制度建设的方向，加速现代学校制度建设已成为当前学校教育改革的主题。在义务教育学校内部管理改革进程中，必须坚持以教学改革为核心，以人事、分配制度改革为重点，建立有效的激励体制，搞好人才储备库，作为推动和深化义务教育学校内部管理改革的发展方向。

第一，以教学改革为核心，推动义务教育学校内部管理改革。学校工作的中心是教育教学，教学改革是学校永恒的话题，创造适合学生全面发展的教育是义务教育学校内部管理改革的核心问题。不管采取什么形式的改革，学校和校长的主要着眼点都应放在教育教学上。学校教育教学质量的高低，学生是否实现了全面发展，是衡量学校内部管理改革成败的主要标准。

以教育教学改革作为学校内部管理改革的核心，提高学校管理水平的最终目的是为了创设学生全面发展的外部环境，这种理念得到越来越多的学校的认可和实践。从 20 世纪 80 年代中期开始，北京四中坚持以课程设置和教学内容为核心的教学改革。经过 20 年的不懈努力，初步形成了具有现代学校特征的学校内部教育管理制度，为实现学生的自主发展和和谐发展创造了良好的外部条件。四中校长刘长铭认为："现代教育的核心理念是倡导人的自主发展和和谐发展。现代学校内部教育管理制度的建立，构建了使学生实现自主与和谐发展的良好的外部环境。"[①]这种理念正在被越来越多的人所理

---

① 刘长铭：《谈现代学校内部教育管理制度的基本特征》，载《北京教育》（普教版），2005(10)。

解和实践。

第二，健全约束和参与体制，保障校长负责制的有效运行。义务教育学校普遍实行校长负责制，不少学校还实行"党政一肩挑"，校长兼任党委书记的现象很普遍。改革开放以来实行的校长负责制总体是好的，但因为没有相应的制约机制，给校长实行家长制、"一堂言"提供了某种程度上的方便。教育行政部门任用学校校长的用人制度，校长的负责对象是上级主管单位，而不是学校。这种责任对象不清，学校内部法人治理结构不健全，经验化、非制度化现象严重，问责制度不健全，部分校长专业化水平不高，成为义务教育学校内部管理改革的严重障碍。

我国的教育政策法规对学校管理的制约制度已经有所规定，但实际作用还有待强化。有研究者认为，有三个方面的因素在"从中作祟"：一是把权力作为目的，把校长责任制当作校长的权力获得和行使，如果对其进行制约就认为是削弱其权力地位。这是封建思想的体现，以为校长负责制就是校长在学校想干什么就干什么。二是在制度上对约束制度的规定不具有约束性。根据政策法规，学校校务会和教代会发挥着民主审议和民主参与管理的作用，对校长的行为有制约作用。但这些委员会都是以校长为首的，这种约束机制的作用降低了很多。三是约束的组织机构的成员仅仅局限于校内教职工。针对这些问题，首先要在法律上更加明确学校校长的权力和责任，校长到底拥有哪些权力并负哪些责任应明确而具体。在法律上明确规定学校审议机构和民主参与管理机构的构成，权力和责任要具有相对独立性和权威性，不再是依附于校长的附属机构，这就为独立审议和监督校长正确地行使其权力和履行责任提供了法律保障。①

在学校内部管理改革中，学校还要注意和社区的联系。在我国

---

① 黄崴：《深化与创新：中小学内部管理体制改革路向》，载《华南师范大学学报》（社会科学版），2001(3)。

公办教育发展过程中，封闭式办学长期以来是一个问题。虽然在教育改革过程中，学校这种封闭式运行已经有所突破，但真正从内在机制上很难保障学校与社区之间的良性互动。学校缺少主动面向市场、社会办学的积极性。而社区、市场主体也缺少积极性来介入或参与学校发展，市民一直将教育看成是政府的事情、学校的事情，很少看成是"我们"的事情。随着市场经济的进一步发展，随着教育民主化进程的不断推进，随着学校在办学过程中社会可利用资源越来越多的情况的出现，从制度上保证学校和社区互动机制的建立已经显得非常具有价值。"应按照现代学校制度的精神加强校本管理的探索和校长负责制的改革，以促进现代学校制度建设。在学校层面，要求学校实行校本管理，向教师、家长、学生以及社区下放权力，注重学校的自主管理和自主发展。对校长负责制进行根本性的改革和重建，校本管理的经验教训具有重要的理论借鉴和实践参考价值。"①义务教育学校内部管理权不仅要向广大教职工下放，而且要向学生、家长、社区下放，学校管理者致力于吸引更多的关注教育事业、有利于促进学校发展的人参与到学校管理中来，校内外互动，共同致力于学校的可持续发展。

第三，健全教师聘任制，建立长期聘任和合同聘任相结合的人事制度。实行聘任制是我国中小学内部管理体制改革的重要内容。以聘任制度为核心的学校人事制度改革虽然取得了一定的成效，但在实施聘任制的过程中还存在着一些问题，聘任程序不规范，随意性大，监督机制不健全，校长聘任教师是单向的，落聘人员的安置和分流存在着困难等，有些学校按照企业"优胜劣汰"的原则，将末位淘汰制和待岗制引入学校人事管理改革中，如加强对教师的各种

---

① 黎俊玲：《论我国中小学现代学校制度建设》，硕士学位论文，华中师范大学，2007。

考核，与工资待遇直接挂钩，以此来提升教职工工作的积极性。①
从学校长远发展来看，学校需要建立一支稳定的、高质量的教师队
伍，这些教师对教育教学有敬业精神，对学校有忠诚感。就教师来
讲，他们需要一个完善、宽松的环境，而且最重要的是，对教育教
学的努力是出于对学校的感情，对学校的忠诚感来自内心的认同感，
而不是迫于"被淘汰"的压力。不解决好这些问题，就很容易造成不
同程度上的"人心思变"、教师流失等问题。

　　从目前来看，为了学校和教师的长远发展，建立长期聘任制和
合同聘任制相结合的学校人事制度，是义务教育学校内部人事管理
改革的基本方向。② 上海市教育委员会在 1995 年颁布了《关于本市普
教系统中小学和其他事业单位试行聘用合同制的实施意见》，并在静
安区率先进行聘用合同制的试点。《北京市中小学教职工聘用合同制
试行办法》(1998 年)对原有的岗位聘任办法做了修改，颁布了《北京
市中小学教职工岗位聘任办法》。北京市实行的聘任合同制的主要内
容是：学校和教职工双方按照平等自愿、协商一致的原则，签订具
有法律约束力的合同，建立聘用关系，明确双方的责任、权利和义
务；在此基础上再签订岗位聘任协议书，落实岗位职责任务等。合
同聘任主要是短期聘任，比如一年一聘或两年一聘。合同聘任的实

---

　　① 上海某中学定期实行教师专业水平的考试、敬业精神的考核、学生对教师教学满
意度的考察制度。对于考试、考核、考察成绩处于末位的本校教师，学校有权按不高于教
师总数 10% 的比例送交教育人力资源市场予以交流。为了保持教师队伍的相对稳定，学校
必须从其他学校送交到教育人力资源市场的教师中回聘 5% 的教师，而剩余 5% 的教师岗
位，学校可自主招聘教师补足空缺，使落聘待岗教师的比例控制在教师总数的 5% 左右。
落聘待岗教师待岗期间不得晋级，连续两年被学校提交教育人力资源市场交流而未获聘任
的教师，须在半年内自谋职业。待岗教职员工待岗期间只拿基本工资的 60%，并要参加教
育人力资源市场组织的业务学习。在岗教师领取学校自主确定的课时津贴和班主任补贴，
年底还根据个人的实际工作和贡献领取不同等级的效益工资。该校校长认为，这样可以营
造一个"人人争先"的氛围，水平不高、混日子的人有了危机感，有水平、有上进心的人觉
得大显身手的时机到了，他们会乘势而上，崭露头角。

　　② 黄崴：《深化与创新：中小学内部管理体制改革路向》，载《华南师范大学学报》
(社会科学版)，2001(3)。

行对教职工构成压力，可以极大地调动教职工工作的积极性，可以形成双向选择、能上能下、能高能低、能进能出的局面。

随着人事制度改革的深入，从 2003 年开始，学校在用人制度上也开始了全面改革，教育部印发《关于深化中小学人事制度改革的实施意见》。文件指出，中小学人事制度改革的总体目标是：以实行聘用（聘任）制和岗位管理为重点，推进中小学用人制度的改革，核心是推行中小学教师和校长的聘任制。教师聘任方面，强调要依法实行教师资格制度，全面推行教师聘任制。主要是要严格掌握教师资格的认定条件，严禁聘用不具备教师资格的人员担任教师。拓宽教师来源渠道，逐步提高新聘教师的学历层次。全面推行教职工聘用制度，完善教师职务聘任制度，积极探索建立教师资格定期考核制度。《教育部 2004 年工作要点》提出，中小学将全面推行教师聘任制。2015 年，《关于深化中小学教师职称制度改革的指导意见》印发，对义务教育阶段教师的职称制度与聘用制度进行了完善，重申了坚持中小学教师岗位聘用制度。按照深化事业单位人事制度改革以及中小学人事制度改革的要求，全面实行中小学教师聘用制度和岗位管理制度，发挥学校在用人上的主体作用，实现中小学教师职务聘任和岗位聘用的统一。要建立健全考核制度，加强聘后管理，在岗位聘用中实现人员能上能下。中小学教师职称评审和岗位聘用工作，要健全完善评聘监督机制，充分发挥有关纪检监察部门和广大教师的监督作用，确保评聘程序公正规范，评聘过程公开透明。评聘工作按照个人申报、考核推荐、专家评审、学校聘用的基本程序进行。2016 年全国中小学人事制度改革工作会议在山西太原召开，会议提出了当前中小学人事制度改革的总体目标：以实行聘任制为重点，以合理配置资源，优化队伍结构，全面提高教育质量和管理水平为核心，加快用人制度和分配制度改革，建立符合中小学特点的人事管理运行机制。2017 年，《关于做好 2017 年度中小学教师职称评审工作的通知》印发，要求完善评价标准，创新评价机制，加强监督管理，保障中小学教师职称评审步入新轨，同时对中小学教师职称有了严格的规范，师德有问题的实行"一票否决制"；不将论文作为限制性条件；要加大对一线教师特别是农村教师的倾斜力度，评审通过的正高级教师中，担任学校和教研机构行政领导职务的原则上不超过 30%。这些制度的完善，对于调动中小学教师，尤其是农村地区中小学教师的工作积极性具有很大的作用。

　　面对 21 世纪新的发展局势，义务教育学校内部管理改革在新的历史机遇面前，也面临着不少新的挑战。总之，义务教育学校内部管理改革是围绕学校教育教学改革中心展开的，是为学生全面发展、学校教育质量全面提高营造环境的，在改革的过程中，要建立健全各种监督约束机制和参与管理机制，使校长负责制得到有效运行，加强教师聘任制度的改革，采取长期聘任和合同聘任相结合的人事制度改革，建立一支稳定的、高素质的教师队伍，使义务教育教学质量得到进一步提升，全面推进素质教育的发展。

第三章

改革开放 40 年义务教育的成就

　　普及义务教育是百余年来我国教育发展所追求的一个主要目标。中华人民共和国成立后,普及与提高成为我国一贯采取的教育方针,并为之进行了大量的努力。1949 年 9 月中国人民政治协商会议第一届全体会议制定的《中国人民政治协商会议共同纲领》中规定要"有计划、有步骤地普及教育"。《1956 年到 1967 年全国农业发展纲要》规定,1956 年开始,按照各地情况分别在七年或者十二年内普及小学教育。但由于多方面的原因特别是经济方面的原因,这些目标没有实现。20 世纪 80 年代,党和政府决定实施九年制义务教育,颁布了《中华人民共和国义务教育法》,第一次使普及义务教育有了专门法律的保障,使我国的义务教育走上了法律轨道,迈入了一个新的发展时期。到 2000 年,我国基本实现九年义务教育的目标,2006 年,《中华人民共和国义务教育法》修订后颁布。2007 年,我国全面实施农村免费义务教育,这是我国教育发展史上的重要里程碑。从 2008 年秋季起,全部免除城市义务教育学杂费,义务教育从此名实相符。改革开放 40 年,我国义务教育取得了举世瞩目的成就。

第一节　义务教育经费投入加大

20 世纪 80 年代，政府义务教育公共投资严重不足，导致了教育经费的严重紧缺。同时义务教育公共投资分担主体的重心过低，农村义务教育财政管理体制运转不灵，导致农村许多地区特别是国家级与省级贫困县的义务教育举步维艰，处于缺少政府足够财力保障的境况之中。

财政性教育经费从 20 世纪 90 年代中期后逐步走出低谷，呈现逐年上升的良好态势。国家对义务教育的投入大幅度增加，基本上形成了以财政拨款为主、多渠道筹措教育经费的投入体制。特别是从 1998 年开始，连续 5 年，中央财政支出中教育经费所占比例每年提高一个百分点，地方财政也相应地加大了教育投入力度。为落实"科教兴国"战略，帮助贫困地区加快普及义务教育，促进当地人民群众脱贫致富，在党中央、国务院的关怀下，1995 年至 2000 年，教育部（原国家教委）、财政部联合组织实施了第一期"国家贫困地区义务教育工程"。中央财政投入 39 亿元，地方财政配套 87 亿元，共计 126 亿元。一期"工程"实施范围集中在 22 个省、自治区、直辖市及新疆生产建设兵团的 852 个贫困县，其中"八七"扶贫攻坚计划确定的国家级贫困县有 568 个。到 2000 年年底，一期"工程"圆满结束，完成了各项任务，实现了规划目标。但到 2000 年年底一期"工程"结束，全国尚未"普九"的县（旗、团场）还有 522 个，其中，315 个国家级贫困县 85％以上在西部地区。覆盖大约 1.24 亿人口，其中少数民族人口 0.49 亿。为此，党中央、国务院决定，"十五"期间继续实施第二期"工程"，以帮助贫困地区实现普及义务教育的目标。中央专款的分配向西部地区倾斜，为西部地区安排的资金占中央专款的 90％以上。二期"工程"把校舍改造和建设继续作为重点的同时，加大了师资培训的力度，新增了免费提供教科书、配置信息技术教育设备等项目。按照规划，522 个项目县共新建、改扩建中小学 9 827 所；培训教师约 46.7 万人次，其中学历达标培训 8.3 万人；添置仪器设备 3.76 万台套，购置课桌凳 210 万套，新增图书资料 2 400 万册；为 60 000 多所农村中小学配备远程教育接收设备。二期"工程"的实施，使我国贫困地区基础教育办学条件得到较大改观，师资水平和教学质量得到进一步提高。

2005 年年底，国务院决定将农村义务教育全面纳入国家财政保障范围。按照"明确各级责任、中央地方共担、加大财政投入、提高保障水平、分步组织实施"的原则，建立中央和地方分项目、按比例分担的农村义务教育经费保障新机制，在全国农村普遍实行免除学杂费的义务教育，提高农村义务教育阶段中小学公用经费保障水平，建立农村中小学校舍维修改造投入机制，完善农村中小学教师工资经费保障机制。这项改革 2006 年首先在西部地区农村实施，2007 年在全国农村地区全面展开。建立农村义务教育经费保障新机制，是我国教育发展史上又一个重要里程碑，对于促进教育公平、提高全民族素质产生了重要而深远的影响。

经费投入增加，使教学设施达标率显著提高，中小学危房改造工程成效显著，各地办学条件总体得到明显改善。据《2007 年全国教育事业发展统计公报》的数据，到 2007 年，全国普通中小学校舍建筑面积 135 320 万平方米，比上年增加 2 210.5 万平方米。小学体育运动场(馆)面积达标校数的比例为 55.24%，体育器械配备达标校数的比例为 49.35%，音乐器械配备达标校数的比例为 44.68%，美术器械配备达标校数的比例为 43.12%，数学自然实验仪器达标校数的比例为 54.27%。普通初中体育运动场(馆)面积达标校数的比例为 69.23%，体育器械配备达标校数的比例为 66.4%，音乐器械配备达标校数的比例为 59.34%，美术器械配备达标校数的比例为

58.04％，理科实验仪器达标校数的比例为 73.54％。各项指标均比上年有所提高。

针对农村地区普九欠债长期困扰政府正常办学的问题，国务院开始了清理化解农村义务教育普九欠债的试点工作。决定从 2007 年 12 月起，用两年左右的时间，基本完成普九债务的还款工作。同时，针对媒体上不断报道的农村中小学卫生安全事故屡有发生的情况，启动了"新农村卫生新校园建设"工程，一揽子解决农村中小学卫生和饮水难的问题。

"让所有孩子都能上得起学，上好学"，是中国政府推进教育公平的坚定承诺。在义务教育阶段，城乡孩子应该平等享有接受教育的权利。为此，2008 年春天，我国在 16 个省份和 5 个计划单列市进行免除城市义务教育学杂费试点。据统计，在这项试点工作中，共有 1 702 万名城市义务教育阶段学生免除了学杂费，占全国城市义务教育阶段学生总数的 60％。中国的义务教育在新的起点上做出了让民众满意的新成绩。2008 年秋季学期起，免除城市义务教育阶段学杂费在全国范围内实施，惠及全国 2.59 万所城市中小学的 2 821 万学生。据《2008 年全国教育事业发展统计公报》的数据，2008 年，全国教育经费为 14 500.74 亿元，比上年增长 19.37％。其中，国家财政性教育经费（包括国家财政预算内教育经费、各级政府征收用于教育的税费、企业办学中的企业拨款、校办产业和社会服务收入用于教育的经费）为 10 449.63 亿元，比上年增长 26.20％。普通中小学校办学条件进一步改善。全国普通中小学校舍建筑面积 136 521.37 万平方米。小学体育运动场（馆）面积达标校数的比例为 55.88％，体育器械配备达标校数的比例为 50.61％，音乐器械配备达标校数的比例为 46.31％，美术器械配备达标校数的比例为 44.97％，数学自然实验仪器配备达标校数的比例为 54.70％。普通初中体育运动场（馆）面积达标校数的比例为 69.3％，体育器械配备达标校数的比例为

66.9％，音乐器械配备达标校数的比例为 60.27％，美术器械配备达标校数的比例为 59.15％，理科实验仪器配备达标校数的比例为 73.51％。

2009 年全国共落实农村义务教育经费保障资金 1 108 亿元（其中，中央财政落实 609 亿元，占 55％；地方财政落实 499 亿元，占 45％），其中公用经费资金 613 亿元，补助家庭经济困难寄宿生生活费资金 94 亿元，校舍维修改造长效机制资金 217 亿元，免费教科书资金 161 亿元等。2009 年共落实城市免杂费相关经费 268 亿元（中央财政落实 52 亿元，地方财政落实 216 亿元），主要包括免除学杂费补助资金 75 亿元，免除教科书、提高公共经费补助水平和校舍维修改造长效机制等资金 173 亿元。《国务院关于深化农村义务教育经费保障机制改革的通知》指出，国家统一义务教育学校公用经费基准定额，各省（自治区、直辖市）制定的生均公用经费基本标准低于基准定额的差额部分，当年安排 50％，所需资金由中央财政和地方财政按照免学杂费的分担比例共同承担。

为贯彻落实《国家中长期教育改革和发展规划纲要（2010—2020 年）》，进一步规范和拓宽财政性教育经费筹资渠道，支持地方教育事业发展，2010 年印发的《财政部关于统一地方教育附加政策有关问题的通知》要求：统一开征地方教育附加；统一地方教育附加征收标准；各省、自治区、直辖市财政部门要严格按照《教育法》规定和财政部批复意见，采取有效措施，切实加强地方教育附加征收使用管理，确保基金应收尽收，专项用于发展教育事业；凡未经财政部或国务院批准，擅自多征、减征、缓征、停征，或者侵占、截留、挪用地方教育附加的，要依照《财政违法行为处罚处分条例》和《违反行政事业性收费和罚没收入收支两条线管理规定行政处分暂行规定》追究责任人的行政责任，构成犯罪的，依法追究刑事责任。由此可见，国家通过规范和拓宽义务教育经费渠道，更好地促进义务教育的发展。

《国家中长期教育改革和发展规划纲要（2010—2020 年）》明确提出，到 2012 年实现国家财政性教育经费支出占国内生产总值比例达到 4% 的目标。之后，政府通过统一内外资企业和个人教育费附加制度、全面开征地方教育附加、从土地出让收益中按比例计提教育资金等方式拓宽经费来源渠道，多方筹集财政性教育经费。据财政部发布的《2012 年中央财政支持教育发展情况》指出，中央和地方各级财政坚持加大投入与加强管理并重，不断完善体制机制，2012 年全年全国财政性教育经费支出达 2.2 万亿元，实现了国家财政性教育经费支出占国内生产总值比例达 4% 的目标。其中，中央财政教育支出 3 781 亿元，比 2011 年增长 15.7%。在促进义务教育均衡发展方面，2012 年，中央财政安排农村义务教育经费保障机制改革资金 865.4 亿元，全国约 1.2 亿名学生享受免学杂费和免费教科书政策，中西部地区约 1 333 万名家庭经济困难寄宿生获得资助，进一步提高中西部地区农村中小学校舍维修改造单位面积补助标准。同时，中央财政安排补助资金 82 亿元，继续对已免除城市义务教育阶段学生学杂费的地方以及进城务工人员随迁子女接受义务教育问题解决较好的地方给予奖励支持。中央财政安排"特岗计划"资金 45 亿元，实施范围扩大到集中连片特困地区，中央财政工资性补助标准达到西部地区年人均 2.7 万元、中部地区年人均 2.4 万元。同时，将中西部地区农村幼儿教师培训纳入"中小学教师国家级培训计划"，安排中小学教师国家级培训计划资金 13 亿元，提升中小学师资队伍水平。中央财政安排 180.14 亿元，为农村薄弱学校配置图书、多媒体远程教学设备等，支持"农村义务教育学生营养改善计划"国家试点地区农村学校改善就餐条件或配备必要的餐饮设施，支持农村寄宿制学校学生附属生活设施建设，支持县镇学校扩容改造。同时，继续安排"全国中小学校舍安全工程"建设资金 20 亿元，安排营养膳食补助资金 150.5 亿元。

2013 年，我国义务教育进入均衡发展的新时期。为改善农村义务教育薄弱学校教学和生活条件，提高农村教育质量，促进义务教育均衡发展，2013 年，中央财政累计下拨农村义务教育薄弱学校改造计划补助资金 207 亿元，用于支持农村义务教育薄弱学校改善基本办学条件，包括教学装备类项目和校舍改造类项目。2013 年，教育部、国家发展改革委、财政部印发《关于全面改善贫困地区义务教育薄弱学校基本办学条件的意见》，要求从 2014 年开始，通过完善农村义务教育经费保障机制、加大财政投入，优化财政支出结构，最大限度地向贫困地区义务教育倾斜，适当调整薄弱学校改造计划、继续实施初中改造工程等措施，加大项目统筹与经费投入力度，在 3 至 5 年内，聚焦贫困地区义务教育薄弱学校，全面改善基本办学条件，深入推进义务教育学校标准化建设，整体提升义务教育发展水平。为此，从 2014 年起，中央财政对农村义务教育薄弱学校改造计划进行适当调整，并加大了投入力度，安排 310 亿元补助资金支持贫困地区义务教育薄弱学校改善基本办学条件，比 2013 年增长近 50％。中央财政下达了 2014 年农村义务教育学生营养改善计划专项资金 162 亿元，比 2013 年增加了 5 亿元，增长了 3.2％，其中，安排集中连片特困地区国家试点补助资金 130 亿元，安排地方试点中央奖补资金 32 亿元。同时，对于城市义务教育，2014 年，中央财政进一步加大了投入力度，安排城市义务教育补助经费 130.4 亿元，比 2013 年增加约 10.1 亿元，增长 8.35％。

为了解决城乡义务教育经费保障机制有关政策不统一、资源配置不够均衡、综合改革有待深化等问题，2014 年，中央财政在继续对各地实施城市免学杂费政策给予奖励性补助的基础上，依托全国学生学籍管理信息系统在分配进城务工人员随迁子女接受义务教育中央奖励资金时，研究部分教育经费跨省域可携带性问题，将流出地公用经费中央补助资金转移支付到流入地，以支持流入地政府按基本教育公共服务均等化原则，解决进城务工人员随迁子女接受义务教育问题，有效提高了经费分配的准确性和针对性。

2015 年 11 月，国务院印发了《关于进一步完善城乡义务教育经费保障机制的通知》，按照"坚持完善机制、城乡一体；坚持加大投入、突出重点；坚持创新管理、推进改革；坚持分步实施、有序推进"的总体要求，首次提出建立统一的城乡义务教育经费保障机制，明确从 2016 年春季学期开始，国家统一确定生均公用经费基准定额；从 2017 年春季学期开始，统一对城乡义务教育学生（含民办学校学生）免除学杂费、免费提供教科书、补助家庭经济困难寄宿生生活费。新政策中强调：一是统一城乡义务教育"两免一补"政策，原来农村学生享受"两免一补"，城市学生只免学杂费、对低保家庭学生免费提供教科书和对家庭经济困难寄宿生补助生活费的政策，调整为对城乡义务教育学生全部实行"两免一补"政策，至此，我国已对所有义务教育阶段学生实行免费义务教育，标志着我国实现了真正意义上的免费义务教育；二是统一城乡义务教育学校生均公用经费基准定额，2016 年全国义务教育学校生均公用经费基准定额为：中西部地区小学每生每年 600 元、初中 800 元，东部地区小学每生每年 650 元、初中 850 元。将中央对农村和城市实行不同的经费分担机制，即中央只分担农村义务教育经费，城市义务教育经费由地方负责、中央适当奖补，调整为中央和地方对城乡义务教育实行统一的分项目、按比例分担的机制。具体来讲，国家规定课程免费教科书资金由中央全额承担，地方课程由地方承担；家庭经济困难寄宿生生活费补助资金由中央和地方按照 5：5 比例分担，贫困面由各省（区、市）重新确认并报财政部、教育部核定；落实生均公用经费基准定额所需资金由中央和地方按比例分担，西部地区及中部地区比照实施西部大开发政策的县（市、区）为 8：2，中部其他地区为

6∶4，东部地区为 5∶5。

据财政部 2017 年 5 月发布的《中央财政下达城乡义务教育经费保障机制预算 1 170 亿元》指出，按照《国务院关于进一步完善城乡义务教育经费保障机制的通知》部署，统一城乡义务教育经费保障机制改革分两步走。第一步：从 2016 年春季学期起，统一城乡义务教育学校生均公用经费基准定额；第二步：从 2017 年春季学期起，统一城乡义务教育学生"两免一补"政策，实现相关教育经费随学生流动可携带。为确保实现国务院第二步改革目标，中央财政下达城乡义务教育经费保障机制预算 1 170 亿元，比 2016 年增加约 70 亿元，增长 6.4%，要求各地在继续落实好农村学生"两免一补"和城市学生免除学杂费政策的同时，向城市学生免费提供教科书并推行部分教科书循环使用制度，对城市家庭经济困难寄宿生给予生活费补助。政策的实施使全国 1.43 亿城乡义务教育学生获得免费教科书，1 377 万城乡家庭经济困难寄宿生获得生活费补助，约 1 400 万进城务工人员随迁子女实现"两免一补"和生均公用经费基准定额资金可携带。中央财政补助资金分配重点向中西部农村地区倾斜，从城乡看，中央财政安排的保障机制资金农村占 82%，城市占 18%；从区域看，中西部地区占 77%，东部地区占 23%。

21 世纪以来，农村义务教育全面纳入公共财政保障范围，对于我国义务教育发展无疑具有重要意义。尤其是建立城乡统一、重在农村的义务教育经费保障机制，无疑是推动我国城乡义务教育发展一体化的重大体制机制创新，对于促进我国义务教育健康发展具有重要的意义。

第二节　农村义务教育取得巨大成就

中国内地农村人口占全国总人口的 65%，人口素质低，文盲和半文盲人口 2.19 亿，在农村就业人口中，文盲和半文盲占 35.9%，小学文化程度者占 37.2%，每万人口中大学生数为 4 名，平均文化程度为 4 年。[①]

据统计，2000 年全国共有小学 553 622 所，其中城市 32 154 所，县镇 81 184 所，农村 440 284 所，分别占 5.81%、14.66%、79.53%；小学在校生数 130 132 548 人，其中城市 18 166 507 人，县镇 26 928 904 人，农村 85 037 137 人，分别占 13.96%、20.69%、65.35%。初中学校 62 704 所，其中城市 8 713 所，县镇 14 678 所，农村 39 313 所，分别占 13.90%、23.41%、62.70%；在校生 61 676 458 人，其中城市 10 346 351 人，县镇 17 045 443 人，农村 34 284 664 人，分别占 16.78%、27.64%、55.59%。[②] 农村义务教育阶段学生将近 1.2 亿人。

因此，农村义务教育是我国义务教育事业的主要部分，其普及程度及教育水平，直接影响全国普及教育和基础教育的实现程度。大力发展农村教育，把人口压力转化为人力资源优势，不仅是教育发展的目标，也是影响现代化建设进程的战略性任务。从教育民主化的要求来看，没有农村教育的普及和提高，就不可能实现中国教育的公平，更谈不上教育的现代化。在我国，农村义务教育是我们整个义务教育的主体。

20 世纪 80 年代中后期，我国农村教育综合改革正式启动。所谓农村教育综合改革，也称农村教育整体改革或农村教育系统改革，其主要内容是：在教育外部加强与科技、农业等部门的紧密结合，在教育内部对农村教育的办学方向、教育体制、教育结构、教育管理、教学内容等方面进行综合性的配套改革，使农村教育更好地为当地经济建设与社会全面进步服务。

---

① 谈松华：《农村教育：现状、困难与对策》，载《北京大学教育评论》，2003(1)。
② 何东昌：《中华人民共和国重要教育文献》，2857 页，海口，海南出版社，1998。

  1988 年 5 月，由国务院批准国家教委实施"燎原计划"，"燎原计划"旨在推进农村教育改革发展，促进农村经济发展和社会进步。1988 年 8 月，国家教委在河北南宫召开会议，在全国部署实施"燎原计划"。"燎原计划"的主要任务是，在做好普及义务教育工作的基础上，充分发挥农村各级各类学校智力、技术的相对优势，积极开展与当地建设密切结合的实用技术和管理知识的教育，培养大批新型的农村建设者，并积极配合农业与科技等部门，开展以推广当地实用技术为主的试验示范、技术培训、信息服务等多种形式的活动，促进农业的发展。"燎原计划"要求农村中小学改革教育内容，适当安排针对当地需要的劳动技能和技术的教育；要求在初中后、高中后，以及尚未普及初中的地方的小学后，逐步对毕业生进行一定的职业技术教育或培训。"燎原计划"对示范乡教育改革和经济发展规定了明确的目标。示范乡要实现九年制义务教育，要做到扫除青壮年文盲。"燎原计划"是一个双目标的计划，是一个教育与经济相结合、治愚与治穷相结合的计划。它的目的是统筹当地的基础教育、职业教育和成人教育，把文化教育和职业教育结合起来（即"三教统筹"）；统筹当地的经济、科技、教育，把经济发展和社会发展结合起来（即"农科教结合"）。"燎原计划"为"星火计划""丰收计划"培养农业技术人才奠定了基础。

  20 世纪 90 年代，是我国农村教育综合改革从试验到扩展进而全面推进的时期。1991 年 11 月发布的《中共中央关于进一步加强农业和农村工作的决定》指出："要牢固树立科学技术是第一生产力的马克思主义观点，把农业发展转移到依靠科技进步和提高劳动者素质的轨道上来。"这一重大决策，为我国农村教育事业的发展提供了契机。1992 年《国务院关于积极实行农科教结合推动农村经济发展的通知》，1993 年 2 月中共中央、国务院发布的《中国教育改革和发展纲要》等重要决策，对于农村教育综合改革具有重要指导意义。1995 年

12 月国家教委办公厅下发《关于实施"燎原计划百、千、万工程"的意见》，进一步落实"科教兴国""科教兴农"战略。1996 年 4 月，国家教委印发了《全国教育事业"九五"计划和 2010 年发展规划》，再次强调推进"农科教结合""三教统筹"以及"燎原计划"与"星火计划""丰收计划"的有机结合。同年 9 月国家教委办公厅印发《国家教育委员会关于加强教育系统科技兴农的意见》，对农村教育综合改革提出了新的要求。1998 年 10 月召开的党的十五届三中全会通过了《中共中央关于农业和农村工作若干重大问题的决定》，强调教育在农业和农村工作中的重要作用，指明了农村教育进一步改革和发展的方向。同年 12 月教育部发出了《教育部关于贯彻十五届三中全会精神促进教育为农业和农村工作服务的意见》，要求进一步推动农村教育综合改革，促进"农科教结合"和"三教统筹"。

到 20 世纪末，我国完成了基本普及九年义务教育、基本扫除青壮年文盲的历史性任务，国民人均受教育年限达到 8 年，超过世界平均水平。

在 2003 年召开的新中国成立以来第一次全国农村教育工作会议上，确立了农村义务教育作为教育工作重中之重的战略地位，制定了新增教育经费主要向农村倾斜的政策，出台了一系列促进农村义务教育发展的措施。2003 年国务院决定实施西部地区"两基"攻坚计划。截至 2007 年，全国 410 个"两基"攻坚县中已经有 317 个县实现了目标，西部地区"两基"人口覆盖率由 2003 年的 77％提高到 96％。民族自治地区 699 个县中，已经有 614 个县实现了"两基"，占民族自治地区总县数的 87.8％。"两基"攻坚计划的实施，有力地促进了西部地区农村义务教育的发展，使农村学校的办学条件大大改善，质量得到提高。

2004 年政府工作报告提出实施三大工程，包括农村寄宿制学校建设工程、第二期农村中小学危房改造工程和农村中小学现代远程教育工程。

2008 年发布的《五年来农村义务教育的巨大成就》指出，农村寄宿制学校建设工程自 2004 年启动以来，中央共投入专项资金 100 亿元（财政部、国家发展改革委各安排 50 亿元），2004 年至 2006 年下达 90 亿元，2007 年下达 10 亿元"以奖代补"资金。工程共覆盖中西部地区 953 个县，已新建、改扩建 7 651 所项目学校。按照"攻坚计划"要求，工程建设以农村初中为主，已建成农村初中 5 113 所，占建成学校总数的 66.8%；工程重点支持 410 个攻坚县和其他地区的贫困县、革命老区县、人口较少民族县，其中贫困县占项目县总数的 27.8%，革命老区县占 47.8%；工程项目重点布局在县城周边和人口较多的大乡镇，此类地区共安排项目学校 4 184 所，占项目学校总数的 54.7%；工程同时兼顾了高海拔地区和边远地区，已建成项目学校中，包括 3 000 米以上学校 495 所，边境海岛地区学校 486 所。西部地区新增校舍面积 1 076 万平方米，其中，410 个攻坚县新增 972 万平方米，生均校舍面积从 2003 年的 3.92 平方米增加至 2006 年的 4.66 平方米，极大地改善了农村学校办学条件，满足了 195 万新增学生的就学需求，超出"攻坚计划"提出的新增 150 万学生的目标。2007 年，全国义务教育阶段寄宿生总规模达到 2 992.4 万人，比上年增加 67.9 万人，增长 2.3%；寄宿生比例达到 18.4%，比上年提高 0.8%。其中，西部农村小学寄宿生比例达到 11.6%，西藏、内蒙古、云南、青海 4 个省份超过 20%。西部农村初中寄宿生比例达到 53.6%，西藏、广西和云南 3 个省份超过 70%。2007 年全国小学寄宿生生均宿舍面积达到 2.6 平方米，比上年增加 0.1 平方米。西部农村地区住宿条件改善明显，比上年增加 0.2 平方米，宁夏、贵州分别增加 0.6 平方米和 0.5 平方米。2007 年全国初中寄宿生生均宿舍面积达到 2.7 平方米，比上年增加 0.2 平方米。12 个省份的农村初中寄宿生生均宿舍面积比上年增加 0.3 平方米，西藏生均增加 1.7 平方米，当年生均住宿面积达到 3.8 平方米。

早在 1995 年我国就实施了国家贫困地区义务教育工程，改善农村中小学办学条件。从 2001 年开始，实施了第一期农村中小学危房改造工程，中央财政设立专项资金 30 亿元，用于对农村学校危房的改建、新建。2004 年至 2005 年，为了进一步消除农村学校的危房，保障农村师生的安全，中央财政又增加了资金投入，实施了第二期农村中小学危房改造工程，两年内共计投入 60 亿元。经过两期危改工程的实施，基本消除了农村中小学原有的 D 级危房，师生的安全问题暂时得到了缓解。2006 年修订颁布的《中华人民共和国义务教育法》将义务教育经费保障新机制以法律的形式固定下来，而建立农村中小学危房改造的长效机制则是其中一项重要内容。建立农村中小学危房改造的长效机制后，将按照学生数、校舍数、每年校舍的折旧数、每年新增危房数，按一定造价进行补助。由中央承担一部分，地方承担一部分，共同组成一个固定的资金来源，补充到每一所学校。

农村中小学现代远程教育工程在 2007 年年底完成，中央和地方政府累计投入 111 亿元资金，建设了覆盖全国农村的远程教育网络，使所有中西部农村中小学学生可以与城市学生共享优质教育资源。

2005 年年底，国务院决定按照"明确各级责任、中央地方共担、加大财政投入、提高保障水平、分步组织实施"的原则，建立中央和地方分项目、按比例分担的农村义务教育经费保障新机制，在全国农村普遍实行免除学杂费的义务教育，提高农村义务教育阶段中小学公用经费保障水平，建立农村中小学校舍维修改造长效机制，完善农村中小学教师工资保障机制。这项改革 2006 年首先在西部地区农村实施，2007 年在全国农村地区全面推开。建立农村义务教育经费保障新机制，是我国教育发展史上又一个里程碑，对于提高教育公平、提高全民族素质产生了重要而深远的影响。

2005 年提出的对家庭贫困学生实行"两免一补"政策，使贫困家庭的孩子能够上学读书，完成义务教育。"两免一补"政策 2005 年首先在 592 个国家重点贫困县实施，2006 年在西部农村和部分中部农村地区实施，并将农村义务教育全面纳入国家财政保障范围。2007年春季在全国农村全面实施，惠及 1.5 亿农村义务教育阶段中小学学生。农民的教育负担得到切实减轻，平均每年每个小学生家庭减负 140 元，初中生家庭减负 180 元。

2006 年修订的《中华人民共和国义务教育法》，进一步明确了各级政府举办义务教育的责任，将义务教育所需经费全面纳入财政保障范围，同时对全面实施素质教育、促进义务教育均衡发展、提高义务教育质量等重大问题作出了法律规定，为推动我国义务教育持续发展提供了有力的制度保障。

2009 年教育部和财政部联合下发《关于进一步加强农村义务教育经费保障机制改革资金管理的若干意见》，要求进一步推进农村义务教育经费保障机制改革资金(以下简称"保障机制资金"，含农村义务教育阶段中小学公用经费资金、免费教科书资金、校舍维修改造长效机制资金、家庭经济困难寄宿生生活费补助资金等)的科学化、精细化管理，切实落实各级政府之间和部门之间的经费分担责任和管理责任，县级财政、教育部门对上级和本级保障机制资金负有主要的管理责任，中小学校财务管理实行校长负责制，校长负责组织学校按规定编制学校年度预算；强化农村中小学预算财务管理；切实规范资金支付管理。为推进财政科学化精细化管理，提高资金管理水平，推动农村义务教育经费保障机制改革，促进义务教育均衡发展，中央财政设立基础教育"以奖代补"专项资金，对基础教育财政财务管理工作开展好的地区实行"以奖代补"制度。2009 年，财政部颁布《中央对地方基础教育"以奖代补"专项资金管理暂行办法》，通过这一政策来支持农村地区义务教育的发展。

2012 年教育部、财政部下发《农村义务教育学生营养改善计划专项资金管理暂行办法》，明确中央财政在农村义务教育薄弱学校改造计划中专门安排食堂（伙房）建设资金，对中西部地区农村学校改善就餐条件进行补助。

2013 年国务院办公厅转发教育部等部门《关于实施教育扶贫工程意见的通知》，以《中国农村扶贫开发纲要（2011—2020 年）》所确定的连片特困扶贫攻坚地区为主要教育扶贫范围。

2015 年教育部和财政部印发《农村义务教育薄弱学校改造补助资金管理办法》，明确薄改补助资金是由中央财政设立、通过一般公共财政预算安排、用于改善贫困地区义务教育薄弱学校基本办学条件的资金，薄改补助资金由财政部和教育部共同管理，地方各级财政要结合自身财力，增加对改善贫困地区义务教育薄弱学校基本办学条件的经费投入。薄改补助资金支持范围以中西部省份（含新疆生产建设兵团）贫困地区薄弱学校为主，适当兼顾部分东部省份的贫困地区薄弱学校。贫困地区是指集中连片特困地区县、国家扶贫开发工作重点县、贫困的民族县和边境县以及其他贫困县。进一步加大片区义务教育投入力度，推进义务教育阶段学校标准化建设。农村义务教育学校布局要保障学生就近上学的需要。改善保留的村小学及教学点，特别是改善边境一线学校及教学点基本办学条件。完善农村义务教育薄弱学校教学用房、学生宿舍等附属设施，加强图书、教学仪器设备、多媒体远程教学设备和体育卫生、艺术教育器材的配备。

2016 年国务院办公厅发布的《关于加快中西部教育发展的指导意见》指出，国家继续实施全面改善贫困地区薄弱学校基本办学条件、农村教师特岗计划、营养改善计划等重大工程和项目，完善城乡义务教育经费保障机制，推动基本公共教育服务均等化；巩固规范农村义务教育学校布局调整成果，办好必要的教学点，方便乡村学生就学；扩大农村教师特岗计划中乡村学校特设岗位数量，增加优秀大学毕业生到乡村学校任教比例；各地要采取措施逐步扩大营养改善计划实施范围，依据地区经济水平、物价变动等因素，建立补助标准动态调整机制。

2016 年 5 月 20 日，习近平总书记主持召开中央全面深化改革领导小组第二十四次会议，会议审议通过了《关于统筹推进城乡义务教育一体化改革发展的若干意见》。会议指出，统筹推进县域内城乡义务教育一体化发展，对缩小城乡教育差距、促进教育公平具有重要意义。要针对突出问题，在合理规划城乡义务教育学校布局建设、完善城乡义务教育经费保障机制、统筹城乡教育资源配置、提高乡村教育质量、稳定乡村生源、保障随迁子女就学、加强留守儿童关爱保护等方面推出务实管用办法。要加大对乡村特别是老少边穷等地区义务教育扶持力度，让贫困地区的孩子们都有机会接受公平、有质量的义务教育。要注意结合地方实际，因地制宜选择发展路径。

据《国务院关于统筹推进县域内城乡义务教育一体化改革发展的若干意见》指出，当前我国县域内城乡义务教育一体化改革发展的目标：一是"四个统一、一个全覆盖"。"四个统一"即加快推进县域内城乡义务教育学校建设标准统一、教师编制标准统一、生均公用经费基准定额统一、基本装备配置标准统一。"一个全覆盖"指"两免一补"政策城乡全覆盖。要求到 2020 年，城乡二元结构壁垒基本消除，义务教育与城镇化发展基本协调。二是"乡村弱、城镇挤"的难题逐步得到解决，即城乡学校布局更加合理，大班额基本消除，学校标准化建设取得显著进展，城乡师资配置基本均衡，乡村教师待遇稳步提高，岗位吸引力大幅增强，乡村教育质量明显提升。三是九年义务教育巩固率达到 95％，在 93％基础上提升 2 个百分点。县域义务教育均衡发展和城乡基本公共教育服务均等化基本实现。党的十九大报告中再次强调：推动城乡义务教育一体化发展，高度重视农村义务教育，努力让每个孩子都能享有公平而有质量的教育。将城乡义务教育一体化发展与农村义务教育发展作为未来基础教育的发展重点，为我们未来农村义务教育的发展指明了方向与目标。

以上重大改革措施和新的制度改革使我国农村义务教育进入前所未有的快速发展时期。

第三节　弱势儿童接受义务教育的状况不断改善

弱势儿童问题是世界各国普遍关注的社会问题。一般来讲，弱势儿童主要是指由于社会、家庭及个人原因，在经济条件、社会地位、权益保护、竞争能力等方面处于不利处境，需要借助外部力量支持和帮助的儿童。在我国，弱势儿童主要指农村和城市经济困难学生、农村留守儿童、城市外来务工人员子女、残疾儿童等，是弱势群体中的特殊人群。解决弱势儿童的生存、生活、教育问题，涉及多部门、多领域，因此是比较复杂的社会问题，需要全社会共同帮助和解决弱势儿童的问题。

教育涉及千家万户，惠及子孙后代，是体现发展为了人民，发展依靠人民，发展成果由人民共享的重要方面。保证人民享有接受教育的机会，是党和政府义不容辞的职责，也是促进社会公平正义，构建社会主义和谐社会的客观要求。教育公平是重要的社会公平。保证家庭经济困难学生、农村留守儿童、流动儿童以及残疾儿童能够上得起学、上好学，是促进教育公平的重要方面。

一、对农村和城市中经济困难学生的资助

党中央、国务院高度重视家庭经济困难学生的资助工作，采取了一系列政策措施，不断加大资助家庭经济困难学生的力度。2007年，全国农村义务教育阶段学生全部免除学杂费，同时为家庭经济困难学生免费提供教科书和寄宿生生活补助。从 2008 年开始，国家

对城乡义务教育阶段所有学生全部免除学杂费，对农村义务教育阶段学生免费提供教科书，对城市贫困生免费提供教科书，对农村和城市家庭经济困难寄宿生提供生活补助，资助资金完全纳入义务教育经费保障机制中。其中，农村学生国家课程免费教科书资金由中央财政承担，地方课程免费教科书及城市低保家庭学生国家免费教科书资金由地方财政承担。除此之外，中西部地区农村义务教育家庭经济困难寄宿生生活补助标准为每生每天小学生 4 元、初中生 5 元，按每年 250 天计算，小学生均 1000 元，初中生均 1250 元，所需资金中央财政按照 50% 的比例给予奖励性补助，地方财政应承担的 50% 部分，由省级财政统筹落实。中西部城市和东部地区义务教育阶段家庭经济困难寄宿生生活补助资金由地方财政承担。

2010 年发布的《国家中长期教育改革和发展规划纲要（2010—2020 年）》中提出：要健全国家资助政策体系，提高农村义务教育家庭经济困难寄宿生生活补助标准，改善中小学生营养状况，建立普通高中家庭经济困难学生国家资助制度。

2011 年，为进一步改善农村学生营养状况，提高农村学生健康水平，加快农村教育发展，促进教育公平，中央财政在集中连片的困难地区实施了"学生营养改善计划"，先后拨款 160 亿元用于解决 2600 万贫困地区学生吃饭经费不足，改善学生营养，增强学生身体素质，促进学生健康成长。

2013 年年初，财政部、教育部确定自当年春季开学起，为全国农村地区 1 至 9 年级在校生免费提供《新华字典》，这也是我国对农村贫困地区义务教育扶贫资助的一项重要举措，对于我国广大贫困地区义务教育阶段的学生的学习能够起到重要作用，同时体现出政府在促进义务教育城乡之间均衡发展所做出的努力。

2014 年，国务院办公厅印发《国家贫困地区儿童发展规划（2014—2020 年）》，确定了贫困地区儿童发展的总体目标，即到

2020 年，集中连片特殊困难地区儿童发展整体水平基本达到或接近全国平均水平。要求通过完善农村义务教育学生营养改善工作机制，进一步落实农村义务教育学生营养改善计划管理责任和配套政策，切实加强资金使用和食品安全管理。同时，因地制宜新建或改扩建农村义务教育学校伙房或食堂等设施，逐步以学校供餐替代校外供餐。继续支持各地开展义务教育阶段学生营养改善试点。2014 年，我国义务教育阶段在校生达 1.38 亿人，约 1.23 亿学生享受国家免费教科书政策，5 210.88 万学生享受地方免费教科书政策，中央及地方各级财政共计投入国家免费教科书资金约 179.31 亿元。义务教育阶段家庭经济困难的寄宿生，享受生活补助的在校生人数，由 2006 年的 914.92 万人增长至 2014 年的 1 485.93 万人，受益学生人数增加 62.41%；资助总金额由 2006 年的 20.18 亿元增长至 2014 年的 173.64 亿元，在实施义务教育学生资助政策的 8 年时间内增加了 7.6 倍。同时，通过第三方教育评估机构的数据分析，2014 年度我国义务教育学生资助制度建设比较健全，管理工作呈现出良好工作绩效态势，表明我国在义务教育阶段的学生资助管理工作方面，政策落实工作已取得明显成效。

为深入贯彻习近平总书记系列重要讲话精神，以办好人民满意的教育为宗旨，以保障家庭经济困难学生受教育权为核心，推动学生资助工作的有效进行，教育部、财政部将 2017 年确定为"全国学生资助规范管理年"。在对学生资助规范管理中强调从规范管理制度、规范监管责任、规范资助程序、规范资金管理、规范信息管理、规范机构队伍建设等方面入手强化管理，落实责任。这也说明了我国政府在对义务教育阶段贫困学生的资助方面已进入规范有序的管理阶段。

二、义务教育阶段流动儿童就学问题的政策支持

在人口流动日益频繁、数量日益增大的情况下，流动儿童就学难问题越来越突出。国家教委在调查研究的基础上，于 1996 年印发了《城镇流动人口中适龄儿童少年就学办法（试行）》，在北京、天津、上海、浙江、广东等 6 省市进行试点。在总结经验的基础上，1998年国家教委与公安部联合颁发《流动儿童少年就学暂行办法》，规定了以随班借读为主的流动儿童少年就学形式，在制度上明确了让流动孩子上学不仅是社会责任，也是法律责任，逐渐推行流动儿童教育以流入地为第一责任人的义务教育制度。这项制度使数以百万计的流动儿童得以重新入学，初步覆盖了普及义务教育的死角，解决了流动儿童就学难的问题。

针对我国城市化进程中出现的新情况，国家先后出台了一系列政策、措施，保障进城务工人员随迁子女接受义务教育。初步形成了"以流入地区政府管理为主，以全日制公办中小学为主"解决进城务工人员随迁子女接受义务教育的制度，将进城务工人员随迁子女义务教育纳入当地教育发展规划，列入教育经费预算，对进城务工人员随迁子女接受义务教育实行与当地学生同等对待的政策，切实保障了进城务工人员随迁子女接受义务教育的权利。同时，高度重视农村留守儿童教育问题，通过加快推进农村地区寄宿制学校建设，积极推广各地的经验和做法，进一步加强了对农村留守儿童学习、生活的管理，初步建立起学校、家庭、社会三结合的教育管理网络。

2008 年 7 月 30 日，国务院常务会议决定针对进城务工人员随迁子女义务教育问题规定：对符合当地政府规定接收条件的进城务工人员随迁子女，在公办学校就读的，免除学杂费，不收借读费；在接受政府委托、承担义务教育办学任务的民办义务教育学校就读的进城务工人员随迁子女，按照和公办学校学生一样的标准享受免除学杂费政策；对接纳进城务工人员随迁子女的公办学校拨付公用经费。国务院文件在重申"两为主"（以流入地为主和公办学校为主）解决进城务工人员随迁子女接受义务教育问题的基础上，进一步提出了三方面要求，以保证进城务工人员随迁子女接受更好的义务教育：一是做好统筹规划。地方各级人民政府将进城务工人员随迁子女接受义务教育纳入公共教育体系，根据进城务工人员随迁子女流入的数量、分布状况和变化趋势等，合理规划学校布局和发展。二是足额拨付公用经费。地方各级人民政府要按照预算内生均公用经费标准和实际接纳人数，对接纳进城务工人员随迁子女的公办学校足额拨付公用经费。三是加大教育资源投入力度。进城务工人员随迁子女流入较多、现有教育资源不足的地区，政府要加大教育资源统筹力度，采取切实有效措施，改善学校办学条件，加大对校长和教师配备的支持力度，保证学校教育教学的基本需要。国务院文件还明确规定，对进城务工人员随迁子女接受义务教育问题解决较好的省份，中央财政将安排专项资金，给予适当奖励。

2011 年教育部办公厅发布《关于做好 2011 年秋季开学进城务工人员随迁子女义务教育就学工作的通知》，要求通过积极扩大公办教育资源、购买民办学位等渠道，落实好"两为主"政策，确保所有符合输入地政府规定条件的随迁子女平等接受义务教育。要把随迁子女义务教育列入输入地教育经费支出，按财政预算内义务教育经费标准，及时足额向接收随迁子女的公办学校和购买服务的民办学校拨付办学经费。中央拨付的专项奖励资金要用于随迁子女较多的地区和学校。符合入学条件的随迁子女，一律免收学杂费，不得加收借读费。要将家庭经济困难的随迁子女纳入资助范围，确保不因经济困难而失学。要对以接收随迁子女为主的学校，在经费、师资、管理等方面加大帮扶力度。

2012 年国务院办公厅转发教育部等部门《关于做好进城务工人员随迁子女接受义务教育后在当地参加升学考试工作意见的通知》，要求各地因地制宜制定随迁子女升学考试具体政策，根据进城务工人员在当地的合法稳定职业、合法稳定住所（含租赁）和按照国家规定参加社会保险年限，以及随迁子女在当地连续就学年限等情况，确定随迁子女在当地参加升学考试的具体条件，制定具体办法。

地方各级政府积极贯彻落实中央关于进城务工人员随迁子女教育政策和措施。2016 年，全国义务教育阶段进城务工人员随迁子女在校生达 1 394.8 万人，比上年增长 2%，占在校生总人数的比例为 10%，其中，在公办学校就读的比例为 79.5%。

根据国家统计局发布的《2017 年农民工监测调查报告》，农民工随迁子女接受教育状况得到明显的改善：其一，随迁儿童教育得到较好保障，义务教育年龄段随迁儿童的在校率为 98.7%，与上年基本持平。从就读的学校类型看，小学年龄段随迁儿童 82.2% 在公办学校就读；10.8% 在有政府资助的民办学校就读。初中年龄段随迁儿童 85.9% 在公办学校就读；9.7% 在有政府资助的民办学校就读。其二，随迁儿童在学校总体不受歧视，96.7% 的进城务工人员家长认为子女在学校未受歧视；2.9% 的进城务工人员家长不了解情况。从师资看，进城务工人员家长对老师非常满意和比较满意的占 77.3%，比上年提高 1.8 个百分点；认为一般的占 21.9%，比上年下降 1.6%；不满意和非常不满意的占 0.8%，比上年下降 0.2%。其三，随迁儿童上学面临的问题有所缓解，对于义务教育阶段的随迁儿童，55.8% 的家长反映在城市上学面临一些问题，比上年下降 2.4%。费用高、本地升学难、孩子没人照顾是家长认同度最高的三个主要问题，认同率分别为 26.4%、24.4% 和 23.8%。其中，费用高和本地升学难认同率较上年分别下降了 0.8% 和 1.7%，孩子没人照顾的认同率较上年提高了 2.4 个百分点。

三、农村留守儿童的教育政策

农村留守儿童是指父母双方或一方外出到城市打工，留在农村生活的孩子。他们一般与自己的父母中的一人，或者与隔辈亲人，甚至父母的其他亲戚、朋友一起生活。留守儿童问题是近年来一个突出的社会问题。随着中国社会政治经济的快速发展，越来越多的青壮年农民走入城市，在广大农村也随之产生了一个特殊的未成年人群体——农村留守儿童。留守的少年儿童正处于成长发育的关键时期，他们无法享受到父母在思想认识及价值观念上的引导和帮助，成长中缺少了父母情感上的关注和呵护，极易产生认识、价值上的偏离和个性、心理发展的异常，有的甚至会因此而走上犯罪道路。

根据国家卫计委发布的《中国家庭发展报告（2015 年）》，流动家庭与留守家庭成为常态家庭模式。农村留守儿童占农村全部儿童的 35.1%，比例最高的是中部地区和西部地区。2016 年 3 月至 7 月，民政部、教育部、公安部在全国范围内联合开展农村留守儿童摸底排查工作。截至 2016 年，不满 16 周岁的农村留守儿童数量为 902 万人。其中，由（外）祖父母监护的 805 万人；由亲戚朋友监护的约 30 万人；一方外出务工另一方无监护能力的约 31 万人；有 36 万农村留守儿童无人监护。从范围看，东部省份农村留守儿童约 87 万人；中部省份农村留守儿童约 463 万人；西部省份约 352 万人。从省份来看，江西、四川、贵州、安徽、河南、湖南和湖北等省的农村留守儿童数量都在 70 万人以上。

大量的留守儿童，尤其是农村地区留守儿童的存在，加大了农村义务教育工作的难度。2014 年，国务院办公厅印发《国家贫困地区儿童发展规划（2014—2020 年）》，要求健全留守儿童关爱服务体系。加强农村寄宿制学校建设，优先满足留守儿童就学、生活和安全需要。学校应对留守儿童受教育实施全程管理，注重留守儿童心理健康教育和亲情关爱，及早发现和纠正个别留守儿童的不良行为。强化父母和其他监护人的监护责任并提高其监护能力，加强家庭教育指导服务，引导外出务工家长以各种方式关心留守儿童。依托现有机构和设施，健全留守儿童关爱服务体系，组织乡村干部和农村党员对留守儿童进行结对关爱服务。开展城乡少年手拉手等活动，支持为农村学校捐建手拉手红领巾书屋，建设流动少年宫，丰富留守儿童精神文化生活。

2016 年国务院印发的《关于加强农村留守儿童关爱保护工作的意见》，要求加大教育部门和学校对农村留守儿童关爱保护力度，建立健全农村留守儿童救助保护机制。县级人民政府要完善控辍保学部门协调机制，督促监护人送适龄儿童、少年入学并完成义务教育。教育行政部门要落实免费义务教育和教育资助政策，确保农村留守儿童不因贫困而失学。为了更有效地解决农村留守儿童的教育问题与生活问题，加强对留守儿童的保护力度，及时研究解决工作中面临的重大问题，2016 年 3 月，经国务院同意，建立农村留守儿童关爱保护工作部际联席会议制度，在国务院领导下，统筹协调全国农村留守儿童关爱保护工作。

2017 年 10 月 10 日，民政部召开电视电话会议，部署全国农村留守儿童信息管理系统启用上线工作，启动全国农村留守儿童信息管理系统，对建立翔实完备的农村留守儿童信息台账，推动社会资源的有效对接，实现对留守儿童的精准关爱、精准帮扶、精准保护具有十分重要的意义。

四、完善义务教育阶段残疾儿童的帮扶政策

残疾儿童少年义务教育受到各级政府的高度重视。党的十三届四中全会以来，中央财政共投入特殊教育补助费达 2.6 亿元，地方投入在 20 亿元以上。以专门的特殊教育学校为骨干、以普通学校特教班和残疾儿童少年随班就读为主体的特殊教育格局基本形成。截至 2007 年，全国共有特殊教育学校 1 618 所，义务教育阶段在校残疾学生达 41.93 万人。与此同时，社会各界通过各种方式支持弱势儿童入学。

公平与正义始终是义务教育所追求的精神实质。而残疾儿童作为社会成员，也应该享有接受义务教育的基本权利。残疾儿童教育

问题一直是我国义务教育中亟待解决的重要问题。我国在推进残疾儿童教育方面做出了不懈的努力，实施了"希望工程""春蕾计划"等，资助大量的残疾儿童重返校园。近些年来，我国各级政府仍坚持通过不同方式来推进这一工作。2014 年，国务院办公厅印发《国家贫困地区儿童发展规划（2014—2020 年）》，强调对特殊困难学生的关爱，保证残疾儿童受教育权利，逐步提高特殊教育学校生均公用经费标准，对残疾学生实行免学杂费、免费提供教科书、补助家庭经济困难寄宿生生活费等政策，进一步加大残疾学生资助力度。按实际需求配足配齐特殊教育教师，落实特殊教育教师倾斜政策，逐步提高工资待遇水平。加强特殊教育教师培养培训，提高专业化水平。积极创造条件，扩大普通学校随班就读规模，鼓励农村残疾儿童就近接受教育。积极推进全纳教育，使每个残疾儿童都能接受合适的教育。学校和医疗机构要相互配合推进医教结合，实施有针对性的教育、康复和保健。建立和完善服务机制，统筹学校、社区和家庭资源，在有条件的地区为不能进校就读的重度残疾儿童少年提供送教上门服务。支持和指导儿童福利机构特教班建设，落实儿童福利机构特殊教育教师的相应待遇。

为了更加有效地提升特殊教育的发展水平，国务院办公厅从 2014 年起，连续发布多项有关特殊教育的政策措施。2014 年发布的《特殊教育提升计划（2014—2016 年）》，要求扩大残疾儿童少年义务教育规模，积极发展非义务教育阶段特殊教育，加大特殊教育经费投入力度，加强特殊教育基础能力建设，加强特殊教育教师队伍建设。

2015 年发布的《国务院关于加快推进残疾人小康进程的意见》中强调提高残疾人受教育水平，落实好《特殊教育提升计划（2014—2016 年）》及后续行动，切实解决未入学适龄残疾儿童少年义务教育问题，提高残疾人教育普及水平，提升特殊教育教学质量。推行全纳教育，建立随班就读支持保障体系。各地要加大残疾学生就学支持力度，积极推进高中阶段残疾人免费教育；对符合学生资助政策的残疾学生和残疾人子女优先予以资助；建立完善残疾学生特殊学习用品、教育训练、交通费等补助政策。制定实施国家手语、盲文规范化行动计划，推广国家通用手语和通用盲文，完善残疾考生考试辅助办法。加强特殊教育教师队伍建设，加大对特殊教育学校教师、承担残疾学生教学和管理工作的普通学校教师的培训力度。完善特殊教育教师收入分配激励机制。制定加快发展残疾人职业教育的政策措施，推动发展以职业教育为重点的残疾人高中阶段教育。

2016 年印发的《"十三五"加快残疾人小康进程规划纲要》，要求提高残疾人受教育水平，贯彻实施《残疾人教育条例》，依法保障残疾人受教育权利。为家庭经济困难的残疾儿童、青少年提供包括义务教育、高中阶段教育在内的 12 年免费教育。继续采取"一人一案"方式解决好未入学适龄残疾儿童少年义务教育问题。规范为不能到校学习的重度残疾儿童送教上门服务。各地要加大残疾学生就学支持力度，对符合资助政策的残疾学生和残疾人子女优先予以资助；建立完善残疾学生特殊学习用品、教育训练、交通费等补助政策。大力推行融合教育，建立随班就读支持保障体系，在残疾学生较多的学校建立特殊教育资源教室，提高普通学校接收残疾学生的能力，不断扩大融合教育规模。

2016 年印发的《国务院关于加强困境儿童保障工作的意见》，要求加强困境儿童分类保障，建立健全困境儿童保障工作体系，强化和落实基层政府、部门职责，充实和提升基层工作能力，充分发挥群团组织优势，广泛动员社会力量参与，建立健全覆盖城乡、上下联动、协同配合的困境儿童保障工作体系。

2017 年，《残疾人教育条例》修订后颁布。为贯彻落实该条例，教育部、中国残联印发了《关于做好残疾儿童少年义务教育招生入学工作的通知》，优先安排残疾儿童少年就近或者到指定的具备条件的普通学校接受义务教育，对于学习和生活上需要特别支持的残疾学生，要提供专业支持。统筹规划特殊教育资源教室建设，配好资源教师，为普通学校招收残疾儿童少年创造条件。残疾儿童少年入学年龄与当地义务教育入学年龄相同，必要时可适当提高。要在"两免一补"的基础上，提高补助水平，确保每一名家庭经济困难的残疾儿童少年都能入学。

为了深入落实《国家教育事业发展"十三五"规划》《"十三五"加快残疾人小康进程规划纲要》，2017 年教育部等七部门联合印发《第二期特殊教育提升计划（2017—2020 年）》，要求到 2020 年，各级各类特殊教育普及水平全面提高，残疾儿童少年义务教育入学率达到 95％以上。特殊教育学校、普通学校随班就读和送教上门的运行保障能力全面增强。教育质量全面提升，建立一支数量充足、结构合理、素质优良、富有爱心的特教教师队伍，特殊教育学校国家课程教材体系基本建成，普通学校随班就读质量整体提高。提高残疾儿童少年义务教育普及水平，以区县为单位，逐一核实未入学适龄残疾儿童少年数据。通过特殊教育学校就读、普通学校就读、儿童福利机构（含未成年人救助保护机构）特教班就读、送教上门等多种方式，落实"一人一案"，做好教育安置。儿童福利机构特教班就读和接受送教上门服务的残疾学生纳入中小学生学籍管理。发挥特殊教育学校在实施残疾儿童少年义务教育中的骨干作用。到 2020 年，基本实现市（地）和 30 万人口以上、残疾儿童少年较多的县（市）都有一所特殊教育学校。不足 30 万人口没有特殊教育学校的县，由地市对行政区域内的特殊教育学校招生进行统筹。鼓励各地积极探索举办孤独症儿童少年特殊教育学校（部）。对不能到校就读、需要专人护理的适龄残疾儿童少年，采取送教进社区、进儿童福利机构、进家庭的方式实施教育。以区县为单位完善送教上门制度，为残疾学生提供规范、有效的送教服务。特殊教育经费保障方面，在落实义务教育阶段特殊教育学校生均公用经费 6000 元补助标准基础上，有条件的地区可以根据学校招收重度、多重残疾学生的比例，适当增加年度预算。各省（区、市）根据残疾学生类别多、程度重、教育成本高等特点，在制定生均财政拨款标准时重点向特殊教育倾斜。随班就读、特教班和送教上门的义务教育阶段生均公用经费标准按特殊教育学校执行。县级以上人民政府可根据需要，设立专项补助资金，加强特殊教育基础能力建设，改善办学条件。中央财政特殊教育专项补助资金重点支持困难地区和薄弱环节。

通过对残疾儿童教育政策的不断完善，加大特殊教育的投资力度，规范投资标准等措施，我国在残疾儿童教育，尤其是义务教育方面取得了显著的成效。据教育部发布的《中国教育概况——2016 年全国教育事业发展情况》统计，到 2016 年，全国共有特殊教育学校 2 080 所，比上年增加 27 所。特殊教育在校生 49.2 万人，比上年增加 5.0 万人，增长 11.2%。小学阶段特殊教育在校生总数 35.8 万人，比上年增加 3.9 万人，增长 12.2%。其中，随班就读和附设特教班在校生 19.6 万人，比上年增长 13.7%，占小学阶段特殊教育在校生总数的比例为 54.6%，比上年提高 0.8%。初中阶段特殊教育在校生总数为 12.3 万人，比上年增加 1.1 万人，增长 9.5%。其中，随班就读和附设特教班在校生 7.5 万人，比上年增长 11.1%，占初中阶段特殊教育在校生总数的比例为 60.9%，比上年提高 0.9 个百分点。高中阶段特殊教育在校生总数为 10 028 人，比上年减少 39 人。2016 年，全国特殊教育专任教师数为 5.3 万人，比上年增加 0.3 万人；专任教师中受过特殊教育专业培训的比例为 69.0%，比上年提高 4.1%。

第四节　义务教育信息化步伐加快

"教育信息化"，是指在教育领域全面深入地运用现代信息技术来促进教育改革与发展的过程。教育信息化的发展，能带来教育形式和学习方式的重大变革，对传统的教育思想、观念、模式、内容和方法产生巨大冲击。教育信息化是国家信息化的重要组成部分，是教育现代化的重要途径。教育信息化是推进优质教育资源共享，提高教育教学质量，促进教育改革创新和加快推进我国教育现代化建设的战略措施。在义务教育中采用现代信息技术，可以推进义务教育的现代化，加强边远贫困地区义务教育的普及，促进义务教育的均衡发展，提高总体教育质量。

一、义务教育信息化建设的历程

教育信息化是我国在国际信息化发展的背景下做出的战略选择，从总体上说 2000 年以前为试点时期。2000 年全国中小学信息技术教育工作会议后进入普及阶段，并进一步走向全面应用的深化阶段。但到 2005 年，从全国来说，还没有全面进入教育信息化的深化阶段，多数地区和学校教育信息化的重点任务还是基础设施建设、信息资源开发和提高师生信息化素养。只有少部分学校进入了深化应用阶段，信息技术推动了教学技术基础、思想观念、教学方式、学习方式和管理方式的全方位变革。2000 年我国提出中小学教育信息化发展目标后，教育信息化成为各地教育改革和发展中的重要主题。2000 年 11 月，教育部提出了在中小学开设信息技术课和全面实施中小学"校校通"工程的目标任务，全面推进学校教育信息化建设。2002 年教育部颁布了《教育管理信息化标准》，进行教育管理信息化的制度建设和标准建设。我国已经建立起覆盖城乡的卫星广播和信息网络两大主干体系，教育信息化成为推动教育现代化的新动力。

从 2002 年 12 月起，教育部以《2003—2007 年教育振兴行动计划》教育信息化专题建议方案的起草为契机，提出了新时期我国教育信息化发展的总体目标、发展原则和整体构架，形成了"教育信息化建设工程"的最终文本。《2003—2007 年教育振兴行动计划》"教育信息化建设工程"的实施，旨在继续加强基础设施建设，构建国家公共教育信息化平台，加强信息技术在教学中的应用，推进多层次、多功能的资源开发、整合和共享机制的形成，提高各类社会成员的信息素养，不断满足人们随时随地终身学习的需求，提升现有教育的质量和水平，缩小东西部信息化水平差异，促进教育的均衡发展。全面提高广大中小学校教师和教育工作者有效利用信息技术开展教学活动的能力，培养数以百万计的中初级信息技术专门人才。

实施"农村中小学现代远程教育工程"，按照"总体规划、先行试点、重点突破、分步实施"的原则，争取用五年左右时间，使农村初中基本具备计算机教室，农村小学基本具备卫星教学收视点，农村小学教学点具备教学光盘播放设备和成套教学光盘，并初步建立远程教育系统运行管理保障机制。农村中小学现代远程教育工程要以地方投入为主，多渠道筹集经费，中央对中西部地区给予适当扶持。

加强农村中小学现代远程教育，要致力于提高教育质量和效益。初步形成农村教育信息化的环境，持续向农村中小学提供优质教育教学资源，不断加强教师培训；整合农村各类资源，发挥农村学校作为当地文化中心和信息传播中心的作用，为"三教统筹"服务。

2001 年，《教育部关于印发〈全国教育事业第十个五年计划〉的通知》指出，要把教育信息化工程列入国家重点建设工程，以信息化带动教育现代化。重点支持并加快以中国教育科研网和卫星视频系统为基础的现代远程教育网络建设。建成一批网络学校。提高初、中等学校的计算机配备水平。2005 年，全部高等学校、高中阶段学校和部分初中、小学均能连接国际互联网。普及九年义务教育的地区，每所中小学都应设立计算机教室，全国农村绝大多数中小学能够收看教育电视节目。推动各级各类学校普及计算机及网络知识教育。加强各层次计算机软件人才的培养和培训。2005 年，全国初中及以上学校基本上均开设信息技术教育必修课。积极开发、共享教育信息资源，加强中小学信息技术课程与教材建设。加强对师范教育专业学生的信息技术教育，加强对中小学专任教师的计算机基础知识技能培训，建设一支适应教育信息化需要的师资队伍。推进各级各类学校充分利用现代信息技术，改进教学手段和方法，改进教育管理方式，提高教育教学及管理水平。

2007 年 9 月，教育部颁布的《中小学学生学籍信息化管理基本信息规范》定义了中小学学生学籍管理中涉及入学、转学、借读、休学、复学、升级、毕业、综合素质评价、学业考试、奖励、处分等管理工作所需的基本信息。目的是建立学籍管理体系使学生情况清晰可见，并使义务教育保障经费落到实处，也能使进城务工人员子女就学更有保障。为实现全国范围的中小学学生学籍数据共享和分析利用奠定了坚实的基础，是对广大中小学学生进行信息化科学管理的重要依据。2007 年发布的《国家教育事业发展"十一五"规划纲要》要求，加快教育信息化步伐，以教育信息化带动教育现代化。大力发展现代远程教育，建设覆盖全国城乡的现代远程教育网络。多形式、多渠道向全国特别是中西部农村地区输送优质教育资源，提高农村学校的教育教学质量。加快普及信息技术教育，全面提高教师和学生运用信息技术的能力，实现信息技术与教育教学的有机结合。加快教育管理信息化，提高教育管理水平。努力构建教育信息化公共服务体系。继续加强教育信息化基础设施建设，加强农村学校现代远程教育网络建设，创建国家级教育信息化应用支撑平台。加快教育信息资源开发，形成国家信息教育资源服务体系。建立和完善教育信息化技术服务支撑体系。加快教学科研网络、教育政务信息化等应用工程建设。加强教育信息化标准体系建设和专业人才培养，组织对关键技术问题的攻关，为教育信息化提供保障。

教育信息化是国家信息化的重要内容，也是一个国家教育现代化水平的重要标志。进入 21 世纪以来，世界各国教育信息化迅速发展，客观上要求我国在教育信息化技术发展方面也要不断努力。为此，2012 年教育部印发的《教育信息化十年发展规划（2011—2020年）》，为我国教育信息化的发展指明了方向。其中指出，基础教育阶段要缩小数字化差距，结合义务教育学校标准化建设，针对基础教育实际需求，提高所有学校在信息基础设施、教学资源、软件工具等方面的基本配置水平，全面提升应用能力，促进所有学校师生享用优质数字教育资源，开足开好国家课标规定课程，推进民族地区双语教育。重点支持农村地区、边远贫困地区、民族地区的学校信息化和公共服务体系建设。努力缩小地区之间、城乡之间和学校之间的数字化差距。

为了更好地完成《国家中长期教育改革和发展规划纲要（2010—2020 年）》和《教育信息化十年发展规划（2011—2020 年）》确定的教育信息化目标任务，2016 年教育部印发了《教育信息化"十三五"规划》，要求到 2020 年，基本建成"人人皆学、处处能学、时时可学"、与国家教育现代化发展目标相适应的教育信息化体系；基本实现教育信息化对学生全面发展的促进作用、对深化教育领域综合改革的支撑作用和对教育创新发展、均衡发展、优质发展的提升作用；基本形成具有国际先进水平、信息技术与教育融合创新发展的中国特色教育信息化发展路子。完成"三通工程"建设，即"宽带网络校校通""优质资源班班通""网络学习空间人人通"，基本形成与学习型社会建设需求相适应的信息化支撑服务体系。

2017 年全国教育信息化工作会议在杭州召开，明确 2017 年教育信息化工作要坚持力度不减，重点抓好教育信息化培训，深入开展

"一师一优课、一课一名师"活动，融合创新网络学习空间应用，继续做好典型经验推广和应用，高度关注教育行业网络安全。

2018 年是教育信息化发展的关键年，是完成《国家中长期教育改革和发展规划纲要（2010—2020 年）》和《教育信息化十年发展规划（2011—2020 年）》确定的教育信息化目标的重要一年。2018 年 2 月，教育部发布了《2018 年教育信息化和网络安全工作要点》，要求做好教育信息化统筹管理与指导，完善教育信息化基础环境建设，加快推进中小学"宽带网络校校通"，引导数字校园和智慧校园建设，推动数字教育资源公共服务体系建设与应用，深化基础教育数字教育资源开发与应用等工作，并将工作要点落实到各级教育行政部门。2018 年 4 月 13 日，教育部印发《教育信息化 2.0 行动计划》。这是推进"互联网＋教育"的具体实施计划，要求到 2022 年基本实现"三全两高一大"的发展目标，即教学应用覆盖全体教师、学习应用覆盖全体适龄学生、数字校园建设覆盖全体学校，信息化应用水平和师生信息素养普遍提高，建成"互联网＋教育"大平台，推动从教育专用资源向教育大资源转变、从提升师生信息技术应用能力向全面提升其信息素养转变、从融合应用向创新发展转变，努力构建"互联网＋"条件下的人才培养新模式、发展基于互联网的教育服务新模式、探索信息时代教育治理新模式。

同月，教育部发布的《中小学数字校园建设规范（试行）》，对基础教育阶段学校信息化建设提出了新的发展目标。其中数字校园建设应达成以下目标：一是实现校园环境数字化。利用云计算、大数据、物联网、移动通信、人工智能等信息技术，实现从基础设施（网络、终端、教室等）、资源（教材、图书、讲义等）到应用（学习、教学、管理、生活等）的数字化。二是实现信息系统互联互通。拓展现实校园的时空维度，实现应用系统互联互通；建设网络应用环境，实现校园宽带网络全接入、全覆盖；促进优质数字教育资源的建设、应用和共享，让每个班级都享受到优质数字教育资源；打造网络学习空间，促进师师、师生、生生、家校之间的互动。三是实现用户信息素养提升。提升学生的信息化学习能力；提升教师的信息化教学能力；提升管理人员的信息化管理能力；提升技术人员的信息化服务能力。四是实现学习方式和教育教学模式创新。促进信息技术与教育教学实践的深度融合，实现信息化教学的常态化与创新发展；支持学校服务与管理流程的优化与再造，提升校园管理效能与决策水平。

2018 年 4 月，全国教育信息化工作会议在重庆璧山召开。这一会议的召开，为我国在新的历史时期、新的发展时代的教育信息化发展指明了发展的目标，提供了发展的新思路。

二、义务教育信息化建设取得的成绩

我国义务教育信息化建设开展以来，在基础设施建设、资源开发和远程教育教学收视点建设等方面不断取得进步。据不完全统计，2001 年全国中小学拥有计算机 367 万台，从 1999 年平均每 121 名学生拥有一台计算机提高到每 51 名学生拥有一台，建成校园网 1.1 万多个。到 2002 年年底全国中小学拥有计算机 584 万台，平均每 35 名学生拥有一台，建成校园网超过 2.6 万个。①

教育部、李嘉诚基金会"西部中小学现代远程教育扶贫项目"，计划在西部国家扶贫开发工作重点县乡镇以下中小学校建设 1 万个卫星教学收视点，2002 年完成一期建设 5 000 个。2002 年 9 月，教育部为西部农村 5 000 所小学配备了教学光盘播放系统，为 5 000 所农村初中配发了成套教学光盘。② 在开设信息技术课程的同时，还积极推进信息技术的应用与学科教学的整合，促进了教学模式的改

---

① 王湛：《认真学习贯彻十六大精神　努力开创基础教育改革和发展的新局面》，载《人民教育》，2003(5)。

② 国家教育发展研究中心：《2003 年中国教育绿皮书——中国教育政策年度分析报告》，11 页，北京，教育科学出版社，2003。

革。中小学教育信息化有了长足的发展。中小学信息技术必修课开课率继续提高；全国中小学拥有计算机数和建有校园网的学校数继续呈快速增长的态势。

2007 年 11 月 26 日，教育部举行新闻发布会，介绍从 2003 年开始，经过 5 年的努力，由教育部、国家发展和改革委员会、财政部共同实施的农村中小学现代远程教育工程建设目标即将全面实现。工程将会覆盖全国农村中小学，一亿多农村中小学师生可以共享优质教育资源。

据教育部网站公布，农村中小学现代远程教育工程取得明显成效，农村学校办学条件有较大改善，生均仪器设备值和建网学校比例增加较快。

到 2007 年年底，工程完成投资共 111 亿元，其中中央专项资金 50 亿元，地方投资 61 亿元，超出计划 11 亿元。共配备教学光盘播放设备 401 028 套，卫星教学收视系统 278 737 套，计算机教室和多媒体设备 44 566 套，覆盖中西部农村教学点 78 080 个，农村小学 250 552 所，农村初中 29 729 所。东部地区以计算机教室和多媒体教室为主，基本覆盖了农村中小学。农村初中学校联网率超过 90%，农村小学联网率超过 80%，其中农村小学以联通中国教育卫星宽带网，接收卫星资源为主。

以小班教学为主的教学光盘资源已经覆盖小学所有年级和学科，为农村初中提供了名师名课、示范课、教学实验、教学素材等教学光盘，教学多媒体资源覆盖初中 9 个学科和小学 8 个学科，共 4 129 个学时。视频资源覆盖初中 11 个学科和小学 7 个学科，有专题教育（安全教育、少先队活动、远离毒品等），科学人生，世纪讲坛和学科实验等资源，共 2 099 小时。教学素材资源 7 692 条。这些资源通过中国教育卫星宽带网传输平台按照教学进度每周向农村中小学免费发送。目前 90% 以上已建成的项目学校接收到资源并在课堂教学中广泛应用。这些资源初步适应了农村教育教学的需要。根据工程管理信息系统提供的数据显示，已有 30％左右的项目学校能够保证每周 20 个学时的设备使用时间，50％左右的项目学校能够保证每周 15 个学时左右的设备使用时间。

2007 年农村地区小学建网学校比例为 8.68％，初中建网学校比例为 32.36％。2007 年农村地区小学每百名学生拥有计算机台数为 3.3 台，初中每百名学生拥有计算机台数为 5.49 台。

遍及全国农村学校的远程教育网络基本形成，大力推广了教学光盘播放点、卫星教学收视点和计算机教室三种模式的现代远程教育，共计约 1 亿多农村中小学学生通过教育信息化接受良好的教育。

在中小学教师队伍建设领域，组织实施了"全国教师教育网络联盟计划"，依靠现代远程教育网络广泛开展教研活动和教师培训，提高教师的教育教学水平。一方面实现了包括教育部所属 6 所师范大学在内的 8 所重点大学联合招生及相关课程资源共享，到 2006 年年底，有 90 万名学生正在接受教师教育学历培训。另一方面建立了教师网联"继续教育网"，形成近 300 个教师学习和资源中心，覆盖了全国 26 个省份，目前注册学习的教师有 41 万，日均点击量超过 100 万人次。很多农村学校通过现代远程设备，与城市共享资源，同上一堂课。通过远程教育，很多农村学校第一次开设了外语课、音乐课、美术课。因此，教育信息化对西部农村教育所产生的影响是显而易见的。

2012 年印发的《教育信息化十年发展规划（2011—2020 年）》，要求到 2020 年基本建成人人可享有优质教育资源的信息化学习环境，基本形成学习型社会的信息化支撑服务体系，基本实现所有地区和各级各类学校宽带网络的全面覆盖，教育管理信息化水平显著提高，信息技术与教育融合发展的水平显著提升。教育信息化整体上接近国际先进水平，对教育改革和发展的支撑与引领作用充分显现。

2016 年教育部印发的《教育信息化"十三五"规划》指出，"十二五"以来，特别是《教育信息化十年发展规划（2011—2020 年）》发布和首次全国教育信息化工作会议召开以来，我国在教育信息化建设方面取得了巨大的成绩，实现了以"三通两平台"为主要标志的网络覆盖，学校网络教学环境大幅改善，全国中小学校互联网接入率已达 87％，多媒体教室普及率达 80％；优质数字教育资源日益丰富，信息化教学日渐普及；全国 6 000 万名师生已通过"网络学习空间"探索网络条件下的新型教学、学习与教研模式；教育资源公共服务平台服务水平日渐提高，资源服务体系已见雏形；教育管理公共服务平台基本建成覆盖全国学生、教职工、中小学校舍等信息的基础数据库，并在应用中取得显著成效；实施全国中小学教师信息技术应用能力提升工程，全国教师、校长和教育行政管理者的信息化意识与能力显著增强。各级各类教育信息化也都取得丰硕成果，基础教育、职业教育、高等教育和继续教育等领域结合各自需求，在扩大资源覆盖面、促进教育公平和提高教育教学质量等方面涌现出一批利用信息技术解决教育改革发展问题的应用典型，教育信息化对教育改革发展的支撑引领作用日益凸显。教育部发布的《中国教育概况——2016 年全国教育事业发展情况》则指出，我国义务教育学校信息化配置水平持续提高，优质资源覆盖面逐步扩大，信息技术和教育教学的深度融合逐步加强。2016 年，全国小学每百名学生拥有教学用计算机台数由上年的 8.5 台增加到 9.5 台，初中由上年的 12.7 台增加到 13.9 台。义务教育学校接入互联网比例较高，城乡差距较小。2016 年，全国小学接入互联网的比例为 92.5％，比上年提高 6.9％，农村为 91.6％，城乡差距由 13％缩小到 6.4％；初中接入互联网的比例为 98.4％，比上年提高 1.1 个百分点。城市和农村初中都在 98％以上，城乡间无明显差距。义务教育学校建立校园网比例继续提高，城乡差距仍然较大。2016 年，小学建立校园网学校比例为

56.1％，初中为 74.6％，分别比上年提高 10.2 个和 4.8 个百分点，农村小学、初中建网学校比例分别为 51.8％和 71.3％，分别比城市学校低 28 个和 15 个百分点。

2018 年 4 月，教育部印发的《教育信息化 2.0 行动计划》指出，没有信息化就没有现代化，教育信息化是教育现代化的基本内涵和显著特征，是"教育现代化 2035"的重点内容和重要标志。主要任务是继续深入推进"三通两平台"，实现三个方面普及应用。"宽带网络校校通"实现提速增智，所有学校全部接入互联网，带宽满足信息化教学需求，无线校园和智能设备应用逐步普及。"优质资源班班通"和"网络学习空间人人通"实现提质增效，在"课堂用、经常用、普遍用"的基础上，形成"校校用平台、班班用资源、人人用空间"。教育资源公共服务平台和教育管理公共服务平台实现融合发展。实现信息化教与学应用覆盖全体教师和全体适龄学生，数字校园建设覆盖各级各类学校。

对我国义务教育信息化发展的整体投入，在试点阶段，以学校筹措资金投入为主；进入普及性发展阶段后，初期发展地区的政府投入明显增加，学校筹措资金投入仍然是一部分发达地区先行发展学校和一部分欠发达地区先行发展学校投入的基本形式；2003 年以后，国家开始实施农村现代远程教育工程，政府的投入从总量上看已经成为我国教育信息化最大的投入渠道。从地区来讲，西部地区中央和地方政府的投入明显增加，中部地区两级政府投入大量增加，但一些地方仍然没能走出投入严重不足的困境。在东部地区个别不发达县市的投入还不能得到有效保证。由于试点期和普及期先行学校的存在，政府在一定时期，或针对某一特定项目给予学校特别的投入，或一部分学校在推进教育信息化中，采用特殊的实验与特别的收费政策挂钩的方法解决投入问题，这些都是我国中小学教育信息化中客观存在的投入渠道。

第四章
义务教育结构调整

"结构",《辞海》中的释义是物质系统内各组成要素之间的相互联系、相互作用的方式。教育结构是指构成教育总体系的各个部分的比例关系及其结合形式,一般指学校教育结构,有纵向结构和横向结构之分。纵向结构是指各级阶段性教育结构,包括各级阶段性教育之间的结构,如学龄前教育、初等教育、中等教育、高等教育等之间的比例与结合形式;各阶段性教育内不同层次之间的结构,如高等教育阶段有专科、本科、研究生,中等教育阶段有初中、高中等。横向结构是指各个教育阶段中不同类型的教育形式,即教育横向系统的类与类之间的比例关系和相互联系。教育结构具有多层次性和多方面性。

基础教育结构是指基础教育系统内部的构成状态或组合方式,包括层次、类别及空间结构等。基础教育结构反映该阶段人才培养的重点、规格、数量比例及区域分布,以及与其他教育阶段的衔接形式和程度。其实质是教育目的和教育事业发展目标在本阶段的具体化,明确回答了"培养什么人"的问题。①

---

① 贾继娥、褚宏启:《教育发展方式转变的三条路径》,载《教育发展研究》,2012(3)。

义务教育结构调整应着眼于学制、年限、投资结构、课程结构、管理结构、公办与民办义务教育、城乡义务教育结构等方面的问题，进行深入的调整与改革。

第一节　义务教育结构调整的政策变迁

义务教育从 17、18 世纪在欧洲国家兴起之后，就成为世界各国竞相推行，旨在提高公民素质的重要政策。我国义务教育的发端可以追溯到 20 世纪初清政府新政时期颁布的《钦定小学堂章程》，其中规定："儿童自六岁起受蒙学四年，十岁入寻常小学修业三年；俟各处学堂一律办齐后，无论何色人等皆应受此七年教育，然后听其任为各项事业。"[①]这应该是我国最早颁布的义务教育政策，但由于这一章程未能实行，故义务教育的政策也未能在我国实施。

1982 年 12 月第五届全国人大第五次会议通过的《中华人民共和国宪法》规定："国家举办各种学校，普及初等义务教育。"这是新中国成立以来首次以法律形式确定在我国普及初等义务教育，开启了我国实施普及义务教育的新征程。

一、1986 年《中华人民共和国义务教育法》对义务教育结构调整的指导

1986 年 4 月 12 日，《中华人民共和国义务教育法》经第六届全国人大第四次会议通过，于当年 7 月 1 日起施行。《中华人民共和国义务教育法》规定："国家实行九年制义务教育。""凡年满六周岁的儿童，不分性别、民族、种族，应当入学接受规定年限的义务教育。"在义务教育管理体制上，《中华人民共和国义务教育法》第八条规定："义务教育事业，在国务院领导下，实行地方负责，分级管理。"义务

---

① 　舒新城：《中国近代教育史资料》中册，400 页，北京，人民教育出版社，1981。

教育事业由地方负责，分级管理是指省、市、县（区）、乡（镇）各级地方人民政府在中央宏观指导下，对具体政策、制度、计划的制定和实施，对学校的领导、管理与检查，以及在责、权上进行具体分工，各司其职。关于义务教育的费用，《中华人民共和国义务教育法》第十条规定：“国家对接受义务教育的学生免收学费。”但对于收取杂费问题，《中华人民共和国义务教育法》中并没有明确做出规定。

从 1986 年颁布的《中华人民共和国义务教育法》的规定中可见，我国义务教育的年限由最初 1982 年的初等教育延长到九年制义务教育，在年限上延长到初中阶段；在义务教育的管理机构上，地方各级政府是义务教育的主要责任者，承担着义务教育的投资与管理责任；在义务教育收费问题上，并没有明确规定义务教育免收杂费的问题。由此，我国在 20 世纪 80 年代开始的义务教育，在实施中就成为乡镇，甚至是村级政府来负担的，收取杂费的义务教育。这一状况在我国义务教育发展中维持了多年，虽然一定程度上改善了我国教育，尤其是义务教育发展的不足，提高了受教育者的素质和水平，但由于其所存在的制度上、法律上、政策上的缺陷，也导致了一些问题。随着我国经济结构、政治结构以及文化结构的调整，教育结构也应不断调整完善，才能适应社会的不断变迁与发展，尤其是作为教育基础部分的义务教育，更应该顺应时代，适应社会的发展，通过不断调整义务教育结构来完善自身的发展。

二、“两基”发展目标的实现要求义务教育结构不断调整

1998 年 8 月，教育部印发了《关于认真做好“两基”验收后巩固提高工作的若干意见》，强调基本普及九年义务教育，基本扫除青壮年文盲（以下简称“两基”）工作虽取得显著成效，但仍然存在着标准低、基础薄弱、指标波动等问题，地区之间发展也不平衡，一些地方出现辍学率有所回升、放松扫除剩余文盲等现象，所以要坚持“两基”为“重中之重”的方针，突出重点，抓好薄弱环节，要以普及程度、

师资队伍建设和进一步改善办学条件为重点，扎扎实实巩固提高"两基"原有评估项目及指标要求；加强领导，优先保证"两基"巩固提高经费投入，要进一步发展和完善以财政拨款为主，其他多种渠道筹措教育经费为辅的教育投入体制。采取减免杂费、书本费，建立健全助学金制度等办法，帮助贫困家庭儿童少年接受义务教育。有条件的地方，可逐步扩大义务教育阶段残疾学生的免费范围。"两基"与"两全"是一个有机整体，推行素质教育最终要落实在全面贯彻教育方针，全面提高教育质量上。在巩固提高阶段，要以全面提高国民素质为宗旨，使实施素质教育初见成效，把"普九"提高到一个新水平。

　　"两基"目标的实现中，农村地区"两基"工作是我国教育工作的重中之重。2004 年发布的《国家西部地区"两基"攻坚计划（2004—2007 年）》指出，到 2002 年年底，"两基"人口覆盖率达到 91%。经过西部地区各级政府的不懈努力，西部教育发展迅速，成效显著，但教育发展的总体水平仍然偏低，发展很不平衡。西部地区人均受教育年限仅有 6.7 年，比全国平均水平低 1.3 年；"两基"人口覆盖率仅 77%，比全国低 14%；15 岁以上文盲、半文盲人口占总人口的比重为 9.02%，比全国高 2.3%。截至 2002 年，西部地区仍有 372个县（市、区）以及新疆生产建设兵团的 38 个团场，共 410 个县级行政单位尚未实现"两基"，涉及 345 万平方千米国土和 8 300 多万人口。西部地区"两基"攻坚已经成为提高整个中华民族素质的当务之急，是必须做好的一项重要工作。为此，2004 年，教育部、财政部联合下发《关于进一步加强农村地区"两基"巩固提高工作的意见》，指出今后 5 年加强农村"两基"巩固提高工作的目标：义务教育的普及程度进一步提高，小学适龄儿童都能按时入学，在校生年辍学率控制在 1% 以下；初中阶段毛入学率达 95% 以上，在校生年辍学率控制在 3% 以下，按时毕业率明显提高，17 周岁人口初级中等教育完成率明显提高；视力、听力和智力残疾儿童少年义务教育阶段入学率分别达到 85％；全面扫除有学习能力的青少年文盲（15～24岁），青壮年文盲率下降到 5％以下，复盲现象得到有效控制，脱盲人员巩固率逐年提高。为切实实现农村"两基"工作的完成，制定了相应的措施：以加强农村初中建设为重点，进一步改善农村中小学办学条件，地方各级人民政府要加大校舍建设和危房改造力度，高度重视学生宿舍和学校公共卫生设施建设，进一步加强初中实验室和图书馆建设；各地要遵循"小学就近入学，初中相对集中"的原则，稳步推进农村学校布局结构调整工作，提高办学规模和效益；进一步巩固完善农村义务教育管理体制，增加义务教育经费投入；加大控制初中辍学的力度，提高义务教育普及程度；加快推进课程改革，进一步提高中小学教育质量；切实加强师资队伍建设；大力推进中小学信息技术教育；切实保障弱势群体接受义务教育权利；进一步提高中小学管理水平，建立和完善中小学生学籍管理制度。

随着我国经济体制和政治体制的改革，教育体制改革也逐步展开。义务教育作为教育结构中最基础的环节，首先开始了办学体制上的调整。由于我国经济发展水平相对较低，教育经费严重不足，因此，针对较为庞大的义务教育经费的需求，我国开始采取以政府投入为主，多渠道筹措教育经费为辅的经费投资体制。由此，在义务教育办学形式上，开始增加多种形式的办学。1998 年发布的《关于义务教育阶段办学体制改革试验工作的若干意见》中指出，各地在党的十五大精神指引下，以《中国教育改革和发展纲要》及其实施意见为依据，进行了"公办民助""民办公助"等不同形式的办学体制改革试验。这对逐步建立以政府办学为主、社会各界共同办学的体制；对合理配置教育资源，吸收社会资金投入教育；对加强基础薄弱学校的建设，增强学校的办学活力；对规范义务教育阶段公办学校的办学行为，治理乱收费，缓解择校的压力等，起到了积极的作用。

但在办学体制改革试验过程中，也出现了一些值得注意的倾向和问题，主要表现在：将好的或比较好的学校转变为"民办公助"，在义务教育阶段高收费；依托办学水平较高的公办学校办"校中校""校中民办班"或"一校两制"；一些试验学校仍在较大范围招生并进行选拔性的文化课考试；一些学校乱收费、乱集资，有的甚至比较严重；各地仍然存在着不少薄弱学校，群众很不满意，也助长了择校行为。这些倾向和问题如不及时引导和规范，将会冲击我国九年义务教育的实施，妨碍素质教育的推进，甚至影响社会的稳定。

三、2006 年修订的《中华人民共和国义务教育法》对义务教育结构的重新调整

2006 年，修订后的《中华人民共和国义务教育法》从义务教育的管理体制、收费、义务教育经费保障结构等方面都进行了法律上的重新确定，是我国新的历史时期的一次义务教育法律政策方面的重大调整。在义务教育收费上，第二条明确了义务教育是国家予以保障的公益性事业，确定了义务教育的性质。国家实行九年义务教育制度；明确指出实施义务教育，不收学费、杂费，国家建立义务教育经费保障机制，保证义务教育制度实施。在义务教育管理体制方面，调整了义务教育的管理体制，规定义务教育实行国务院领导，省、自治区、直辖市人民政府统筹规划实施，县级人民政府为主管理的体制。这就将义务教育的管理权限由过去的"地方分级管理"的模式调整为"省级统筹，县级管理"的新的管理模式。这是我国义务教育管理结构的一次重大调整，意味着我国义务教育开始加大政府责任，将管理权限上升到县级政府层面，同时加强省级政府对于义务教育的统筹管理。在义务教育经费保障方面，修订后的《中华人民共和国义务教育法》中指出，国务院和地方各级人民政府将义务教育经费纳入财政预算，按照教职工编制标准、工资标准和学校建设标准、学生人均公用经费标准等，及时足额拨付义务教育经费，确保学校的正常运转和校舍安全，确保教职工工资按照规定发放。义务教育经费投入实行国务院和地方各级人民政府根据职责共同负担，省、自治区、直辖市人民政府负责统筹落实的体制。农村义务教育所需经费，由各级人民政府根据国务院的规定分项目、按比例分担。在经费、教育资源、师资等方面加强省级统筹管理，进一步理顺政府在义务教育办学方面的责任，只有这样才能更好地促进义务教育的发展。

四、"均衡发展"成为义务教育结构调整的指导思想

在 20 世纪末我国基本完成了"两基"目标，保障了适龄儿童和少年接受义务教育的基本权利。但由于我国仍处于社会主义初级阶段，各地经济社会发展不平衡，城乡二元结构矛盾突出，城乡之间、地区之间、学校之间的教育质量和水平差距依然存在，在一些地方和有些方面还有扩大的趋势，这成为义务教育发展中需要高度关注的问题。2005 年教育部印发的《关于进一步推进义务教育均衡发展的若干意见》指出，应该将义务教育均衡发展放在重要的位置，采取积极措施，逐步缩小学校办学条件的差距；统筹教师资源，加强农村学校和城镇薄弱学校师资队伍建设；建立有效机制，努力提高每一所学校的教育教学质量；落实各项政策，切实保障弱势群体学生接受义务教育；建立监测评估体系，切实推进义务教育均衡发展。根据义务教育均衡发展思想的指导，要在义务教育办学结构方面，加大对薄弱学校的支持，通过加大义务教育经费投入，对薄弱学校进行改建、扩建和新建；要调整教育经费支出结构，重点支持农村地区、贫困地区、少数民族地区的义务教育发展，加大对经济困难地区的教育专项转移支付，督促辖区内中小学生均公用经费基本标准和预算内生均公用经费拨款标准的落实。

2010 年教育部发布的《关于贯彻落实科学发展观进一步推进义务教育均衡发展的意见》指出，我国义务教育已经全面普及，进入了巩

固普及成果、着力提高质量、促进内涵发展的新阶段，要将推进均衡发展作为义务教育改革与发展的重要任务。实现均衡发展要求以提高教育质量、促进内涵发展为重点。这一政策再次确认了"均衡发展"在义务教育发展和改革中的方向性地位。在义务教育教师结构、教育资源配置结构、城乡教育结构、义务教育学校管理结构等方面的调整上，都应坚持以"均衡发展"为指导，以促进城乡之间、区域之间、校际之间均衡发展为标准来进行结构上的调整与完善，尽早实现义务教育的均衡发展。

《国家中长期教育改革和发展规划纲要（2010—2020 年）》将巩固提高九年制义务教育水平，推进义务教育均衡发展和减轻中小学生课业负担作为我国近十年来义务教育发展的重要目标。在推进义务教育均衡发展方面，要求切实缩小校际差距，着力解决择校问题，加快薄弱学校改造，着力提高师资水平；实行县（区）域内教师、校长交流制度；实行优质普通高中和优质中等职业学校招生名额合理分配到区域内初中的办法；义务教育阶段不得设置重点学校和重点班；在保障适龄儿童少年就近进入公办学校的前提下，发展民办教育，提供选择机会。加快缩小城乡差距，建立城乡一体化义务教育发展机制，在财政拨款、学校建设、教师配置等方面向农村倾斜。率先在县（区）域内实现城乡均衡发展，逐步在更大范围内推进。努力缩小区域差距，加大对革命老区、民族地区、边疆地区、贫困地区义务教育的转移支付力度，鼓励发达地区支援欠发达地区。这些均衡目标的实现要求在义务教育投资结构、师资配置结构等方面都要向薄弱学校、农村学校倾斜，加大对农村教育的倾斜力度，努力缩小区域之间、城乡之间、校际之间的差距。

2012 年国务院发布的《关于深入推进义务教育均衡发展的意见》提出，在新时期推进义务教育均衡发展的基本目标是：每一所学校符合国家办学标准，办学经费得到保障。教育资源满足学校教育教学需要，开齐国家规定课程。教师配置更加合理，提高教师整体素质。学校班额符合国家规定标准，消除"大班额"现象。率先在县域内实现义务教育基本均衡发展，县域内学校之间差距明显缩小。到 2015 年，全国义务教育巩固率达到 93％，实现基本均衡的县（市、区）比例达到 65％；到 2020 年，全国义务教育巩固率达到 95％，实现基本均衡的县（市、区）比例达到 95％。为实现这一目标，要求推动优质教育资源共享，进行义务教育办学结构的调整，鼓励建立学校联盟，探索集团化办学，提倡对口帮扶，实施学区化管理，整体提升学校办学水平。均衡配置办学资源，进行义务教育投资结构的调整，中央财政加大对中西部地区的义务教育投入，省级政府要加强统筹，加大对农村地区、贫困地区以及薄弱环节和重点领域的支持力度。合理配置教师资源，进行教师结构调整，各地逐步实行城乡统一的中小学编制标准，并对村小学和教学点予以倾斜。合理配置各学科教师，配齐体育、音乐、美术等课程教师。重点为民族地区、边疆地区、贫困地区和革命老区培养和补充紧缺教师；实行教师资格证有效期制度，加强教师培训，提升教师师德修养和业务能力。保障特殊群体平等接受义务教育；切实减轻学生过重课业负担，全面提高义务教育质量。加强和改进学校管理，进行义务教育学校管理结构调整，规范招生办法，规范财务管理，规范收费行为。加强组织领导和督导评估，进行评估结构的调整，省级政府要根据国家制定的县域义务教育均衡发展督导评估办法，结合本地实际，制定本省（区、市）具体实施办法和评估标准。

2016 年全国教育工作会议明确提出，要牢固树立、全面贯彻五大发展理念，实实在在地把提高质量作为新时期我国教育工作的主题，并将优化教育结构作为提高教育质量的主攻方向。教育结构问题已经成为困扰我国教育向更高层次发展的深层问题，站在"十三五"的开局之年，以协调发展优化教育结构，解决教育发展的不平衡问题是直面痛点主动出击的务实担当之举。教育结构不合理不是一个新问题，以往我国往往通过外延式增长来获得快速发展，但也使得内涵建设层面的一些问题被忽略，尤其是教育结构的问题。教育结构存在的问题包括：人才培养结构问题、城乡教育结构问题、公办民办学校教育问题、普教职教结构问题等。

2017 年教育部印发的《县域义务教育优质均衡发展督导评估办法》，要求建立县域义务教育优质均衡发展督导评估制度，开展义务教育优质均衡发展县（市、区）督导评估认定工作。通过制定优质均衡发展的评估标准来对义务教育发展状况进行评估，促进义务教育从"基本均衡"走向"优质均衡"。

第二节　义务教育学制改革

1985 年 5 月，中共中央颁布的《中共中央关于教育体制改革的决定》明确规定我国实行九年制义务教育。但在义务教育学制的形式上没有明确的规定，这就使得我国当时处于多种义务教育学制并存的状态，包括五四学制的义务教育、六三学制的义务教育和九年一贯制的义务教育等。

一、恢复"六三"学制

学制是一个国家关于各级各类学校性质、任务、入学条件、学习年限，以及它们之间关系的制度。我国 1922 年公布的"六三三"学制（又称"新学制"），迄今已经 90 多年了。90 多年来，这个学制在我国首创的小学六年，初级中学和高级中学各三年的分段形式，除了在十年动乱时期遭到抛弃外，多数时间一直被我国大部分地区沿用。

中小学实行"六三三"学制起源于美国。19 世纪下半叶，美国大工业开始勃兴，资本主义迅猛发展，急需普及和提高近代科学技术，大量训练各种专业人员，而财力的充足，人民生活水平的提高，对教育的要求也随之增高。正是在这种背景下出现了改革学制的浪潮。"六三三"学制正是在这个大背景下，经过不断的完善应运而生的。"六三三"学制传入我国是在 20 世纪 20 年代。当时留美归国学生开始在国内介绍美国的新学制，在我国教育界产生了相当大的影响。美国著名教育家杜威、孟禄来中国讲学，更是使国内掀起了一股改革教育、改革学制的浪潮。1921 年 10 月，全国教育会联合会在广州召开第七届会议，讨论学校系统问题，并初步提出仿效美国的"六三三"学制方案。1922 年 9 月，教育部召开"学制会议"，讨论学制改革问题。12 月，全国教育会联合会在济南召开第八届会议，对学制系统进行附议。最后，大会讨论通过，并以政府名义颁布《学制系统改革案》。这样，就在我国正式确立了"六三三"学制，并一直沿用到中华人民共和国成立后。

新中国成立以后，开始对教育制度包括学制进行一系列建设和改革。1951 年 10 月，政务院发布了《关于改革学制的决定》，这是人民政府正式厘定的新中国的第一个学制。该学制继承了"民国新学制"的基本框架，如保留了大中小学和职业学校等基本的学校类型和小学、中学、大学等基本的教育层次及中学三三分段等。与此同时，也对"民国新学制"进行了一些改革。义务教育方面，小学实行五年一贯制，并将入学年龄提高为 7 岁，中学不变，实行三三分段制。1957 年 3 月，高等教育部、教育部邀请国内专家及部分教师进行关于学制改革的座谈会，此次座谈会加快了新一轮的学制改革的步伐。1958 年 9 月中共中央、国务院发布的《关于教育工作的指示》进一步推动了当时的学制改革，其中指出："现行的学制是需要积极地和妥当地加以改革的，各省、市、自治区的党委和政府有权对新的学制积极进行典型试验，并报告中央教育部。经过典型试验取得充分的经验以后，应当规定全国的新学制。"在这一文件精神的指导下和当时"大跃进"形势的推动下，从 1958 年下半年开始，全国各地进行了大规模的缩短学制的改革试验。主要的试验有：小学五年一贯制，中学五年一贯制，中小学七年一贯制、九年一贯制、十年一贯制、九二制，中学四年制、四二制、三二制、二二制等。在上述背景下，学制改革陷入混乱，严重影响了学校的教学质量。为控制各地学制改革试验中出现的混乱局面，中共中央、国务院在 1959 年 5 月发布《关于试验改革学制的规定》，对学制改革做了一些限制。1961 年，教育部召开普通教育学制试点学校座谈会，明确要求："当前只试验十年制，程度要求相当于现行十二年的水平，试验面积不宜过大，试验成熟了再推广，农村学校可不搞试验。"自此以后，各地迅速缩小了学制试验规模。这段时期的教育试验，表明中央政府十分重视学制的改革，并且重视对学制改革中出现的问题进行研究讨论。

　　不幸的是，正当国家研究学制改革如何才能适应新中国的建设时，却爆发了"文化大革命"，不仅在经济、政治、文化等方面对新中国造成了不可估量的损失，在教育界更是引起了混乱，对中国的人才建设造成了很大的冲击。"文化大革命"时期，我国教育受到极左思想的严重影响。在学制改革方面，其重要特点就是缩短修业年限，降低质量要求。据统计，到 1973 年 9 月，全国有 14 个省、自治区实行中小学 9 年制，即小学 5 年，初中 2 年，高中 2 年；7 个省、市、自治区实行中小学 10 年制，即小学 5 年，初中 3 年，高中 2 年或小学 6 年，中学 4 年；9 个省、自治区农村学校实行 9 年制，城市学校实行 10 年制；西藏自治区实行小学 5 年制和 6 年制并存，初中实行 3 年制。[①] 这就是说，当时中小学学制基本上是 9 年制和 10 年制两种，比"文化大革命"前缩短了 2 至 3 年。"文化大革命"时期各地在学制改革方面有一定的自主权，使得全国多种学制并存，但总的趋势是缩短各级各类学校修业年限。给各地改革学制的自主

---

　　① 金铁宽等：《中华人民共和国教育大事记》，936 页，济南，山东教育出版社，1995。

权和缩短修业年限的努力都是值得肯定的，但"文化大革命"时期修业年限的缩短是以招生条件、教学要求、教育质量的降低为代价的，因此可以说这一时期的改革是失败的。

粉碎"四人帮"后，我国开展了教育领域中的"拨乱反正"工作。在学制改革方面，否定了"文化大革命"时期的学制改革，特别是延长了各级各类学校的修业年限。

1978 年教育部颁布了"文化大革命"结束后第一个全国统一的全日制中小学教学计划，规定小学学制为 5 年，中学学制也是 5 年（三二分段），共 10 年。1980 年 12 月颁布的《关于普及小学教育若干问题的决定》指出："中小学学制准备逐步改为十二年制。今后一段时间，小学学制可以五年制与六年制并存，城市小学可以先试行六年制，农村小学学制暂时不动。"1981 年 4 月发布的《教育部颁发〈全日制六年制重点中学教学计划（试行草案）〉、〈全日制五年制中学教学计划（试行草案）的修订意见〉的通知》中指出，中学学制定为 6 年，争取在 1985 年前多数地区把中学学制改为 6 年。自此，许多地方从 1981 年起实行中小学 12 年制。如上海市于 1981 年规定，全市小学不分市区、郊县，一律为 6 年制，初、高中一律分别为 3 年制，全面恢复了中小学 12 年制。虽然这一时期也有不少地方仍实行小学 5 年制，但是总体来说，我国大部分地区恢复了"六三三"制，小学加中学共计 12 年，并一直沿用至现在。

学校教育制度是由政治、经济决定的。"六三三"学制并非历史发展的偶然产物，恢复"六三三"学制也不是一件偶然的事件。

首先，中国的"六三三"学制产生的整个过程清楚地表明它经过长期酝酿、广泛讨论，在一定程度上集中了教育界的智慧。如果从 1915 年湖南省教育会提出改革学制系统案算起，到 1922 年正式颁布，历时整整 7 年。一个学制的制定，经历这样长的时间，在全国范围内反复讨论，清末以来还是第一次。它对于外国学制的经验，并未"舍己从人，轻于吸收"，而是持分析的态度。

其次，"六三三"学制的设立符合我国儿童身心发展的规律。生理学、心理学研究的成果表明，我国儿童的年龄分期大致包括：童年期，又称学龄初期，从六七岁至十一二岁；少年期，又称学龄中期，从十一二岁至十四五岁；青年初期，又称学龄晚期，从十四五岁至十七八岁。"六三三"学制把中、小学教育分成三段，小学 6 年，6 岁到 12 岁；初中 3 年，12 岁到 15 岁；高中 3 年，15 岁到 18 岁，分别相当于儿童年龄分期的学龄初期、中期和晚期。所以应该说"六三三"学制是大致符合我国学龄儿童身心发展的，这也是"六三三"的分段形式之所以在我国长期沿用的一个重要原因。

最后，"六三三"学制的中学阶段的分段最适合我国国情。"六三三"学制产生之前的中学一般都是 4 年，"文化大革命"以前及"文化大革命"期间的多次学制试验中中学的设置一般也是 4 年至 5 年。随之而来的问题就是中学毕业生受教育程度太低。中学教育作为一个特定的教育阶段，起着承上启下的作用，有它自己的任务。仅用 4 年时间来完成中学教育任务，实在不够。学生在 4 年或 5 年所学的知识和技能，既不能为升学做准备，也不能为就业提供必要的条件。这种年限自然不能适应改革开放后我国经济飞速发展对于各方面人才的需求。"六三三"学制将中学提高至 6 年，一方面可以延长中学的教学时间，满足学生升学和就业的需要；另一方面，"六三三"学制将中学分为初中 3 年和高中 3 年，具有一定的灵活性。各地可以根据自己的情况设立初中或者高中，或者初中高中一同设立，同时也可以使学生做好升学和就业的两手准备。这种学制迅速适应了改革开放后中国发展的需求。因此，可以说"六三三"学制的产生是一种进步，它不仅符合教育规律，也符合我国的基本国情。

二、试行"五四"学制

恢复"六三"学制后，虽然主流学制仍以"六三"为主，但仍有一些地方从中小学整体来考虑，认为小学学制不必延长，仍然保持五年制，初中学制应从三年延长为四年。他们认为从中小学的课程安排、教学质量和学生身心发展的实际情况来看，主要矛盾集中在初中阶段：课程门类多，课业负担重；学生分化严重；学生正处于少年期和青年初期，生理和心理方面变化较大，但还不够成熟和稳定，需要特别予以关注和指导；农村大量初中毕业生不能升入高一级学校学习，需要在校时就对他们进行必要的从事生产劳动方面的准备教育。鉴于这种情况，为了尽快确定中小学的基本学制，国家教委会同有关省份进行了小学和初中阶段的"六三"学制与"五四"学制的比较实验。

"五四"学制在我国部分地区的中小学实施始于 20 世纪 80 年代。从 1980 年开始，辽宁彰武四合城中学就决定将原设的三年制初中改为四年制，并在课程、教材等方面进行了实验。1981 年，曾任北京师范大学常务副校长的肖敬若发起成立"学制研究小组"，明确提出中小学实行"五四"制的设想，并联合北京师范大学附属中小学等单位开展"五四"制改革实验。此外，全国其他地方也相继自主开展这方面的实验。1987 年国家教委召开了全国学制改革经验交流会，山东、辽宁、吉林、北京等地的"五四"学制实验表明："五四"学制在培养学生全面发展、大面积提高教育质量上有明显的优越性。此后，国家教委部署进一步扩大区域性的"五四"制实验，开始在部分地区试行"五四"学制。代表性学校如北京景山学校、上海建青实验学校、杭州市安吉路实验学校等。各地经验表明，试行"五四"学制后，初中四年制可比初中三年制增加 900 多学时。这样，各年级可以减少并开科目，减少周学时，增加劳动技术课和音乐、体育、美术等科目的学时，增加课外由学生自由支配的时间；学生学习语文、数学、外语等科可以更扎实，学习历史、地理、生物等科可以更完整，有些学科还可以分散难点，减少学生学习上的两极分化。总之，"五四"学制有利于全面提高学生的素质。许多地方的农村改为四年制初中后，走普通教育与职业技术教育相结合的路子。以辽宁省农村实验中学为例，该校于1981年8月实施四年制初中，初中四年比原来初中三年增加了1000多学时。学校把增加的学时用于以下几个方面：一是保证学好文化课，打好语文、数学、物理、化学、生物等学科的基础。给语文、数学增加了68学时。把物理、化学、生物等科分散开设，使难点分散、课业负担减轻，学生学得扎实。二是紧密结合农村生产、生活实际，改革文化课教学内容。在政治课内增加农村经济政策、生产责任制和生产经营管理等内容；在语文课中增加农村常用字、农村应用文；在数学课中增加了土壤成分简易测定；在地理课中增加了乡土地理、乡土资源；在历史课中增加了家乡史等内容。三是把职业技术课正式纳入教学计划，为学生将来从事农村经济建设打好基础。该校用总课时15％的时间进行职业技术教育，学习农业生产的基本知识和先进技术。学校建立了农村标本园、农业实验园、林业苗圃、果园、温室等实习基地。四是开展各种课外活动，发展学生特长。该校学制改革成果显著，不仅为上级学校输出了合格新生，还为当地农村的经济建设和社会发展培养了大批适用人才。据该校对六届四年制初中470名毕业生的调查，有188名升入高一级学校，升学率为40％，在全县名列前茅。[①]

"五四"制的倡导者和支持者认为，实行这个学制具有一定的合理性。

首先，"五四"学制的倡导者认为，缩短小学修业年限，延长初中修业年限，是近几十年来的国际趋势。欧洲一些经济发达国家，小学学制一般都比较短，四年或者五年，中学学制一般都比较长，

---

① 全国教育科学规划领导小组办公室：《教育科研的理论与实践》，101～117页，北京，教育科学出版社，1992。

亚洲的日本也有此倾向。① 他们认为中国的教育也应该向发达国家看齐，借鉴发达国家的成功经验。

其次，"五四"学制倡导者认为此学制符合青少年的成长规律和教育规律，并有"试验"为依据。他们认为随着人民生活水平的逐步提高，儿童的身心发展已经不同于以往，儿童在成长到十一岁左右时，在身心两方面都进入一个急速成长的时期，但"六三"学制却将这些孩子置于小学五六年级进行教育，不利于孩子的智力成长。② 中学阶段人的生理处于青春发育期，是青少年心理发展的特殊时期。实行"五四"学制就有可能对这一时期的青少年给予较好的教育和培养，以及对他们身心发展各方面给予更多的关注，避免或缓解由于三年制初中过分紧张给学生造成的学业、思想、心理上的一系列问题。

再次，"五四"学制有利于提高义务教育的质量。倡导者认为小学五年足以完成小学的任务量，拿出一年的时间把初中改为四年，可以使语文、数学、外语三门基础课的内容更充实一些，学生学习的时间更多一点，同时也可以使物理、化学、生物、历史、地理等知识相对完整一些，生产劳动知识教育时间更充裕一些，音乐、美术等课程也容易普及，课外由学生自己支配的时间更多一些。总体来说，有利于提高义务教育的质量，有利于素质教育的推广。

最后，"五四"学制的倡导者根据辽宁等省份推行此学制实验的学校的经验认为，"五四"学制有利于加强劳动技术教育，能有效地为农村经济发展和学生就业服务。他们认为实行初中四年制，农村学生不仅能学到比较完整的文化基础知识，而且能学到一些生产劳

---

① 北京师范大学学制研究组：《对改革中小学学制的建议》，载《人民日报》，1984-10-28。

② 北京师范大学学制研究组：《对改革中小学学制的建议》，载《人民日报》，1984-10-28。

动技术，培养学农、爱农、务农的思想，使初中毕业生既有升学的要求，又能在生产劳动中更好地发挥作用。

　　20 世纪 80 年代开展义务教育以来，"五四"学制就是我国义务教育学制中的一种类型。但随着政府对"六三"学制的推行，"五四"学制开始在全国范围逐渐减少。但近年来，越来越多的人认为，小学六年学制过长，不仅消耗了小学生大量的成长时间和精力，在课程内容的范围与难度上也没有太大的提高，而初中由于课程内容加深加量，三年的时间相对于大量的学习内容明显不足，所以有些地区开始重新改"六三"学制为"五四"学制。2005 年，北京市义务教育"五四"学制开始试点，2010 年前后，安徽合肥、河南濮阳、浙江宁波和温州等地积极试点"五四"学制，山东青岛、烟台、淄博、莱芜、济宁、新泰、东平等地全部采用了"五四"学制。北京景山学校创办于1960 年，是一所专门进行城市中小学教育改革试验的学校。从建校起，学制改革就是该校教育改革试验的一项重要内容。1984 年该校把"六三"制改为"五四"制，其小学语文及数学教材被教育部批准为实验教材，在全国很多学校推广使用。北京景山学校进行了多年学制改革试验，取得了丰硕成果。"小学 5 年完全可以完成教学阶段的任务，初中阶段 4 年有利于减轻过重的课业负担"，曾任该校校长的范禄燕认为，"五四"学制是义务教育阶段一种比较好的学制。①2015 年上海市教委发布了《关于本市义务教育阶段实行五四学制的通知》，要求各区县教育行政部门和各义务教育阶段学校要按照义务教育阶段实行五四学制，规划和建设学校校舍；配置教学设施设备和场地；配齐配足教师队伍。学籍管理按五四学制实施，小学生修完五年级，学科考试成绩合格发给小学毕业证书；初中生修完九年级，学科考试成绩合格发给初中毕业证书。

––––––––––––––

　　①　董洪亮、董雅婷：《哪种学制，更有利于孩子成长》，载《人民日报》，2011-08-12。

对于新时期出现的义务教育学制由"六三"学制向"五四"学制的转变，教育专家以及家长们的观点各不相同。李家永分析，从"五四"学制试验的选点来看，大部分是经济文化水平在中等程度以上的地区。在经济比较落后的地区，还有相当数量的没有受过正规培训的民办教师和代课教师，在这样的师资条件下，小学五年不一定能合格地学完原来六年的内容。另外，在一些少数民族地区，学校为双语教学，用六年时间完成规定的教学任务已经很困难，再缩短一年必然会导致教育质量的下降。选择"六三"学制不必增加校舍、师资等即可实现，同时也不会导致过多的家庭教育支出，可以防止辍学率、流失率上升。

杭州市安吉路实验学校在实行多年的"五四"学制后，校长骆玲芳的看法异曲同工："教育不能跟风。我们必须根据实际情况办教育。要想改变学制，一定要做好师资、经费、设备等方面办学条件的准备工作。随意改变学制是违背教育规律的，毕竟孩子的认知水平是随年龄增长而增长的，提前学习，只会让学习困难生增加。"①

许多老师都支持"六三"学制，其中一个原因是现有教材编制得较难、较深，按照五年的小学授课时间老师根本讲不完，因此学校出现了不停地加课的情况，学生吃不消，老师也直喊累。②

"五四"学制难以大面积推行的原因，主要是各地发展不均衡，尤其是一些经济比较落后的地区，还存在相当数量的民办教师和代课老师，小学五年难以完成六年的教学任务，而且在一些偏远地区，小学教育是大部分孩子所能享受到的全部教育，如果再缩短一年，对他们的发展很不利，故"五四"学制很难在这些地区推广。此外，初中的教学配套设备相对于小学来说，需要的经费多一点，如校舍、实验器材、体育器材等要比小学花费的多得多，如果突然把初中三

---

① 董洪亮、董雅婷：《哪种学制，更有利于孩子成长》，载《人民日报》，2011-08-12。
② 董洪亮、董雅婷：《哪种学制，更有利于孩子成长》，载《人民日报》，2011-08-12。

年变为四年，对许多地区来说等于突然增加了一笔费用，实施起来有一定的难度。更重要的是，"五四"学制是否能提高教学质量，值得商榷。

三、试行义务教育"九年一贯制"

九年一贯制是贯穿小学与初中教育的一种办学模式，在新时期体现了义务教育一体化办学的理念，也是近年来为实现义务教育均衡发展、统筹教育资源、调整教育结构、减缓择校升学压力而采取的一项重要改革措施。

(一)历史沿革与意义

九年一贯制学校并不是新事物，民国时期的许多学校都曾实施中小学九年一贯制。20 世纪 70 年代，全国各地也存在小学与初中一体的学校，它是在一个完全小学里附带初中，初中成为小学的附属。

为在义务教育阶段统筹教育资源、调整教育结构，我国从 20 世纪 80 年代起先后在上海、北京等发达地区进行了关于"九三"学制的有益探索，为其他地区创办小学和初中九年一贯制学校提供了宝贵经验。20 世纪 80 年代，国家实行九年制义务教育后，九年一贯制学校的发展被提上议程。从 20 世纪 90 年代起逐步鼓励有条件的地方政府建设九年一贯制学校，推行"九三"学制。国家教委、国家计委、财政部、国务院纠正行业不正之风办公室《关于 1996 年在全国开展治理中小学乱收费工作的实施意见》强调："时机成熟时，还可在大中城市积极推行九年一贯制(特别是新建校，尽可能建成九年一贯制学校)，既可在同一所学校实行九年一贯制，也可以异校之间由相对就近的小学和初中挂钩实施九年一贯制，以减少升学和择校的竞争。"时任国家教委副主任柳斌也指出："九年义务教育的学制，最好的当然是九年一贯制了。"此后，九年一贯制学校在各省份陆续出现。

进入 21 世纪，为不断提高义务教育整体水平和质量，为学生全面发展和终身发展奠定基础，推进素质教育，2001 年，我国新一轮的基础教育课程改革启动，国务院颁布的《关于基础教育改革与发展的决定》中指出，要"规范义务教育学制"，"国家将整体设置九年义务教育课程……有条件的地方，可以实行九年一贯制"。九年一贯制的课程改革要求在学校办学形式上贯彻这——贯的办学形式，因此，新的课程改革应该说是九年一贯制学制构建的核心依据。此后，国家及地方的教育发展规划都鼓励建设九年一贯制学校，促进义务教育的均衡发展。2002 年 8 月教育部印发《基础教育工作分类推进与评估指导意见》，要求"2005 年前，现在义务教育阶段仍实行'五三'学制的地区基本完成向'六三'学制或九年学制过渡，逐步推进九年一贯制，带动中小学建设的整体和均衡发展。"全国各地开展了小学初中一体的九年一贯制的实验，如北京、浙江、辽宁、山东等地区就出现了一大批小学初中九年一贯制的学校。

2012 年国务院发布的《关于深入推进义务教育均衡发展的意见》中指出："支持初中与高中分设办学，推进九年一贯制学校建设。"2013 年党的十八届三中全会通过的《中共中央关于全面深化改革若干重大问题的决定》要求："义务教育免试就近入学，试行学区制和九年一贯对口招生。"这两项政策的出台进一步明确了九年一贯制办学形式在深入推进义务教育均衡发展中的战略地位。九年一贯制学校的建设正成为我国义务教育制度改革的重要内容。

2014 年，教育部部长袁贵仁在全国教育工作会议上指出，为贯彻十八届三中全会精神，深化教育领域综合改革，试行学区制和九年一贯对口招生制度改革。此后，九年一贯对口招生逐渐成为各地区义务教育学制改革的重点。如北京市教委于 2014 年 4 月发布《义务教育阶段入学工作意见》，强调要将九年一贯制对口招生、保持政策的连续性和稳定性作为北京市基础教育改革的重点，九年一贯制学校"扩军"正成为北京各区县教育变化的新特点。

何谓九年一贯制？目前，学者们对其概念的界定主要集中于以下三种观点。

第一，学制说。学制是一个国家各级各类学校系统，它规定各级各类学校的性质、任务、入学条件、学习年限以及它们之间的纵向和横向的关系。大多数学者认为九年一贯制是根据国家《义务教育法》有关实施九年义务教育年限的规定组建起来的、贯穿小学与初中教育的一种学制。[①] 通过不同学制改革将初中及小学阶段分成"五四"制或"六三"制，以完成义务教育的任务，提高教育质量。

第二，模式说。模式是指兴办和管理学校的体制机制的特定样式，它是由办学资源的特殊属性及特殊组织结构形式所决定的。部分学者认为九年一贯制是指小学、初中联体办学，使九年义务教育成为一个连续、系统、整体的办学模式。[②] 如项志康在《"九年一贯、联体办学"的实践与思考》中提到了九年一贯制学校的办学模式有以下三种：自然联体、紧密型联体和松散型联体的办学模式。

第三，综合说。认为九年一贯制学校是建立在九年义务教育一贯制学制基础之上的办学模式。九年一贯制学校是指学校的小学部和初中部实行一体化教育，学生小学毕业后直升本校初中，"小升初"原则上不许择校流动，以保持学生教育的连贯性。[③]

虽然说九年一贯制学校的办学模式各异，但是，九年一贯制学校创建的初衷是缓解择校压力，并最终提高教育质量与办学效益。办学模式的不同只是形式的不同，但都是为提高学校的教育质量和办学效益服务的。[④]

也有学者认为，九年一贯制学校的核心应该是实现素质教育的

---

① 张大友：《论"九年一贯制"的优势与弊端》，载《科教资讯》，2007(29)。

② 艾春梅、任一明：《九年一贯制学校英语教学衔接研究的意义》，载《现代教育科学·普教研究》，2010(2)。

③ 张景华：《九年一贯制能否破解"小升初"困局？》，载《光明日报》，2014-04-25。

④ 王晓峰：《九年一贯制学校教育管理实践探究》，硕士学位论文，河北大学，2013。

一贯制，一贯制的办学体制、管理模式、学制及课程设置、教育教学实施策略等，都是为实现这个目标而采取的相应措施与手段。①

九年一贯制，是义务教育阶段中小学教育的有机衔接与融合，学者们普遍肯定了九年一贯制在缓解择校压力、整合和优化教育教学资源、促进义务教育均衡化发展、实现教育公平方面的作用。其中，王承清、程双涛、程墩明的关于九年义务制优越性的观点很具有代表性：具有整合各项资源的优势，增强潜力，放大效益；具有磨合学段衔接的优势，自然过渡，有效衔接；具有保证均衡发展的优势，降低择校，优化教改。②

杜永强和沈海训强调了九年一贯制对于课程与教学内容的衔接、教师的专业发展、学生身心发展的整体性与持续性以及独特个性的发展的促进作用。③

宋世云、张纪元则将九年一贯制的优势具体阐释为：全程管理，促进了管理队伍和教师队伍的专业化发展；包括一体化课程、衔接课程、横向融通课程在内的内容丰富的课程体系，满足学生多元发展的需要；信息资源的有效整合，拓展了教师思维，提高了工作效率。④

综合学者们的观点，实施九年一贯制的意义主要体现在以下几个方面。

第一，整合教育资源，促进义务教育均衡化发展。加快九年一贯制学校建设是缩小差距、实现教育公平的重要手段。九年一贯制可以确定不同区域义务教育发展目标、重点、规模和速度，制定出

① 晃宁：《充分体现素质教育的一贯制》，载《时代教育》，2007(15)。

② 王承清、程双涛、程墩明：《新建九年一贯制学校发展的优势、困境与出路》，载《文教资料》，2015(9)。

③ 杜永强、沈海训：《九年一贯制学校运行状况及其策略研究》，载《文教资料》，2012(2)。

④ 宋世云、张纪元：《九年一贯制办学模式探究》，载《中小学校长》，2015(6)。

既有利于全局发展，又有利于各学段相互协调、相互促进的政策，逐步缩小各校之间的差距。不仅在财力物力的合理利用、师资力量的调配及教育教学内容的统一安排、学生素质的培养提高方面具有优势，为促进教育均衡化发展提供切实有效途径；还可以在教育经费有限的情况下，集中资金投入，添置教学设施，提高学校办学层次，使经费得到更加充分的利用，提高教学资源利用率。这将是我国在当前及未来较长一段时间内推行义务教育均衡发展战略的必然抉择。

第二，优化管理体系，纵向畅通、横向协调，提高管理效能。九年一贯制有利于共性工作统一管理，整体规划步调一致。九年一贯制的管理模式在管理策略上看，将九年一贯制的中小学通过一定方式融合，能够对工作目标及学生学习成果提出统一要求，在小中衔接学生生理和心理的相关问题上，会更注重整体化解决途径，在教育教学方式、目标及内容上更注重知识的衔接，教学形式、教学目标一体化。通过整体规划、提前渗透，探寻适合学生发展的道路。

第三，九年一贯制小中衔接有利于师资力量合理调配，促进教师队伍素质的提高。九年义务教育的衔接不畅一直是棘手问题，中小学独立建制，教师在教育方式、教育内容和方法上互不沟通，都不熟悉。原来小学与初中分离，在教育资源的利用上，既浪费又欠缺。实行九年一贯制后，可以将人力、物力统筹安排，合理利用，使教育资源发挥出最大效能。在师资配备上，九年一贯制可以综合调配，让七年级老师到小学六年级任教，在六年级一个学段渗透中学的教育方式。在教育观念上，教师由应试升学向促进学生综合发展转变。在教学内容上，教师要转换教学方法，做合作学习的组织者、参与者和引导者，由知识传授转变为学生自主探究，努力营造民主平等的学习氛围。实现小学、初中在教学管理上的一体化，为解决小中衔接问题开辟道路。

　　第四，小中衔接使办学特色有总体规划，特长培养具有连贯性。为促进学生综合发展，各学校的校本课程开设越来越注重学生综合能力的培养，特长成为教育的关注焦点之一。很多学生从小开始学习特长课程，由于目前中小学各自为政，相互独立，导致学生在小学所学的特长到了中学没有得到应有的衔接，不得不将小学六年所学完全丢弃，而九年一贯制办学的优势就体现在特长培养可以以九年为基础统一规划，根据学生年龄特点制定统一培养计划，让学生在九年内对于特长掌握达到一定程度，实现素质教育。

　　(二)九年一贯制学校的构成与模式

　　目前，九年一贯制学校已成为我国义务教育学制的一个重要类型。九年一贯制学校的组建有完全新建校、小学与初中合并、名校办分校等。具体来讲，有品牌初中联合普通小学、优质品牌小学上延增设初中、距离相对集中的(或者招生有一定困难的)中小学合并等多种形式。据教育部统计数据，到 2014 年，我国九年一贯制学校总数达到 14 639 所，占普通小学(含小学、九年一贯制学校、十二年一贯制学校)总数的 6.7%，占初中(含初级中学、完全中学、职业初中、九年一贯制学校、十二年一贯制学校)总数的 24.7%。在 31 个省 (自治区、直辖市)中，有 21 个省(自治区、直辖市)的九年一贯制初中占比超过 20%，其中，最高的青海省达到了 48.5%。从纵向来看，近些年我国九年一贯制学校的总数和占比也都呈现较快的增长趋势。可以说，九年一贯制已经成为我国义务教育学制的一个重要类型，九年一贯制教育的实施为推进义务教育均衡发展增加了新的活力，已经成为我国义务教育办学模式改革的方向。九年一贯制的基本特征是，九年义务教育课程整体设置，学校有完整的一至九年级课程方案、课程计划，学校在办学目标、课程目标、学生培养目标、教师发展目标、学校管理制度等方面形成一个完整的一体化管理体系，使得九年义务教育具有连续性、完整性，达到学制一贯，升学一贯。[①]

如何实现义务教育九年一贯制的教育衔接，目前并无统一的模式。从实践探索来看，主要有以下几种模式。

第一，两段式。将九年一贯制分为"六三"学制和"五四"学制两种模式，学生从一年级至九年级，相继完成小学至初中教育，取消升学考试，学校实行统一的行政、教育、教学管理。2014年北京市推出的九年一贯制学校，其中一个显著特点是改变现在的"六三"学制，采用"五四"学制。"六三"学制是我国义务教育阶段的主导学制，得到了社会的普遍认同，但近年来一贯制学校逐渐推广的是"五四"学制。如东城区新组建的九年一贯制学校，都将实行"五四"学制，这是推广景山学校的做法。景山学校在几十年的办学过程中，已经形成了成熟的"五四"学制模式以及完善的教材体系，经过对景山学校学生成长及学业各方面的跟踪监测，可以看出"五四"学制多方面的优势。[②]

第二，三段式。将九年一贯制分为三个学段，具体来说，又有三种不同的划分方法：一是一至三年级为一个学段、四至六年级为一个学段、七至九年级为一个学段；二是一至四年级为一个学段、五至七年级为一个学段、八至九年级为一个学段；三是三段一体办学模式，如一至二年级实现幼小衔接、三至五年级体现"合格＋特长"、六至九年级分解知识点完成小中衔接，防止择校生。

第三，四段式。将九年一贯制分为四个学段：一至二年级为第一"级段部"、三至五年级为第二"级段部"，六至七年级为第三"级段部"，八至九年级为第四"级段部"。[③]

---

① 程素萍：《九年一贯制办学改革：现状与对策——基于北京市D区16所学校的问卷调查》，载《天津市教科院学报》，2017(1)。

② 张景华：《九年一贯制能否破解"小升初"困局?》，载《光明日报》，2014-04-25。

③ 李启金、韦健琳：《九年一贯制学校研究现状综述》，载《贺州学院学报》，2008(3)。

（三）实施九年一贯制的问题与对策

目前，九年一贯制在全国各省份都处于实践探索阶段，虽然数量在增多，经验也有所总结，但总的来说，仍然存在不少问题，面临较大的困难，在实施过程中存在一定的阻力。

2014 年北京师范大学中国基础教育质量监测协同创新中心与某副省级城市合作开展"中小学生综合素养阳光评价项目"，调查九年一贯制学校学生与完全小学/独立初中学生在学业、心理健康上的发展状况，进而探寻九年一贯制学校的优势与不足之处。通过大量的数据分析得出：其一，九年一贯制学校四年级学生的语文成绩、数学成绩平均分均显著低于完全小学学生，九年一贯制学校四年级学生成绩的标准差明显大于完全小学学生；九年一贯制学校八年级学生的语文成绩、数学成绩平均分均显著低于独立初中学生，九年一贯制学校八年级学生成绩的标准差略小于独立初中学生。其二，从心理健康来看，九年一贯制学校四年级学生的主观幸福感、自尊、耐挫性、师生关系、同伴关系、亲子关系、亲社会行为得分显著低于完全小学学生，抑郁、校园受欺负、网络成瘾得分显著高于完全小学学生；九年一贯制学校八年级学生的耐挫性、师生关系、校园受欺负得分高于独立初中学生，抑郁、同伴关系得分低于独立初中学生，主观幸福感、自尊、亲子关系、亲社会行为、网络成瘾得分与独立初中学生不存在显著差异。结论：九年一贯制学校的教育质量不高，会对学生的成长造成更大的损失，因此应高度重视九年一贯制学校的办学效果。政府应科学规划九年一贯制学校布局，全面评估九年一贯制学校对学生发展的影响。加强对九年一贯制薄弱学校的管理与政策扶持。九年一贯制学校需要做好长期发展规划，利用自身学制连贯性的优势，统筹学生学业能力和综合素质的渐进性发展，提高办学质量和办学效益。①

义务教育九年一贯制办学中存在的最大问题就在于小学与初中办学上的"两张皮"问题，即各自有自己的办学思想和办学理念，并且不相互衔接或缺乏一致性。同时，由于二者之间的"貌合神离"，导致在教育目标设置、教育教学安排、学校行政管理、教师队伍建设等方面各自为政，缺乏联系与沟通。这导致九年一贯制办学不能真正实现"一贯"而行。

首先，教育主管部门在考核评估九年一贯制学校时没有相匹配的政策，不少九年一贯制学校的管理者对如何实施九年一贯心中无数、行为短视。校长是一校之魂，学校管理者的办学追求决定了学校的发展方向和教育教学的质量。对于九年一贯制学校的管理者来说，九年一贯制本来是实施素质教育、促进学校发展最大的机遇，但现实的情形则是，不少九年一贯制学校的管理者并没有更新理念，而是将九年一贯简单理解为六年小学加三年初中，九年一贯本该具备的优势自然难以发挥。人员的管理模式仍然沿用各自原有的模式，也没有对学校的整体发展作深入的探讨，对学校的特色发展并没有考虑九年一贯的特点。此外，缺少相匹配的考核评估政策导向，在现实利益的驱动下，常常表现为行为短视，只是应对考试，应对考核，对于学生、学校的长远发展则难以顾及。

其次，九年一贯制学校生源难以稳定，优质生源较易流失，影响学校对学生发展整体一贯的规划落实。生源相对稳定是一个学校正常运转的重要保障，而对于九年一贯制学校而言，稳定的生源则具备另一层重要意义，就是学校可以在连续的时间中规划并实施对学生的培养。但在当前的形势下，不少九年一贯制学校的生源很不稳定，六年级择校考后，不少学生"人往高处走"，到名校或办学声

---

① 张平平、胡咏梅、周达：《九年一贯制学校学生的发展状况优于普通学校吗？》，载《教育科学研究》，2017(1)。

誉度更高的学校去，优质生源流失较多。这使得学校难以对学生发展作整体一贯的规划。而优质生源的流失，容易造成一定程度上的恶性循环，给学校生存发展带来一定的消极影响。

最后，不同学段衔接不畅，九年一贯制学校内存在教与学的重复浪费。从一年级到九年级，存在着若干相对独立的学段，这是客观事实。小学和初中的分隔使得学段衔接成为一个突出问题。而九年一贯制学校本来有条件较好地处理这个问题，但实际则不然，九年一贯制学校仍然存在着学段衔接不畅问题。六年级老师往往不用考虑在培养学生方面如何承前启后，而同在一校的七年级老师对六年级教学也少有观察了解乃至影响，教与学存在着耗费较高的问题。

卢伟通过对北京 16 个区（县）130 所九年一贯制学校的调查，指出：部分学校受一校多址条件制约；学校人力资源统筹管理难度大；与一贯制相配套的人才培养核心环节改革相对滞后；针对一贯制单行评价标准缺失；与一贯制协同的内外部管理体制亟待理顺。①

针对存在的问题与面临的困境，学者们也提出了一些建议。如王承清、程双涛、程墩明三位学者建议，打造两支队伍（管理队伍和教师队伍），因地制宜，科学发展，创新管理；建立既相对分段又连贯一体的九年一贯制管理体制；完善教师管理与评价机制，搭建平台制度立足；建立九年一贯制学生成长评价体系，深化评价主体多元化。②

卢伟建议，政府要加强相关顶层制度设计，改变制度供给滞后的被动局面，尽快出台办学标准和相关制度；加大教育行政管理体制改革力度，单设一贯制学校管理办公室；加大对民办一贯制学校

① 卢伟：《北京市九年一贯制学校办学现状的调查研究》，载《上海教育科研》，2014（11）。
② 王承清、程双涛、程墩明：《新建九年一贯制学校发展的优势、困境与出路》，载《文教资料》，2015（9）。

的政策扶持和规范力度。①

杜永强、沈海训提出，建立既相对分段又连贯一体的九年一贯制管理体制；提高学校管理者的素质；完善教师管理与评价机制；建立九年一贯制学生成长评价体系，深化评价主体多元化；充分发展学生的个性特长。②

在未来几年，落实九年义务教育的国家政策的同时，应该加强理论与实践的研究，总结实践经验，探索九年一贯制的学制模式与教育教学规律，从而全面推广九年一贯制。

四、加强义务教育学制改革的实验研究：义务教育阶段弹性学制

随着义务教育均衡化发展的深入，教育的人文化、个性化成为义务教育发展的新的价值追求。义务教育阶段学生不同的发展状况，要求能够更多地接受个性化的教育形式。因此，在义务教育学制的调整中开始出现一些以注重学生个性化发展为突破口的新学制的实验。义务教育阶段弹性化学制就是这样一种实验研究。这些实验不仅满足了学生在义务教育上的个性化发展，同时也为我国义务教育学制的调整增加了多样化的类型，为我国义务教育学制的改革与发展提供了更多的发展思路。

"弹性学制"指学习年限有一定的伸缩性，教育内容有一定的选择性的学校教育模式。它是在承认学生身心发展不平衡、学习能力有所差异的基础上，在规定最基本的学业标准的前提下，使学生有不同的学业选择的一种学制类型。③ 基础教育弹性学制是我国基础教育发展到特定阶段的一种新的尝试和探索。

---

① 卢伟：《北京市九年一贯制学校办学现状的调查研究》，载《上海教育科研》，2014(11)。

② 杜永强、沈海训：《九年一贯制学校运行状况及其策略研究》，载《文教资料》，2012(2)。

③ 赵秀文：《"解放"与"挑战"共在：基础教育弹性学制的现实境遇之思》，载《当代教育科学》，2016(16)。

2008 年成都青羊实验中学附属小学通过开通"校内直通车"的方式允许学生从小学三年级直升五年级，也可以从五年级直升青羊实验中学初中一年级，成为四川省首个弹性学制实验学校。青羊小学季应朗校长介绍说，她曾去新加坡考察当地的教育，发现那里的学校很重视学生的个体差异，学校还对特别优秀的学生实施"天才计划"。所以由此产生这次在教育体制上的突破，成为全省首个"直通车"学校。其实学生个体之间是存在差异的，现行的小学六年、初中三年的学制对部分学习能力较强的学生来说显得比较长，学校实施因材施教、实行"弹性学制"就为这部分学生提供了发展得更快的平台。

此外，2010 年，经北京市教委批准，北京八中从当学年开始开设综合素质开发实验班，旨在为拔尖创新人才的培养打基础。北京八中首届综合素质开发实验班由 34 名来自小学四年级、年龄为 10 岁的学生组成。学校为这些学生专门制定了培养方案和课程计划，他们将用四年时间完成小学五、六年级和初中三年的课程，之后参加中考。进入综合素质开发实验班的学生实际可以免去"小升初"之累，并且在四年时间内学完五年的课程，提前一年进入高中。原则上，这些学生在中考后将全部留在八中的高中部。此外，2010 年北京十一中学、深圳中学、人大附中等学校通过"3＋3"与"3＋2"双轨并行的学制体系、创办"早培班"等举措给学生更多适合自身学习能力和兴趣的选择空间，并通过个性化课程、多样化课制、灵活的评价机制以及学分制管理等方式保证了弹性学制的良好运转，实现了教育质量新的提升、创新型人才的培养。

有学者认为，义务教育阶段弹性化学制体现出较明显的办学特色与优势：弹性化学制探索新的人才观、教育观，为义务教育发展提供新的精神引领与变革方向；赋予教育主体更大的自主性选择空间，激励主体性、个性化发展；多元立体化、特色化课程体系的规划与开发，解放原有教学内容；打破原有封闭式、单向度的教育管理制度，探索灵活性、开放式管理模式；开发新的办学亮点，促进基础教育学校特色化办学。[1] 但由于弹性学制对教育资源、教学内容、教学形式以及教师素质等有较高的要求，因此，在实践中存在着较大的局限性。弹性学制作为我国基础教育发展到一定阶段的一种教育探索和尝试，有其自身独特的优势和亮点，它在很多方面赋予基础教育以新的活力和发展。但是，其在实施中也面临着诸多的困境与挑战。因此，弹性学制要在我国广为推行，仍需要审慎的思考和充分的条件准备。

第三节　基础教育结构调整的反思

改革开放以来，40 年不平凡的改革历程同时也是我国教育事业迅猛发展的过程，无论是在学制改革方面，还是义务教育结构调整方面都取得了巨大的成就。普及义务教育取得了令世人瞩目的成就，显示出了这 40 年来我国各级政府努力践行"教育为本"这条准则的决心。但是，回过头来仔细分析，还存在许多问题需要我们解决。

一、建立统一性与多样性相结合的义务教育学制

新中国成立以来，特别是改革开放以来，我国在基础教育学制改革方面作了很多尝试，对我国教育事业的发展起了重要作用。但是至今在学制改革方面仍然存在争论，虽然"六三"学制目前仍在我国的基础教育这个环节占据一定的优势，但许多地方已经开始试行"五四"学制及"九年一贯制"等学制。究竟哪个学制最适合我国的国情呢？恐怕很难给出一个准确的回答。"六三"学制自 1922 年开始在

---

[1]　赵秀文：《"解放"与"挑战"共在：基础教育弹性学制的现实境遇之思》，载《当代教育科学》，2016(16)。

我国实行以来，的确显示出了它的优越性，虽然在"文化大革命"期间遭到抛弃，但在改革开放以后，"六三"学制又在我国占据了优势。但是又有人批评"六三"学制的小学阶段时间太长，不适合学生发展，五年的时间足以修完小学的课程；而初中三年的时间又太短，学生的学习压力太大，很难轻松地完成学业，也不利于素质教育的推广。因此，又有地区开始试行"五四"学制。但"五四"学制的五年是否能让小学生顺利完成学业呢？恐怕在边远地区很难实现，而且四年的初中究竟能不能提高学生的能力，以往的实验都急于求成，仅仅跟踪到初中毕业，以初中毕业的考试成绩为评价标准，没有继续跟踪，仅凭这个提高就武断地说四年制初中有利于学生的发展，缺乏说服力。认真反思发现，我们的学制改革缺乏实验结果的分析，缺乏整体的眼光，具体表现在以下几个方面。

以往的学制改革缺乏对教育根本目的的研究，往往为改革而改革。学制改革的一个不容忽视的问题是要重视对于改革目的的研究。学制改革的直接目的当然是为了完善学制，但完善学制的根本目的是提高人口素质，培养人才。在过去几十年的学制改革中，特别是"文化大革命"时期，没有重视甚至忽略教育的根本目的，为缩短学制而缩短学制，竟然在相互攀比谁的学制更短，把手段当成目的，以至于学生成为牺牲品。

以往的学制改革没有准确的实验标准为依据，未能处理好学生身心潜能的发展与健康发展的关系。学制改革的目的还要考虑的两个问题就是要最充分地挖掘学生身心发展的潜能及有利于学生身心健康。过去的学制改革中许多讨论缺乏足够的实验依据，往往借鉴日本、德国等发达国家的研究成果，却忽略了中国学生身心发展的具体特点。所以设计的学制，有的阶段学业轻但年限长，有的阶段学业重但年限短，很难让学生健康快乐地成长。

以往的学制改革缺乏对教育事业整体改革的研究。万物之间都有联系，学制改革虽然主要涉及各级各类教育的性质、任务、修业年限等问题，但这个问题的解决需要教育领域其他方面如课程、教材、教法、管理等方面的配合，我国过去几十年的学制改革对这方面的重视不够。如研究初中四年可以减轻学生负担，使他们在四年的时间内可以顺利完成三年的课程。但是，初中的课程是不是仅仅因为时间太短而使学生压力过重呢？导致初中生学业负担过重的原因绝对不只是时间过短，而是有诸多原因，如果不解决这个问题，虽有四年的学习年限，学生的学习压力也不一定能够减轻。同时，推行某种学制一定要有相应的条件支持，需要教师、经费、设备等方面相配套，如果不经全局的研究调查，盲目推行一种学制，最后的结果只能是失败。

以往的学制改革未能充分考虑全国各地和学生之间的差异。我国地域辽阔，各个地方的社会发展水平特别是经济文化发展水平差异很大，甚至文化传统也有较大的差异，同时各地的儿童少年甚至同一个地方的不同儿童少年之间的环境条件、教育条件、身心发展基础都有很大的差异。如果用统一的学制去规范各地的教育、去统一要求相互之间差异很大的地区及学生在一致的学制下学习生活，这种学制必然难以适应各地和各个学生的需求。以往的学制就没有充分考虑这个问题，往往以命令形式要求全国统一，缺乏灵活性。

义务教育阶段"五四"学制、"六三"学制以及九年一贯制等学制的存在有历史的原因，有当地社会发展需要的原因，也有人们对于各种学制的优劣性的价值选择的原因。各种学制都有其存在的合理性和价值。在新的时期、新的发展阶段，由于义务教育的发展水平、发展方式发生了新的变化，人们对于义务教育学制类型的选择更加趋于多样化，人们需要更具人文关怀的、更具个性化的学制类型来满足不同人群的需求。因此，义务教育的学制类型的调整再次成为学界和教育主管部门所关注的热点话题和研究热点。

学制构建的合理与否，直接关系到学生的学习质量和素质能否提高。因此，学制改革不应盲目跟风，需要认真研究学校教育的性质、方针、目标、任务、入学年龄、修业年限等一系列问题。义务教育作为普及教育，应确立以人为本的教育方针和如何做人的培养目标及相应的教育任务，在此基础上才能确定义务教育的弹性入学年龄和修业年限，并进行与其学制配套的相关改革，从而达到提高义务教育质量和学生整体素质的目的。

总之，以往我国在义务教育学制改革及推广方面确实存在一些问题。我国幅员辽阔，各地经济文化水平发展不一，教育水平也是参差不齐，很难以一种学制统一要求全国施行。无论是"六三"学制、"五四"学制，还是九年一贯制或者其他学制，只要能提高当地学生的学习能力，能全面提高学生的素质，那就是好的学制。邓小平说过，"不管黑猫白猫，能捉老鼠的就是好猫"，这句话同样适用于学制的推广。多样性的学制不意味着可以任意发展，随意改变学制。多年的改革经验告诉我们，必须在统一性的指导下，再结合多样性的学制来共同促进我国教育事业的发展。总体来说，全国大部分地区的教育水平是大致相同的，这就需要一个统一的学制去实验推广，但同时也存在诸多特殊地区，这些地区的经济文化教育水平或高于大部分地区，或低于大部分地区，或者有其他原因，难以推行某种统一的学制。这时候就需要我们放开手，让其探索最适合自身的学制，因地制宜地发展当地的教育事业。

二、延长义务教育年限，普及高中阶段教育

义务教育年限是一个国家教育发展水平的重要标志。当前我国九年义务教育已全面普及，教育部发布的《2016 年全国教育事业发展统计公报》显示，我国九年义务教育巩固率为 93.4％，小学学龄儿童净入学率达到 99.92％，初中阶段毛入学率 104％，初中毕业生升学率 93.7％。同时，随着人们对于更高等级的教育需求的不断增长，

普通高中的入学率在不断提高。高中阶段教育的普及问题成为我国新的时期义务教育发展中需要集中解决的重要问题。

2017 年，教育部制定了《高中阶段教育普及攻坚计划（2017—2020 年）》，提出普及高中教育的一个总目标和五个具体目标。总目标是到 2020 年，全国普及高中阶段教育，适应初中毕业生接受良好高中阶段教育的需求。五个具体目标：一是全国各省（区、市）毛入学率均达到 90％以上，中西部贫困地区毛入学率显著提升；二是普通高中与中等职业教育结构更加合理，招生规模大体相当；三是学校办学条件明显改善，满足教育教学基本需要；四是经费投入机制更加健全，生均拨款制度全面建立；五是教育质量明显提升，办学特色更加鲜明，吸引力进一步增强。通过实现以上目标，努力形成结构合理、保障有力、多样特色的高中阶段教育。这是我国在新的历史时期，普及义务教育的新的目标和发展方向。

但在我国当前普通高中教育的普及过程中，还存在"四类地区""三类特殊群体""三个突出问题"等，这是我国当前在普及高中教育的过程中亟待解决的问题。

"四类地区"指的是中西部贫困地区、民族地区、边远地区和革命老区，这些地区受经济社会发展水平制约，教育资源不足，普及程度较低，是高中阶段教育的底部。《高中阶段教育普及攻坚计划（2017—2020 年）》明确提出，国家和地方通过实施一批重大工程项目支持这些地区扩大教育资源，改善办学条件，把这个底部托起来。《中国教育扶贫报告（2016）》指出，我国当前仍然有 5 575 万贫困人口，脱贫攻坚的任务依然艰巨。目前贫困地区和贫困人口的教育发展状况并不乐观，贫困地区教育存在以下问题：一是基础教育投入仍然不足，并且不均衡，效益不高。贫困地区经济基础薄弱，财政拮据，且大多为"吃饭"财政。财政对教育的拨款主要用于人头经费，教育经费很难实现"三个增长"、达到"三个比例"，对于教育事业费中的公用经费，有的地方几乎为零，教育费附加征而不返或随意挪用现象较为常见。二是学校数量不足，办学条件较差。贫困地区学习设施建设的严重滞后不仅表现为设施老旧，而且部分设施还存在安全隐患。三是师资不足，数量缺额，结构不尽合理，素质亟待提升。一方面，教师整体数量不足，生师比过高，优秀教师外流严重，有的地方甚至无法维持正常的教学秩序；另一方面，现有的教师队伍整体素质水平偏低、知识的深度和广度不够，学校无力满足教师培训、外出培养、观摩学习的需求。四是贫困家庭无力使子女接受更多教育，教育受重视程度不够。贫困家庭的经济水平较低，许多家庭无力支付孩子上学所需费用，不少贫困地区的学校贫困学生占比较大，他们往往因为家庭无力负担上学所需的费用而正在或即将面临辍学问题。五是贫困地区教育管理水平相对落后，贫困地区很多学校还未建立激励制约机制，不能调动学校行政人员与老师的积极性。六是九年义务教育的完成度有待提高，目前"普九"的成果是低标准的，并且基础相当脆弱。一方面，所谓"基本普及"，是指85％的人口覆盖地区实现"普九"这一要求，还有 15％的人口覆盖地区——主要在西部贫困地区——这一目标远未实现；另一方面，即便在"普九"已经验收的地区，普及义务教育的成果也是很不稳固、质量较低的，不少地区的辍学率出现了明显的反弹。近年来，农村学生的辍学、流失率偏高，初中生辍学率上升。

中西部贫困地区，是普及高中阶段教育的最大短板。比如广西，虽然近年来教育面貌已经发生了很大变化，但和全国平均水平相比，差距仍然不小；普通高中学位不足，大班额达 50.6％，其中 28.9％为超大班额；普职发展不协调，普职比为 7∶3；经费投入保障机制不健全，普通高中债务余额 20 亿元；教师总量不足，缺编约 1.3万名。

教育部基础教育一司司长吕玉刚说，目前，全国大多数省份的高中阶段教育毛入学率已超过 90％，只有 9 个省份毛入学率在 90％以下，主要集中在中西部地区，其中有 3 个省份在 85％以下，属于西部少数民族地区。东北师范大学中国农村教育发展研究院院长邬志辉说，教师短缺问题也亟待解决，按高中专任教师与学生数 1∶14.8 的标准计算，2015 年中西部贫困地区普通高中共缺编教师超过 5.7 万人，缺编最多的省份高达 1.7 万人。①

据《中国教育扶贫报告（2016）》指出，贫困县高中阶段教育毛入学率已经基本达到 70％，云南、西藏、青海、新疆四省份的高中阶段教育毛入学率偏低，其中云南省 67.47％，西藏自治区 54.63％，青海省 60.77％，新疆维吾尔自治区 66.5％。贫困县九年义务教育阶段平均巩固率基本达到 80％，但青海省贫困地区九年义务教育阶段平均巩固率只有 78.51％，安徽、江西、山东、广西、甘肃五省份贫困地区的九年义务教育阶段平均巩固率不到 90％。

"三类特殊群体"指的是家庭经济困难学生、残疾学生和进城务工人员随迁子女，保障这些群体的受教育权利是促进教育公平的重要体现。《高中阶段教育普及攻坚计划（2017—2020 年）》对此提出了相应的政策措施，一是完善扶困助学政策，不让一个学生因家庭贫困而失学；二是加强高中阶段特殊教育学校建设，积极推进家庭经济困难的残疾学生免费教育，保障好残疾人接受高中阶段教育的权利；三是在扩大教育资源的基础上，进一步落实和完善进城务工人员随迁子女在当地参加高中阶段学校考试招生的政策措施，提供更多接受高中阶段教育的机会。

"三个突出问题"是指普通高中大班额比例高、职业教育招生比例持续下降、学校运转困难，这些问题严重影响高中阶段教育的普及水平和健康可持续发展。对此，《高中阶段教育普及攻坚计划

---

① 《托起中西部贫困地区底部 普及高中教育是时候了》，载《人民日报》，2017-04-20。

（2017—2020 年）》提出通过优化学校布局结构、扩大教育资源、严格招生管理等措施逐步消除普通高中大班额现象；通过扩大中等职业教育资源、实施职业教育产教融合工程、办好特色优势专业、建立统一招生平台等措施提升中等职业教育招生比例；通过科学核定学校办学成本、建立合理的成本分担机制，建立完善中等职业学校和普通高中生均拨款制度等措施保障学校正常运转。

对于当前普及高中阶段教育所面临的问题，教育部提出一系列解决的措施。

第一，扩大教育资源。一是落实地方责任，要求各地新建、改扩建一批学校，特别要求职业教育比例较低的地区要重点扩大中等职业教育资源；二是国家给予支持，通过组织实施"教育基础薄弱县普通高中建设项目""普通高中改造计划"和"现代职业教育质量提升计划"这三个重大项目，重点支持贫困地区发展高中教育，改善办学条件。

第二，完善经费投入机制。一是建立合理的成本分担机制，落实以财政投入为主、其他渠道筹措经费为辅的普通高中投入机制，完善政府、行业、企业及其他社会力量依法筹集经费的中等职业教育投入机制；二是完善财政投入机制，要求各地抓紧建立完善中等职业学校生均拨款制度和普通高中生均拨款制度；三是按照非义务教育阶段受教育者合理分担学费的机制，确定学费标准，建立动态调整机制；四是要求各地制定普通高中学校债务偿还计划，属于2014 年年末前发生并已纳入存量地方政府债务清理甄别结果的，应按照地方政府债务管理政策予以偿还。

第三，完善扶困助学政策。落实好普通高中建档立卡等家庭经济困难学生免除学杂费政策，逐步分类推进中等职业教育免除学杂费，提高中等职业教育国家助学金资助标准，积极推进家庭经济困难的残疾学生免费教育，不让一个学生因家庭贫困而失学。

第四，加强教师队伍建设。一是合理核定编制，适应普及和高考综合改革的需要，根据城乡统一的编制标准要求核定教职工编制，为学校及时补充配齐教师，特别是短缺学科教师；二是创新补充机制，探索采取政府购买服务方式，解决中等职业学校"双师型"教师不足的问题；三是加强县域内教师统筹调配，探索建立校际之间教师共享机制，盘活用好教师资源，加强教师培养培训。

第五，推动学校多样化有特色发展。一是深化普通高中课程改革，加强选修课程建设，增强课程的选择性和适宜性；二是实施职业教育产教融合工程，集中力量建设一批高水平职业教育学校，办好一批适应当地经济社会发展需要的特色优势专业；三是实行普职融通，探索发展综合高中，建立普通高中和中等职业学校合作机制；四是推进学校教育质量综合评价改革，改变单纯以升学率评价教育质量的倾向。

第六，改进招生管理办法，一是健全招生工作协调机制，建立中等职业学校和普通高中统一招生平台，切实落实普职大体相当的要求；二是实行优质高中阶段学校招生名额合理分配到区域内初中的办法，加大优质中等职业学校招收贫困地区学生的比例；三是进一步落实和完善进城务工人员随迁子女在当地参加高中阶段学校考试招生的政策措施；四是严禁公办普通高中违规跨区域、超计划招生，依法加强对民办高中的招生管理。

义务教育年限的长短应该与一个国家经济、社会发展水平密切相关，与经济结构、政治结构等对人才的需求密切相关。我国从1986年《中华人民共和国义务教育法》颁布后，至今一直实行九年制义务教育。这一义务教育年限的制定是符合我国当时的社会发展的需要与社会发展水平的。在我国经济飞速发展、产业结构不断调整、教育发展水平不断提高、人们对教育的需求不断多样化的今天，义务教育的年限是否应该延长，成为我国当前义务教育领域内急需关注和研究的问题。

关于义务教育延长到 12 年的问题，2016 年"两会"时，全国政协委员、浙江省特级专家、文化部中国艺术研究院研究生院教授、博导何水法提出取消中考，"建议将现行的 9 年义务教育制度延长为 12 年义务教育，将普通高中和职业高中纳入义务教育范围，推行高中阶段(含普通高中、职业高中)的全免费教育，实行 12 年义务教育"。在何水法看来，近年来，中国经济社会高速发展，当前完全有能力延长义务教育年限，实行 12 年义务教育。要通过普及教育，启迪心智，传承知识，陶冶情操，使人们在持续的"格物致知"中更好地认识各种文明的价值，让教育为文明传承和创造服务。取消中考，真正落实素质教育，无疑将对我国教育事业的发展起到很好的推动作用。他建议，取消中考，将教育的指挥棒真正指向素质教育。实行普通高中就近入学，逐步缩小区域、城乡、校际差距，统筹城乡义务教育资源均衡配置。同时，实行公办学校校长教师交流轮岗，杜绝设立重点学校、重点班，让孩子真正享有平等的教育机会。

2017 年 3 月 12 日，十二届全国人大五次会议新闻中心举行记者会。教育部部长陈宝生在会上回答中外记者提问时指出，义务教育是我国一项非常重要的基本教育制度。义务教育是向上延伸，还是向下延伸，这要依法确定，是国家事权。义务教育年限向下延伸，就是学前三年教育纳入义务教育；向上延伸，就是把高中教育阶段纳入义务教育。从强制的角度会带来很多的问题。我们现在还不具有这样的社会基础、社会共识。部分省份实行十五年免费教育，概念非常明确，这是免费教育，不是义务教育。陈宝生部长对免费教育和义务教育进行了区分，他指出，我国现在还处在社会主义初级阶段，这个阶段办任何事情都要从初级阶段最大的国情出发，我们不办那些超越发展阶段的事情。办了超越发展阶段的事情，巩固不了，最终会损害教育事业的发展。所以，免费和义务是有区别的。

是不是要实行和延续，要看发展；是不是要免费，要从初级阶段的实际出发，量力而为，精准发力，保障公平。所以，针对目前义务教育年限延长的问题，教育部门主要的政策主张是，我国还不具备延长义务教育年限的条件，因此，"十三五"期间，我国义务教育年限仍然坚持以九年制义务教育为主，总体目标为到 2020 年实现高中教育的普及，重点解决"四类地区""三类特殊群体"的教育问题。

三、城乡义务教育结构不平衡问题亟待解决

"三农"问题，是我国改革开放四十年来发展的重要问题。而"三农"问题的核心是人的问题。提高农民的素质是关系到我国社会主义建设和发展的重要因素。在我国社会发展的新的历史时期，提升农村新生代的整体素质，使他们真正成为实施乡村振兴战略中的主力军，这是我国义务教育发展的重要内容之一。从这一意义上说，农村义务教育是乡村振兴的基础工程和先行工程。

改革开放 40 年来，我国农村教育发生了翻天覆地的变化。农村义务教育得到了很好的发展，全国各县区基本完成"两基"工程，九年义务教育基本普及。农村受教育人数的比例保持稳步增长，中等职业教育的迅速发展也为我国农村建设提供了大量人才。但是，走进农村，我们依然会发现，我国农村义务教育发展仍存在发展困境，相对于城镇来说基础还非常薄弱。

首先，农村义务教育质量仍需不断提高。从第五次全国人口普查结果看，2000 年，全国仍有 8 507 万文盲，其中城镇有 1 842 万人，农村有 6 665 万人。城镇的文盲率为 4.04％，农村为 8.25％。我国农业人口的平均受教育程度不足 7 年，还处在普及和巩固九年义务教育的阶段。中小学学生的流失、辍学，主要发生在农村。城乡教育之间的巨大差距表现在存量上，是人均受教育年限的差距。2000 年我国人均受教育年限为 7.62 年，其中城市人口为 9.8 年，农村人口为 6.85 年，城乡差距为 2.95 年。农业人口中低学历人口的

比例远远高于非农业人口，这既反映出城乡之间义务教育的差距，也反映出在城市化过程中高学历人口大量向城市流动和集中，农村缺乏留住、吸纳人才的环境。与此同时，辍学流失的学生又以农村学生为主。小学和初中阶段的流失学生中，农村学生占九成，高中和中专的流失学生中，农村学生分别占七成、六成。一些农村地区尤其是山区不顾实际情况撤并学校，增大了农村学生的就学困难，减少了农村学生的入学机会，增加了学生的学习费用。同时，在农村义务教育"以县为主"的管理体制下，财力薄弱的县乡级财政承担了三分之二以上的农村义务教育投入，无力发展和改善农村教育。税费改革使农村义务教育经费短缺问题显性化。在大幅度减轻农民负担的同时，也带来了乡镇政府财力的急剧下降。教育投入不足造成的后果是：不少农村学校公用经费严重不足，有的甚至没有公用经费；一些学校存在危房和教育欠债；教师工资不能按时、足额发放；学生家长经济负担过重，致使部分学生失学。有数据表明，乡村小学的校均规模由2011年的176.73人减少到2015年的148.15人，乡村中学的校均规模由2011年的553.88人下降到2015年413.45人。农村学校生源萎缩，既与农村生育率下降有关，也是农村家长对农村学校不信任的结果。[①]

其次，农村教育投入不足，投资结构需不断完善。教育经费问题一直是困扰我国农村义务教育发展的瓶颈问题。由于资金短缺，我国农村中小学的教学硬件设施方面，普遍存在教学仪器设备数量不足、质量不高、校舍面积偏小、危房率高、图书达标率低等问题。全国农村仅有一半左右的中学和乡镇中心校建立了实验室，而绝大多数的实验室的仪器配备尚不完善，且利用率极低。此外，农村教育经费还存在政府随意挪用的现象。例如，南昌市审计局组织4个

----

① 刘国艳：《义务教育均衡发展中的农村教育：成果、阻力与变革路径》，载《教育探索》，2018(1)。

县审计局重点对该市的 4 县 2005 年度义务教育经费进行了审计。审计发现，4 个县财政、教育主管部门、税务和中小学校挤占、挪用、滞留各类教育资金 441.07 万元。一是挤占挪用学校收费等预算外资金 246.73 万元，用于平衡财政预算、发放教职工补贴等。二是有的财税部门从县教体局教育费附加中直接提取手续费 22.85 万元。三是部分乡镇挪用上级教育专项资金 14.5 万元，用于乡镇经费开支。①当前农村义务教育学校标准化建设水平并不高，以每百名学生拥有计算机台数为例，2014 年农村小学为 6.481 台，同期城镇小学为 8.579 台，可见农村学校的教学实验仪器设备拥有率仍落后于城镇学校。以生均拥有固定资产为例，2014 年农村小学生为 0.726 万元，同期城镇小学生为 0.732 万元，考虑到近年来城镇化的快速发展，城镇学校人数远多于农村，所以城镇学校拥有固定资产的绝对值远高于农村学校。②正是由于农村义务教育阶段投入经费与投资结构上的不足，导致农村义务教育学校标准化建设任务依然艰巨，整体指标均不同程度落后于城镇。

再次，农村教师队伍发展水平较低，欠发达地区学校的师资力量薄弱，这是一个不争的事实。由于地理环境、生活条件、工资待遇等方面的原因，导致农村师资力量总体薄弱，素质偏低。从教师数量上看总量不足，特别是专任教师较为缺乏；从教师的学历层次来看总体偏低，大部分教师的最高学历只是专科或中专、中师，本科学历的教师所占比例相对较少；从教师教学能力来看有待提高，

①　夏思捷：《农村基础教育经费之现状、存在的问题及对策》，载《审计与理财》，2008(6)。

②　王广飞、符琳蓉：《城乡教育一体化推进义务教育均衡发展的困境与对策》，载《农村经济》，2018(3)。

农村义务教育教师队伍中除了拥有合格学历的老师教学外，很多地方还有代课教师，不仅很多代课教师不能胜任教学工作，就是正式的教师不能胜任教学工作者也大有人在。除此之外，在农村，教师队伍不稳定，也是导致教师力量薄弱的重要因素。农村义务教育不用说对优秀人才有多大的吸引力，就连自己培养的教师也无法留住，优秀教师流失现象十分严重。

东北师范大学中国农村教育发展研究院对全国12个省份调研数据与《中国农村教育发展报告2016》数据进行研究，发现我国城乡教师之间仍然存在较大的差距：首先，在城乡教师的工资津贴、工作量上仍然有较大差距。农村教师工资津贴少、工作负担重、教学压力大。调查发现农村教师工资收入、津贴偏低，城市教师月工资收入为3 583.4元，而农村教师仅为3 041.02元。其次，虽然农村教师补充机制不断完善，但是城乡教师交流政策并没有全面落实，教师交流政策仍存在改进空间。调查发现，城乡教师交流率低、教师对交流认同度低，交流津贴发放率低。最后，农村教师学历水平提高，发展机会增加，但城乡教师间仍存在较大差距。2015年，全国小学教师中拥有大专及以上学历教师比例为91.89%，比2011年提高9.84%；其中农村教师中拥有大专及以上学历教师比例为89.7%，比城市低7.6%。同时发现，农村教师高层次培训机会相对较少，城市教师参加市级以上培训的比例为81.3%，而农村只有62.23%，两者相差19.07个百分点。这也凸显出农村教师的发展机会较少，发展空间小于城市教师。[1]

最后，留守儿童的教育问题日益突出。农村留守儿童的教育问题是社会各界广为关注的问题。2015年，我国义务教育阶段留守儿童数量为2 019.34万人，比2011年减少了8.23%。其中，小学阶

---

① 秦玉友、邬志辉：《中国农村教育发展状况与未来发展思路》，载《东北师大学报》（哲学社会科学版），2017(3)。

段有留守儿童 1 383.66 万人，比 2011 年减少了 3.84％；初中阶段有 635.57 万人，比 2011 年减少了 20.13％。留守儿童占农村在校生的比例均相对稳定，均保持在 27％～30％，初中略高于小学。① 这一数据显示，我国农村还存在大量留守儿童，同时农村留守儿童的教育管理问题仍比较突出。其主要表现在以下几个方面：在学习方面，留守儿童多数是由爷爷奶奶监护，没有指导其学习的能力，导致留守儿童厌学情绪增加；在生活方面，由于缺乏父母的关心和照顾，没有亲情的感化和关爱，缺乏自信心；在人际交往方面，由于留守儿童长期生活在较为封闭的家庭，没有走出去和陌生人接触的机会，性格相对内向，在老师面前和与同学交往时表现出害羞、自卑、胆小。解决这些问题成为学校教育的重要责任。

2016 年两份关于留守儿童教育和发展状况的调研报告引起了人们的注意，即《农村寄宿制学校学生发展报告》和《中国留守儿童心灵状况白皮书》。这两份报告关注点各有侧重，但却同时提到了农村留守儿童的心理健康问题。例如前者显示，调查样本中农村寄宿制学校学生与全国常模相比，在心理健康、校园霸凌和学业发展等方面表现要更差。其中，样本学生抑郁风险非常高，是全国城市平均水平 33.3％的 2 倍。后者则重点关注父母与孩子见面次数与孩子心理状况的关系。调查显示，留守儿童的愉悦程度明显低于父母均未外出的非留守儿童。这些研究都说明我国当前农村留守儿童的成长与发展存在较为突出的问题，需要社会各界，特别是教育部门制定相关的政策和措施，来有效解决农村留守儿童的教育问题。

毋庸置疑，我国农村义务教育的发展仍存在教育质量不高、教育投资不足、教师队伍建设不合理、城乡义务教育发展不均衡等问题。这些问题的存在，要求各级政府和教育主管部门不断加大对农

① 秦玉友、邬志辉：《中国农村教育发展状况与未来发展思路》，载《东北师大学报》（哲学社会科学版），2017(3)。

村义务教育的调查研究，弄清问题的表象与实质，找准问题的关键，切实有效地制定政策与措施，从教育经费投入、观念改进、师资队伍建设、教学辅助设备改造等方面进行努力。这样才能保证我国农村义务教育的健康、快速、均衡化发展。义务教育发展任重而道远，我们需要更加理性地处理不断出现的新问题，促使义务教育朝着更加公平、正义、均衡化方向发展。

第五章
义务教育课程与教学改革

第一节 义务教育课程结构的改革

21世纪是以知识的创新和应用为重要特征的知识经济时代，21世纪也将是教育和学习起核心作用的时代。社会的信息化、经济的全球化使创新精神与实践能力成为影响整个民族生存状况的基本因素。为此，大多数国家在课程结构调整方面都有一些新的举措，力求提高本国课程的适应度。就我国而言，更是把义务教育课程改革作为完善基础教育阶段素质教育体系的核心环节，作为关乎国民素质提高和民族复兴的大业。

课程结构既是实现课程目标的重要途径，也是课程内容得到合理组织的保障，合理的课程结构有利于课程功能的发挥。我国新一轮课程改革起步不久，课程结构成为改革的六项内容之一得到专家学者们的重视，研究成果不断涌现。而任何事物的发展都是继承与创新的过程，改革要依据自身的实际情况，在扬弃中前进。40年来，历次课程改革都取得了一些对当时及其后的课程发展都有益的经验，这是需要我们认真总结的，其中一些不妥当的思路与做法，则是需要我们在新课程改革中引以为戒的。

关于课程结构的定义，至今尚未达成一致，但都涉及两个要点：课程的各要素；各要素间的关系形态。[1] 课程结构的变革也就是对课程结构的优化，课程结构优化的实质是课程结构的合目的性的改造[2]，也就是重新认识和确立各种课程类型、具体学科以及各学科内容在课程体系中的价值、地位、作用和相互关系。

新中国成立以来，关于义务教育的教育体制、教育结构、课程制度、课程结构，我国先后颁布了一系列的文件，其中，小学课程计划先后颁布了七套，中学课程计划颁布了十四套。这里借鉴课程专家白月桥的观点，即以"代"的概念取代"套"的概念，因第几套课程计划等的提法往往难以反映课程发展的阶段性和课程变革的本质，而"新一代课程和旧一代课程相比，应有重要性质的变革"。[3] "第一代以'文化大革命'前的为主，其中包括'文化大革命'刚结束时期为拨乱反正所编订的各套计划、大纲；第二代开始于 80 年代中期，1986 年《义务教育法》颁布以后所编订的课程计划、大纲等；第三代自 1998 年教育部起草《国家基础教育课程改革指导纲要》以来颁布的课程计划等。"[4]

无疑后两代是本书关注的重点，同时观照课程结构理念与政策的变革给课程实践带来的真正转变，虽然在积极的转变中也伴随着困惑。

一、40 年中国义务教育课程结构的变革

通过对资料的爬梳，可看出我国义务教育课程结构的变革与发展主要体现在以下一些方面。

---

① 符淼、谷陟云：《论我国课程结构变革》，载《黑龙江教育学院学报》，2008(2)。
② 郭晓明：《整体性课程结构观与优化课程结构的新思路》，载《教育理论与实践》，2001(5)。
③ 白月桥：《课程变革概论》，158 页，石家庄，河北教育出版社，1996。
④ 白月桥：《课程变革概论》，160 页，石家庄，河北教育出版社，1996。

（一）选修课在探索中发展

1963 年 7 月教育部颁发《全日制中小学教学计划（草案）及说明》，规定：为了更好地适应各类高等学校的需要，发展学生的志趣和才能，高中阶段在保证学好必修课程的基础上，可以根据学校的师资、设备等条件，酌设农业科学技术知识、制图、历史文选、逻辑等选修课，高中三年级学生可以根据志愿和爱好，任选一门或两门。选修课程不进行考试。

这是新中国课程发展史上首次提出在高中三年级设置选修课，课时安排为上学期每周 2 课时，下学期每周 5 课时，共计 111 课时，占高中阶段的 3.6%。但因当时客观条件的限制，只有极少数高中在这方面进行了试验。

1978 年 9 月发布的《全日制中学暂行工作条例（试行草案）》中规定："为了适应国家建设的需要、发展学生的志趣和才能，高中阶段在保证学好必修课程的基础上，有条件的可以酌设选修课程，也可进行文理分科试验。"

20 世纪 80 年代以来，中小学教育开始步入正轨，普通高中课程改革从单科的教学内容的改革，逐步发展到整体课程的改革。1981 年 4 月发布的《全日制六年制重点中学教学计划试行草案》中规定："为了适应学生的爱好和需要，发展他们的特长，更好地打好基础，高中二、三年级设选修课。"每周各 4 课时，共 240 课时。

20 世纪 90 年代初，国家教委出台了《现行普通高中教学计划的调整意见》，调整后的普通高中学科课程在必修课为主的原则下，适当增加选修课。该意见规定：调整后的课程结构由学科课程和活动两部分组成，学科课程采取必修课和选修课两种形式。选修课分两类，一类是单科性选修，在高一、高二年级开设；另一类是分科性选修，分文科、理科、外语、艺术、体育、职业技术六类课程，在高三年级开设。

2000 年 1 月颁布的《全日制普通高级中学课程计划（实验修订稿）》规定，选修课是在必修课基础上，为拓宽和增强学生有关学科领域的知识和能力开设的。除按照国家规定开设选修课外，地方和学校为满足学生多样发展的需要也应创造条件开设灵活多样的选修课，学生可以根据个人志向、兴趣和需要自主选择学习。

该课程计划还规定，普通高中课程由学科类课程和活动类课程组成，它们各自的比例为 90.1％和 9.9％。学科类课程分为必修、限定选修和任意选修三种方式。

而 2001 年 6 月教育部印发的《基础教育课程改革纲要（试行）》则强调："普通高中课程标准应在坚持使学生普遍达到基本要求的前提下，有一定的层次性和选择性，并开设选修课程，以利于学生获得更多的选择和发展的机会，为培养学生的生存能力、实践能力和创造能力打下良好的基础。"该纲要强调选修课应有一定层次性和选择性，且把选修课向学分制管理推进一步。

2003 年 3 月教育部印发的《普通高中课程方案（实验）》对选修课提出了明确要求，现行高中新课程由必修课和选修课组成，必修旨在保证所有高中生都达到共同要求，选修旨在达到共同要求的基础上，满足学生在不同学习领域、不同科目中加深和拓宽学习内容，这类课程实施立足本土化，灵活而有序地进行。学校必须结合自身的师资水平和课程资源状况来开设和开发这类课程，力图达到国家规定的要求。选修Ⅱ是学校根据当地社会、经济、文化以及自身条件开设的校本课程，它是由学校自主开发与设计的，国家不作硬性的规定和限制，这一类课程是学校办学特色和个性化的最集中体现。既可以作为学术拓展性课程来开设，以进一步提高学生的学术能力；也可以作为技术实践型课程来开设，以满足学生的就业需求。

为了保证学生的均衡发展，学生每学年在每个学习领域必须获得一定学分，通常情况下，学生三年内应获得 116 个必修学分（包括研究性学习活动 15 学分、社区服务 2 学分、社会实践 6 学分），28 个选修学分（必须至少包括 6 个选修课程 II 的学分），总学分达 144 分才能毕业。这意味着选修课程与必修课程同等重要，要求学校在开设好所有必修模块的同时，要积极创造条件，制定开设选修课程的规划，逐步开设丰富多彩的、高质量的选修课程。

在普通高中阶段倡导学生选课，使学生建立适合自身发展需要的课程修习计划，这在我国教育史上尚属首次。根据这个方案，每个学生在入学的时候，可根据自己的兴趣、爱好、特点以及学校所提供的选课指导手册，选择要学习的课程，确定学习的基本进程，由此形成个人的修习计划。随着学习的深入，学生还可以调整学习计划，以使其尽可能适应自己的需要和特点。

由此，选修课逐渐在探索中获得发展并有了较大的突破。

(二)活动课程为单一的学科课程类型逐步注入活力

单一学科课程的结构体系最初是从苏联借鉴过来的，在我国第一代课程结构中表现最为明显。它以学科的逻辑体系为中心来编制课程，各学科的内容选自各门科学的基础知识，课程门类不断细化，课程结构即由各门相互独立的学科课程拼凑而成。在课程计划中虽然安排课外活动，但是并不计入总课时。

学科课程有利于人类文化科学遗产的传递和发展，便于教师教授和学生学习。但是它割裂了学科之间的联系，不利于学生从整体上认识世界和综合地运用知识；各学科经过多年发展，相对固化，几乎只能增加不能减少，致使课程门类越来越多，却很难容纳现代科学技术的新成果。单一的学科课程类型往往使课程内容、呈现方式和教学方法，以及学生的学习方式单调枯燥，其显而易见的弊端遭到越来越多的质疑。而这些缺点，又不是学科课程本身能克服的，这就需要其他类型的课程，并使之相互配合，达到整体优化，以发挥其育人的功能。

　　进入第二代课程改革阶段，在课程类型上，设置了活动课程作为学科课程的补充。活动课程开始有了一席之地，但是从活动课程的具体内容来看，与第一代的课外活动没有很大区别，它还不是我们理论上所探讨的活动课程；它在课程结构及课程实施中所起的作用也比较小，但是，至少它表明了一种观念上的变革，即课程设计理念的变革。

　　第三代课程结构中，活动课程以全新的面目即综合实践活动课程出现，并且对于活动课程的内容、组织、实施等方面都做了充分的说明，即明确从小学至高中设置综合实践活动并作为必修课程。其内容主要包括：信息技术教育、研究性学习、社区服务与社会实践以及劳动与技术教育。强调学生通过研究性学习，构建一种积极的、生动的、自主合作探索的学习方式。通过社区服务与社会实践，培养学生关心社会问题并积极服务社会的意识和能力，逐步建立社会责任感。通过劳动与技术实践活动，使学生养成良好的劳动习惯和热爱劳动人民的思想感情；重视通用技能的学习，培养职业意识和创业与敬业精神；了解和掌握信息技术的基本知识和技能，学会在学科学习及其他方面的学习中使用和理解信息技术，提高学生利用信息的能力。通过综合实践活动，增进学校与社会生活的密切联系，丰富学生的学习经验，培养实事求是的科学态度，发展学生综合运用知识和解决实际问题的能力。

　　综合实践活动课程是一种与各学科课程领域有本质区别的新的课程领域，是我国义务教育课程体系的结构性突破。活动课在历经20 多年的理论与实践探索后，在学校教育中终于有了较为正确的定位，它的重要性逐渐显露，因此，在课程结构中的地位也越来越明确。

（三）完全国家课程的结构体系逐渐打破

　　第一代课程结构的高度统一性主要表现在完全由国家规定课程，

并且课程之间统一组织，课时比例等方面都要由国家决定，如果地方有需要修改的方面，还要报请中央，直到同意修改。这种课程结构支撑了我国学校课程 30 多年的发展，它的弊端也渐次显露。

1986 年《中华人民共和国义务教育法》颁布以后，我国对义务教育课程结构进行全面改革。主要内容之一就是改变课程过于集中、统一的状况，长期的改革试验使人们认识到课程只有不断适应地区特点才能真正发挥它的功能作用。于是，1992 年颁布的《九年义务教育全日制小学、初级中学课程计划》在义务教育阶段首次设置地方课程。然而，由于处在起步阶段，地方对这种课程形式的认识缺乏正确的理论指导，所以，很多地方课程只是形式而已，并且这一阶段国家对地方课程的课时安排比较有限。因此，第二代课程结构在打破国家课程结构体系方面只是做了政策上的转移，而在观念和实施方面还缺少力度。

经济与社会的发展使人们对课程多样化的需求日益增强，课程结构应为课程发展提供动力支持。在第三代课程结构改革中，地方课程再次被提出，并且对地方课程作了大量的理论探讨和操作分析。第三代课程结构还提出了校本课程，通过由校长领导、教师做主力、课程专家作指导、包括家长和社区人士共同参与来开发课程，使课程的适应性深入到学校层面。

课时比例上，新的课程计划将语文所占的比重由原来的 24％（1992 年）降为 20％—22％，将数学由原来的 16％（1996 年）降为 13％—15％，并对其他传统的优势科目所占的比重进行了适当的下调。同时，将下调后积累下来的课时量分配给综合实践活动和地方课程与校本课程。总体上，国家课程的比例减少至 80％—84％，地方课程与校本课程则拥有了 10％—12％的课时。并且，在课程的组织实施上，地方和校本课程的组织形式灵活多样，可以单独设立有特色的课程形式，也可以与活动课程相结合。

构建合理的国家课程、地方课程和校本课程的课程结构，是教育规律的要求。国家课程的主导价值在于通过课程体现国家的教育意志，地方课程的主导价值在于通过课程满足地方社会发展的现实需要，校本课程的主导价值在于通过课程展示学校的办学宗旨和特色。各类课程所具有的特定价值以及每组课程类型所具有的价值互补性意味着它们在学校课程结构中都拥有不可或缺的地位，即学校的课程结构应当是由各种课程类型共同构成的一个有机的统一体。以上的措施和数字则表明，第三代基础教育课程结构在打破统一规划方面正在做实质性的突破，我国课程结构体系正在由完全国家课程向国家课程、地方课程、校本课程三方面有机结合的方向发展。

（四）综合课程逐步得到增强

综合课程是将具有内在逻辑或价值关联的分科课程的内容统整在一起，旨在消除各类知识之间的界限，使学生形成整体意识和运用知识与信息综合地解决现实问题的能力。

从三代课程结构的比较当中可发现：前两代课程结构中，自然学科与社会学科两类课程主要是以分科课程的形式开设的，自然学科主要包括物理、化学、生物、自然，社会学科主要包括历史、地理。各门课程有自己的知识体系，注重知识内容的组织，较少关注相关学科之间的联系，课程结构实际处于零散状态。这样的课程组织不利于学生对知识整体全面的把握，并且科目繁多，学术性知识脱离学生的实际生活，使学生不能很好地理解运用它们。

针对这些弊端，越来越多的人开始关注课程综合化问题，强调以学生的生活为中心，综合原本有内在联系的各门课程内容，还学生知识的本来面目，并且与他们的生活紧密联系，促进学生对知识整体的掌握。2001 年颁布的《基础教育课程改革纲要（试行）》把"课程综合化"作为改革目标之一，明确提出"小学阶段以综合课程为主，初中阶段设置分科与综合相结合的课程，高中以分科课程为主"的课程结构。自然科和社会科分别综合为科学和历史与社会。2001 年秋《科学(7—9 年级)》课程标准和实验教材开始在实验区进行教学试验。

课程的综合节省了在分科状态下占用的过多课时，同时减轻了学生在分科状态下的学习负担，课程结构由"门"的组合向"类"的组合跨越，使得课程结构的整体性增强，这都是对分科课程的扬弃。

(五)"主要课程"与"次要课程"之间的差距逐渐缩小

我国的学校课程由于受到传统观念的影响，长期以来就有"主要课程"和"次要课程"之分，"主要课程"即语文、数学、外语等基础学科，它们是被高度重视的，"次要课程"即体艺课程，在学校中经常被作为附带课程。在课程结构上表现为主要课程占绝大多数的课时，次要课程比例很小，从而使课程之间在课时上比例失调，课程结构在时间上整体未能处于平衡状态，并且在改革单科教材内容的过程中，缺少对"次要课程"的调整。这不利于课程结构整体功能的发挥，也不利于各门课程价值功能的实现。从三代课程结构的变化来看，这种在课时上的不平衡正在逐渐缩小，传统上的"主要课程"课时比例呈下降趋势。统计表明：第一代课程结构中，语文、数学、外语三门课程的课时共计 140 课时，第二代中减少为 120 课时，第三代减少为 104—119 课时；而传统上的"次要学科"体艺课在课时上呈现出逐步增加的趋势，由第一代的 50 课时，再到第二代的 57 课时，再到第三代的 52—60 课时。[①] 可见，这种课程发展不平衡的问题在课程改革过程中得到了一定程度的解决。

三代课程结构的沿革跨度大、历时长，每一次改革都是全面的、深刻的，但这里须提及的是我国义务教育课程结构中相对稳定、少有变化的几个方面。

---

① 李丹：《新中国基础教育课程结构沿革研究》，博士学位论文，内蒙古师范大学，2003。

第一，我国中小学的学科课程体系已经基本完备。我国义务教育的学科课程体系自从第一代课程结构确立后，在后两代的改革中都没有什么变化，可见，学科课程体系已经基本稳定下来，它主要包括五个方面："一是为学生进行再学习和参加工作奠定基础的语文、数学、外语；二是对学生进行思想政治、品德教育，进行国情、历史教育，讲授社会科学基础知识的政治、历史、地理；三是对学生进行科技教育，讲授自然科学基础知识的物理、化学、生物；四是关系到学生身心健康发展的体育、音乐、美术；五是培养学生劳动观点、劳动习惯、掌握基本劳动知识和技能的劳动技术课。"[1]学科课程体系的建立有利于学生对学科基础知识的全面掌握，使学生在德、智、体诸方面充分稳定地发展。

第二，语文、数学、外语等基础学科仍处于主要地位。尽管第二代和第三代课程结构中的语、数、外课时比例都呈下降趋势，但是从横向来看，三者仍然占有课时总数的大份额，它们在课程结构中仍然处于主要地位。可见，我们国家始终都很重视对学生基础知识、基本技能的培养和训练，为学生进一步的发展打下坚实的基础。

第三，德育课程始终处于重要地位。重视学生道德品质的培养是我国历来的教育传统，在三代课程结构中的体现很明显。这种体现不仅表现在课时比例上仅次于语文、数学、外语等基础学科，更体现在德育课程自身的发展变化上。第一代道德课程把德育等同于政治教育，因而窄化了德育的功能；第二代德育课程主要是把德育等同于理想教育，排斥了德育的现实取向，导致了德育脱离现实的倾向；第三代德育课程努力克服以上弊端，使德育课程密切联系学生的实际，在低年级开设品德与生活，在中年级开设品德与社会，在高年级开设思想品德课，循着一条学生社会生活范围不断扩大的

---

[1]　马立：《关于九年义务教育全日制小学、初级中学课程计划的若干说明》，载《课程·教材·教法》，1992(11)。

实际路线，将品德行为规范和法制教育、爱国主义、集体主义等有机融合，引导学生通过与自己生活密切联系的活动、事件和各种社会关系的相互作用，丰富自己的情感、经验、能力、知识，在此基础上养成良好的行为习惯，形成基本的道德观、价值观和初步的道德判断能力，为他们成长为具备参与现代社会生活能力的社会主义合格公民奠定基础。

对德育课程的调整，使它不断适应时代需要和学生发展的需要，这本身就体现着德育课程自身的重要性以及人们对它的重视程度，因此，它在课程体系中的地位不会因为它自身内容的改变而有所降低。

二、课程结构变革的经验与启示

课程结构改革是我国当前课程改革的重心，符合实际需要。应借鉴和吸收已往历次变革的成功经验，不断促进课程结构的完善和优化，促进学生素质的全面发展和个性的健康成长。从这40年的课程结构变革中，我们可获得的经验与启示主要有以下几个方面。

（一）兼顾学科、社会与学生发展三方面的要求

课程发展从理论层面来说即课程设计理念的发展，系统的课程编制需要科学的课程理念作指导，学科中心主义、儿童中心主义和社会中心主义固然有其合理性，但是各自的封闭性与排他性又恰恰是它们的最大弊端，由此，以某一种理论为指导进行课程的选择和组织难免产生局限性。如在课程的选择与组织上强调学科中心主义，遵照知识的逻辑来选择与组织课程，其建立起来的系统的学科课程使学生对知识有详尽的了解和掌握，但也容易把很多人训练成知识传承的工具。

我们不能否认，课程目标要通过学生的学习来实现，课程的设置最终是为了学生的全面而充分的发展。呈现多样化的课程形态，促进课程之间的相互联系、相互贯通，才能使学生获得多样化发展；

在一门学科的组织上，注意知识内容表征方式的多样化，就可以有效地刺激学生的多种感觉通道和多条思维路径，使学生的各种感觉和思维都处于灵活状态；给予学生课程选择权，保障其"从选择中求得发展的权利"，使学生能根据自己的兴趣、爱好、需求选择课程，才能实现个性化教育，为学生创造能力的培养创造条件。

从课程结构的沿革中我们可发现，无论是学科与活动课程的整合，还是分科与综合课程的结合，无论是地方课程与校本课程的兴起，还是学科课程内部的重组，在设计理念上都兼顾学科、社会和学生发展三方面的要求，力求三者的最佳结合，确保课程的实践应用价值，满足社会发展和个人发展的要求。这是我国课程发展历史性的进步，是对以往课程发展经验教训的总结，它的完善还需要一个过程，但是我们绝不能放弃。

(二)课程结构循着整合和平衡的方向迈进

"课程始终都处于发展之中，而课程的特点和形态，首先会受到人类文明发展总体特点的影响，从 20 世纪末开始，人类文明的进程出现了引人注目的、历史性的变化，这种变化的突出表现就是世界发展的一体化趋势。"经济发展的一体化，科学技术在高度分化基础上的高度综合，人的价值发展的完整化、丰富化倾向等都要求学校课程与之相适应，建立高度整合的学校课程。

整合是各种要素的有机联系和相互结合。纵观我国三代课程结构的发展，多种课程类型的出现、课程的综合化等都表明课程结构正在这一方向上不断进步。

课程结构的整合包括两个方面。

第一，均衡地设置课程门类。即着眼于学生发展的需要，从课程结构的整体考虑，合理地选择各种课程类型。我国在以往的课程结构改革中存在着忽视整体，只从局部进行调整的问题。例如，只是孤立地在某一门学科中进行改革，修改大纲或者增删教材内容；

根据临时需要改变课程门类，乡土教育成为热点时中小学就开设各种乡土课程，法律问题被全社会关注的时候，就增加各种法律教育专题。个别的调整只能解决个别问题，对于课程结构的整体建构和发挥课程整体功能没有益处。在随后的改革中，我们逐步认识到了这一问题，作出了不少探索和尝试。

第二，加强课程门类之间的联系。课程结构本身即是各组成要素相互联系、相互作用的整体。选择了合理的课程类型后，就应在课程结构的实施中灵活采用各种手段，使得各类课程相互贯通，在动态的结构系统中发挥自身的价值功能。在以往的课程实施中，存在按部就班，直接按照已有课程设置表进行各门课程的教学的问题，缺少对已有课程结构再加工的意识。为改变这一状况，在后两代的课程结构改革中，我们作出了不少努力。譬如，把分科课程和综合课程作为相互补充、相互依存、相互促进的类课程，使二者相得益彰，有效地实现课程目标；建立必修课和选修课相结合的制度，既重视必修课程的开发，也注意选修课程的建设，把二者统一起来以适应社会发展和个性发展的需要；适应人和社会完整发展的需要，既反对科学至上主义，也反对科学虚无主义，把自然科学课程和社会人文课程有效地融为一体，使科学知识人文化，人文知识科学化，以建构学生完整的精神世界。

课程结构的整合为课程建设提供了宏观的方法论指导，它告诉我们，必须用整体的、系统的眼光来构建学校课程，从而使学校课程成为一个有机联系的整体，为学生呈现整体性的知识，实现学生整体性的发展。随着社会发展对人全面发展的要求逐渐加强，课程结构的整合将越来越受到重视，从现在乃至未来课程发展来看，整合是必然的趋势。

同时，传统观念中的"主要学科"与"次要学科"让人们感觉到课程之间在价值和地位上有轻重之分。事实上，这些课程对于学生的发展都有独特的价值功能，是缺一不可的；只是对于学生的发展各有侧重，有的偏重认知方面，有的着重审美方面，有的侧重道德方面等。我国在课程实施过程中逐步认识到这一问题并在课程改革中努力解决。在课程结构中所做的调整主要表现在课时分配的逐步合理化，使得"次要课程"和"主要课程"的课时与它们的学科性质和学科特点相匹配。这一措施在一定程度上改善了课程结构中在课时方面的平衡状况。

（三）课程结构的分权色彩趋向鲜明

课程决策层面与课程结构层面是相对应的。从学校管理的角度来看，我国三代义务教育课程结构的发展走向恰恰是我国课程决策权由中央下放到地方再下放到学校一级的过程。

决策权的高度集中导致课程结构的高度统一，不仅无法关注课程实施的具体情境，更会使地方和学校的有效决策被忽略，造成权责的不对称，影响课程的落实。久而久之，削弱了地方和学校对于课程的选择与组织的积极性，导致机械贯彻执行，课程结构处于静态之中，并没有在实施中运行起来。可见，统一集中的课程管理是导致课程缺少多样性和适应性的行政阻力，要使课程结构改革深入下去，必须清扫行政障碍。

于是，作为我国课程民主化、科学化建设的重要条件，改变以往课程管理中权力过于集中的状况，实行国家、地方和学校的三级课程管理制度，成为课程管理水平发展的必然要求，也是课程管理权力下放的实质性表现。这一制度对地方和学校的课程管理能力提出了很高的要求。为了使增能与赋权同步增长，国家组织制订了一系列面向地方和学校，涵盖课程设计、实施和评价诸阶段的课程管理文本。

三级课程管理制度的出台，第一，继承了 20 世纪 90 年代以来课程权力下放的尝试性改革所取得的成果，大胆启用了"自上而下"

"自下而上"的双向课程管理机制，进一步将课程权力从中央下放到地方教育行政部门和学校；第二，三级课程管理制度考虑到我国各地区、学校在文化特点和实际需要上的显著差异，力求构建更具开放性和适应性的课程体系；第三，三级课程管理制度的实行更是考虑到课程改革需要不同层次的改革参与者力量的聚合，如对国家课程的教材编写实行"抓住两头，放开中间"（"两头"指国家负责制订课程标准和教材审查，"中间"指凡是符合条件的主体都可以编写教材）的方针，学校自主选用教材，鼓励教育界内外更多的人士能参与到课程管理和开发中来。

无疑，三级课程管理制度的确立为课程分权提供了制度保障，通过明确彼此的权责分配，保证课程建设的完整性、课程实施过程的有效性、课程质量的优质性，确保权利和责任的统一。在把权力下放给地方和学校的同时，也将责任落实到了地方和学校，从政策上保证了国家对地方和学校的课程管理行为更有效的约束。这一举措是从我国的内在需要出发，参照国际上近二三十年来出现的"均权化"趋势而作出的明智选择。

三、课程结构变革中存在的问题与改进建议

课程的体系结构是涉及课程领域各方面的关键。改革开放 40 年以来，在广大教育工作者的共同努力下，我国的义务教育课程结构在不断变革中取得了不少成绩，尤其在改革课程结构过分强调学科独立、纵向持续、门类过多和缺乏整合等方面，取得了一定成效。但是，其研究和实践中也存在一些困惑与问题，阻碍了改革的进一步实施，需引起重视，主要表现在以下几个方面。

（一）选修课程

无论是学术性选修课、技术性选修课还是趣味性选修课的开设，都有利于促进学生富有个性的发展。另外，选修课的开设也为教师提供了一个拓宽专业知识、更新知识结构的发展平台。但是，我们

也应保持足够的理性，清醒地看到实施过程中存在的问题。

一是认识上的偏差。有个别教师对开设选修课存在认识偏差，认为选修课是"花架子"，与必修课争时间，会影响必修课的教学效果。选修课与必修课在教学目标、教学方法和课堂结构上都有所不同，但有些选修课一节课内不是讲习题，就是做实验，变成了必修课的延伸和补充，说是选修课，实为辅导课。这种名不副实的选修课无疑违背了初衷。这就需要学校领导注重引导教师转变思想观念，认识到选修课在全面贯彻教育方针、提高师生素质中的重要作用，将选修课放在应有的地位上。

二是教师素质和水平的局限。学校能不能开设选修课，能开设多少选修课以及如何开设好选修课等，都要依靠教师来落实。因此，学校开设选修课对教师的知识结构和能力水平是个很大的考验。选修课涵盖范围较大，要求教师具备更广阔的知识面，对于现阶段的一些教师来说具有一定难度。另外，相对于必修课，选修课工作量大，因成型的资料比较少，多靠大量阅读课外读物和有关资料来积累素材。编写一个选修课教案往往要两三天甚至更长时间，教师在准备时需付出更多的精力，这无形之中加重了教师的负担。建议将选修课作为教师的工作量，纳入学校常规管理中去，并建立合理、科学的激励机制，选修课低效现象将会有所改观。

三是缺乏正常的教研活动。由于选修课缺乏教材和教学大纲，加上选修课门类多，且多为"单兵作战"，难以组织恰当的教研形式，使教师之间无法进行学术交流和探讨。教育行政部门和学校也没有健全的选修课评估体系和激励机制，因而在具体操作中有较大的随意性和无序性，甚至使选修课流于形式。有关部门应建立切实可行的评估体系和激励机制。同时，要加强教师之间、校际之间的联系、交流和合作，共同探讨选修课的目标管理和教学规律，使选修课教学逐渐步入正轨，使之有序，提高其教学效益。

（二）活动课程

活动课程作为一种独立的课程形态，走过了一段有目共睹的反复性历史，时至今日，它已经不再是最初的形态，而是在实践的流变过程中同学科课程形成了优势互补的局面，但同时也在理论和实践上产生了一些容易混淆的现象，尤其在我国当下的教育环境中，我们更应对此予以关注，以促使活动课程健康发展。

在活动课程实施的过程中，有三种错误倾向。

一是流于形式。一些学校把实施活动课程看成是必须完成的任务，或者是扩大学校声望的工具。在这种情况下，活动课程必然流于形式，学校既将活动课程的时间任意挪为他用，也不能很好地保证活动课程的质量。

二是学科化倾向。活动课程不等于学科课程，在理论上无须争辩，但由于学科教学的观念在教育领域已根深蒂固，因此面对活动课程，教师出于主观愿望或受限于客观条件，都自觉或不自觉地将活动课程学科化。如活动课程内容的设计拘泥于学科课程的范畴，深度有余，广度不足；活动课程内容的组织套用学科课程的逻辑，"教科书化"现象严重；活动课程管理在思维上难以超越学科课程管理模式，封闭有余，开放不足。

三是依赖、套用课外活动。活动课程与课外活动都是在活动教育思想指导下，都重视学生的实践能力和创造能力的培养，因此在实施过程中容易产生混淆。活动课程具有课程自身的目标体系、有规定性的内容体系和相对完整的评估体系。把原有的课外活动直接改变为活动课程，不利于活动课程理论与实践的深入发展。

（三）综合课程

综合课程的目标在于学生知情意行的全面发展，在内容上重视学科的综合，打破原有的学科体系和学科界限。它既有利于学生解决问题能力和创造能力的发展，又有利于减少课程门类，减轻学生课业负担。

在实践中综合课程的设计是比较复杂的，主要包括综合度的确定和内容的选择与安排。课程的综合程度越高，就越体现课程的一体化，而综合的难度也随之增大。综合的范围可以是同一个科学领域内部各学科的综合，也可以是跨领域式的综合。目前出现的"232"课程，就是综合度较高的课程，它将科学、技术与社会三者结合起来。

综合课程在实施中主要面临三个困难，包括教材的编写问题、师资问题和综合课程的开发问题。这三个问题也是本次课程改革中关于综合课程首先应解决的问题。

就教材的编写来说，综合课程教材的编写要理解体会综合课程的目的，不是将原有各科内容简单相加或拼盘，而是在选定教材内容过程中要考虑适当兼顾，使重新调整后的新内容能在各科原有基础上其综合性与功能性都有所加强。这就需要研究、把握学科间知识技能的迁移和横向联系；研究和把握知识的局部和整体之间的关系，注重学科间和学科内的统整性，切实增强教材的整体性。还要注意学科内不同内容的整合，如语文的听、说、读、写，和学科内学段间内容和要求的衔接统整，否则会出现目标定位不当、知识重复交叉等问题。不论是综合课教材还是分科教材，都要实现课程知识与技能、过程与方法、情感态度与价值观三维目标的统整。这是一个有机整体：过程与方法、情感态度与价值观的发展离不开知识与技能的学习，知识与技能的学习必须以有利于前二者目标的实现为前提。

同时，我们对应当如何建立综合课程连续体以使小学和初中阶段的课程改革与高中课程改革很好地衔接与配套，如何有效地实施和评价综合课程等关键问题缺乏统一的认识，迫切需要从实践和理论两个层面展开研究。

从世界课程理论的演变历程来看，综合课程的思想已有一百多年的历史，但就我国课程改革而言，其理论探讨和实验研究的时间不过二十多年。综合课程真正合法地进入课程体系之中也是近几年的事情，而且由于缺乏合适的环境，其理论研究还不完善。因此，需要在实践过程中不断发展、不断完善。

另外，校本课程开发欠规范、合理和有效。尽管现在全国许多地方以研究性学习为代表的校本课程开发搞得似乎有声有色，但是即便是研究性学习实施得比较好的学校，在规划这门课程、选题、实施、评价、指导、学生之间合作、教师培训、安全问题管理等方面，还拿不出一套比较成熟的经验。可想而知，以前在同样由学校开发的活动课程中普遍出现过的"课程设置盲目性""活动空壳化""课程低效"等问题，在今天的校本课程开发中依然存在。

新一轮课程改革必须把课程当作一种系统工程来设计，并把课程结构作为这一系统工程建设的突破口。一般来说，义务教育课程结构涉及的问题从纵向来看，主要是依照党的教育方针和素质教育的理念，如何设计义务教育的各个阶段及其管理权力的分配，以确保每一个儿童都享有学习的权利；从横向来看，主要是在每一个教育阶段如何有计划地安排儿童的学习机会以及需要达到的基本标准，以利于每一个儿童的全面的、均衡的发展。这两方面的问题集中体现在怎样处理好分科性与综合性、统一性与选择性、持续性与均衡性这三对矛盾之中。而依据国际课程发展趋势、课程现代化的要求以及我国的国情和教育传统，要重建新的课程结构，尤其要特别关注义务教育阶段课程的综合性、选择性与均衡性。

要处理好这三对矛盾，迫切需要进行课程决策者、课程开发者、学校和教师之间的有效沟通。

课程实施者主要是学校层面的课程组织者及教师。国家或地方所制定的课程结构只有落实到学校当中才能真正体现它的价值，发挥它的功能。而学校课程的组织者和教师能否充分理解国家或地方的课程结构安排和他们在实践中的操作程度将直接决定课程结构组织的最终实现。例如：实践中很多教师对活动课的认识不足，仍然要求配备教学大纲和教科书以便教学，这就违背了活动课程开设的本来意愿；而对于国家课程结构给地方和学校的"空白地带"，学校组织者不能充分利用，形同虚设。像这些由于课程实施者自身观念落后，教育素质较低所导致的课程结构偏离预设轨道的现象也是课程实践领域存在的问题。

因此，课程决策者、课程开发者、学校和教师之间的有效沟通以及提高课程实施者教育素质等成为当前教育发展和课程改革的当务之急。

同时，课程结构的综合性、选择性和均衡性原则应以促进每一个学生的发展为依据。因此，课程结构的重建本身代表了义务教育的指导思想从"精英主义"教育向"大众主义"教育、从"以知识传授为本"的教育向"以学生发展为本"的教育的转型。

创造出体现时代特征和中国特色的课程结构体系，把开放的、民主的、科学的课程带给新世纪的中国学生，这一美好图景的实现需要我们共同的努力。

第二节　义务教育教材的改革

教材是根据国家课程标准和目标所设计的实施课程方案的载体，它包括教科书、练习册、教师用书以及教学软件等，其中教科书是教材的主体。在学校教育中，教材不仅是师生教学活动的主要工具和基本依据，也是教师向学生传递人类文化和知识的工具。教育方针的规定和培养目标的要求集中地、具体地表现在课程结构和教材内容中，它直接关系着培养什么人的问题。由此，教材建设对一个国家、一个民族都具有重大意义和巨大价值。

教材改革是教育改革的核心和关键。教材的编写主要解决"教什么"和"怎么教"，也就是教材的内容、体系和表述方式。改革开放40年来，随着社会经济和科学技术的发展，我国中小学教材不断改革和更新。

没有创新，就没有进步；没有继承，也不会有进步。在教材建设和改革实践中，我们积累了大量的经验，也有过许多深刻的教训。只有认真分析和总结这一阶段的教材改革经验，才能在已有基础上更好地改进和创新。

一、义务教育教材改革的历程回眸

（一）"文化大革命"结束后的教材建设

邓小平在科学和教育工作座谈会上谈到，要重视中小学教育，"关键是教材。教材要反映出现代科学文化的先进水平，同时要符合我国的实际情况"。7月到9月，他几次同教育部负责人谈话时说，"教材非从中小学抓起不可"，要编印通用教材，同时引进外国教材作参考，并要求1978年秋季开学时用上新教材。9月，教育部积极安排中小学通用教材的编写工作。除调回人民教育出版社已下放的部分编辑外，又从一些大、中、小学选调了一部分优秀教师，一共200人组成"中小学教材编写工作小组"，以1963年12年制的中小学数学教材为参考开始统编教材，于1980年基本编写完成。

"这套教材拨乱反正，清除了十年动乱时期出版的教材中许多谬误的内容，改正了在政治与业务、理论与实际等问题上一些不适当的处理方法，注意到基础知识的选择，智力的启迪和能力的培养，对于改变动乱时期教学的状况，恢复正常的教学秩序，起到了应有的作用。"[1]重视思想性与科学性的统一，重视基础知识与基本技能

---

[1]　叶立群：《课程教材改革探索》，15页，北京，人民教育出版社，1997。

的训练，知识体系比较完整、系统，文字表述比较严谨、规范，具有较高的质量，是这套教材的闪光点。但它存在着"深、难、重"的问题。

1981 年以后，根据国家新颁布的中小学教学计划，人民教育出版社开始修订原教材和编制新教材，开始对课程教材体系进行调整和变革。但受原有体系的束缚，旧教材存在的问题基本上未能得到克服。

(二)20 世纪 80 年代中期后以多样化为特征的教材改革

在对我国当时教材体系现状进行深入的考察与分析，比较与借鉴国外经验的基础上，我国不少教育理论与实际工作者进行了一些反思性研究。

在这些反思性研究的基础上，1985 年，国家教委根据《中共中央关于教育体制改革的决定》精神，开始着手对中小学教材的编审制度进行改革。这次改革的初衷可以归纳为几点：第一，新中国成立以来，我国的中小学教材一直采用国定制，即由国家指定教科书的编写和出版，并以行政指令的方式，规定教科书的使用。这一形式已不适应改革发展的需要，因此需要破除。第二，根据我国地域辽阔，人口众多，经济文化发展不平衡的国情，仅有一套统编教材供全国使用，已不能适应教育发展的需要，因此有必要编写供各类地区、各类学校使用的多种教材。第三，长久以来，教材编写统得过死，教材的风格和层次不明显，生气不够，新颖不足。因此有必要把竞争机制引入教材建设，通过竞争来促进教材事业繁荣和教材质量提高。

基于以上教材改革思路，尤其是针对我国中小学长期以来教材品种单一、死板、僵化，与现代化建设需要不相适应、与青少年身心发展不相适应的状况，20 世纪 80 年代后期，我国中小学逐步开展了以课程与教材多样化为特征的课程教材的改革。

1986 年 9 月在全国中小学教材审查委员会成立大会上，国家教委明确提出了我国中小学教材建设的基本方针，即在统一教学基本要求的前提下，有领导、有计划地实行教材多样化，鼓励各个地方、高等院校、科研单位，有条件的专家、学者、教师个人编写教材。同时，提出了课程、教材的明确要求，如要有科学性，教材体系要符合不同年龄阶段学生的身心特点，要遵循学生认知发展规律；要以已有的经验和知识为基础，使教材符合学生的实际；教材中最基本的知识要有相对的稳定性，要在改革过程中注意加强，但整个教材内容要根据经济、社会发展的需要，进行增减和更新，使教学内容体现时代精神，并根据学生所能接受的程度，适当反映现代科学技术的新发展；要具有启发性和趣味性，语言、文字、插图要规范等。

在此方针指导下，国家教委又提出中小学教材建设的基本目标：第一步，修改完善现行教材；第二步，编写新的九年义务教育教材；第三步，在完成以上两步后，争取用 5 到 10 年的时间，编出几套符合我国国情，适应现代化建设需要，并能较好地体现义务教育要求的中小学教材。

1988 年，国家教委颁布了《九年制义务教育教材编写规划方案》，方案中指出：编写中小学教材，是一项艰巨、复杂的工作，要编好一套教材，需要投入巨大的人力和财力，根据现有条件，设想用四五年时间逐步完成四种类型的教材编写工作。其一，教材内容的要求和程度，达到九年制义务教育教学大纲的规定，面向全国大多数地区适合一般水平的学校使用的小学六年制和初中三年制的教材。其二，教材内容的要求和程度，适当高于九年制义务教育教学大纲的规定，主要面向全国大多数地区，适合一般水平的学校使用的小学五年制和初中四年制的教材。其三，教材内容的要求和程度，达到九年制义务教育教学大纲的规定，面向经济比较发达地区，适合办学条件较好学校使用的中小学教材。其四，教材内容的要求和程度，基本上达到九年制义务教育教学大纲的规定，面向经济文化基础比较薄弱的边远地区、农牧地区和山区，以及教学设备较差学校使用的中小学教材。

根据这一规划方案，国家教委委托人民教育出版社等十多家单位和地区，筹备、组织编写这四类教材，并明确提出要按不同规格、不同层次，编写出八套半教材，供全国不同地区、不同条件的学校使用。

八套半教材是在国家教委统一领导和科学计划下编写的，体现了教材建设改革的初衷，也符合我国政治、经济和文化教育发展的实际，这种多样化的教材编写形式，获得了较好反响。

同时，教材质量比过去的教材有较大提高。它继承了过去教材的优点，科学性、思想性、系统性较强，基础知识扎实，结构、文字严谨。新教材又在原有基础上作了改革、创新，例如，充实了先进科学知识，注重能力的培养，加强了同生活的联系，注意因材施教，教材有弹性，以及图文并茂，富有可读性、启发性、趣味性等。它是在科学研究基础上编写而成的，它较好地体现了"三个面向"的精神，贯彻了教育方针，确有新意。另外，教材实现了系列化，同教科书配套的品种逐步完善，方便了教学，各科都有教师教学用书，有些学科配有练习册、实验手册、挂图、自读教材、幻灯片、录音带、录像带等，还编写出版了紧密配合指导教师使用教材的各科《教学指导与参考》丛书，创办了《试教通讯》等杂志，这些都为教师教学提供了方便；并且，组织了大规模的教材试验、研讨和教师培训工作，使教师对教材的编辑指导思想、特点有了较多的了解，对如何使用新教材心中有了数；并且，做好了出版、发行工作，及时供书，课前到书，保证了正常教学秩序。

1988 年以后，除上述八套半教材外，由地区教育部门、出版单位、社会团体组织编写的各种中小学教材也开始出现。这些教材多以单科形式编写，且品种和数量增长较快。进入 20 世纪 90 年代后，我国的教材建设出现了空前繁荣的局面，据统计，1987 年，这类教材仅有十几种，百余册，编写单位只有若干个；到 1997 年，这类教材已增至 70 多种，2000 余册，编写单位也增至数十个，而新一轮的课程改革也推出了"一纲多本"的教科书政策。

（三）新课程标准下的教材改革

2001 年秋季，教育部启动第八次课程改革，义务教育各学科课程标准（实验稿）及 20 个学科（小学 7 科、中学 13 科）的 49 种新课程实验教材，首次在 38 个国家课程改革实验区试用。

新教材在打破传统的学科知识体系上做出了较大的努力。在课程内容的选择和组织上，"注重体现基础性，时代性，实用性和综合性。各学科都力求精选终身学习必备的最基础的知识和最基本的技能作为课程主干内容；各学科在保留传统课程内容中仍有价值的基础知识的同时，特别强调从当代科学的最新成果中吸取新的基础知识，增加新的具有时代性的内容，体现时代特色，剔除陈旧过时的知识；各学科都注重与社会生活的联系。努力面向生活实际并服务于生活实际，从而使课程内容与社会生活实践形成互动的关系；各学科都力求与相关学科相互融合，使课程内容跨越学科之间的鸿沟，最大限度地体现知识的'整体'面貌。"

以数学和科学课程为例，在 1992 年课程计划指导下编制的数学课本中，主要内容包括：代数、几何、统计初步、应用题、实践活动，而在 2001 年的义务教育实验课程方案中，数学课程主要包括数与代数、空间与图形、统计与概率、实践与综合运用，主要变化表现在："在几何方面削弱了对证明技巧的要求，强调学生数学公理化思想的培养，取消了单立的应用题，强调知识的形成过程及综合运用，重视学生的情感态度和一般能力方面的充分发展。"而在科学课程的编制上变化更为明显，传统的分科理科注重知识层面，例如，生物学主要内容包括植物的形态、结构、分类，细菌、真菌、病菌；动物的形态、结构、分类，人体生理卫生，遗传、进化、生态。科学课程中的生命科学领域分为五个主题：生命系统的构成层次，生物的新陈代谢，生命活动的调节，生命的延续和进化，人、健康与环境。"在生命科学领域，删除了占原初中生物教材约40％篇幅的动植物各论，关注健康与生命科学发展前沿问题"，可见，新教材贴近学生实际，扩大学生的知识视野，有利于激发学生对自然科学和社会科学的兴趣。

总之，新教材呈现出崭新的面貌，从而与课程内容存在繁、难、偏、旧和过于注重书本知识的传统分科课程有显著区别。

二、义务教育教材改革的基本经验

（一）教材编制过程及运作的主要经验

第一，"实事求是地调查研究和分析我国的教育国情与教育背景，并以此为基础作出判断、评价和决策，编制出面向现代化实际与需要的课程教材。教育实践的一个重要特征是教育实践情境的特殊性，在某种办学和师资条件下可达成的教育目标、在某种教育情境中可行的教学设计，在另一种条件或情境中就无法达成或实现。因此，教育实践者的一个重要任务就是认清自己所处实践情境的特殊性，因地因校因班制宜地、实事求是地确定教育目标，选择当下实践情境中最适合的教学模式和方法。课程教材的实践也必须遵循这一客观规律"。[①]

教材的改革要注意分析和研究我国的教育国情（包括教育质量、师资水平、办学条件等及其一段时期内可能改进到的最高水平）和教

---

① 任长松：《新中国第一轮义务教育课程教材：18 条经验》（上），载《教育理论与实践》，2006(6)。

育背景，这是一条重要的经验。

例如，1983 年年底至 1986 年 3 月，人民教育出版社课程教材研究所数学室与中国教育学会数学教学研究会共同进行了"我国经济和社会的发展对数学基础知识和技能的需要的调查研究"，对各行业数学知识需用情况、高等院校各专业对中学数学知识需求情况、期刊中出现的数学知识等进行了调查和统计，以便弄清反映就业和升学、当前和以后发展对数学知识的需要，为一段时期内(5~10 年)确定中小学以及各类中等学校的数学课程内容提供一个客观的依据。从 1984 年至 1985 年年底，课程教材研究所的研究人员参与了中国教育学会物理教学研究会在全国 14 个省(自治区、直辖市)内进行的"社会对中学物理知识需求情况"的调查，了解社会对物理知识的需求，为研究和改革中学物理教学内容作了准备。

只有进行科学的、系统的"社需调查"，才能敏锐和细致地感受到时代的脉搏，编制出满足时代发展需要的课程教材。

同时，在编写新教材之前要对现行课程教材的实施情况进行系统全面、细致深入的实证研究。第一轮义务教育课程教材的编制者们，与其他学术机构合作，在全国范围内对原通用教材的使用情况和学校对课程教材改革的意见进行了调查。各学科调查组提交了学科调查报告和建议，找出了存在的主要问题，分析总结出了哪些是应该继承的，哪些是需要改进或改革的(为什么要对这些方面进行改革)，以此作为学科课程和教材编制的一个重要依据。许多学科在进行这样的调查时，还特别注意研究了 20 世纪末 21 世纪初学生应该具有的基础知识。

新一轮义务教育课程教材改革也要通过大量的调查研究，认真分析和论证"课程改革改什么"以及"为什么要改"的问题。改革必须有充分的理由或根据，必须经过深思熟虑的充分论证。

第二，教材在正式推行前，要经过不断的科学实验，足够规模且具代表性(不能仅局限于部分经济发达城市或地区)的充分试验，在此基础上不断修订和完善，然后才在全国推广。

第一轮义务教育课程教材从 1986 年酝酿，经历了充分的大规模的试验，到 1992 年才正式通过并在全国推广。从 1990 年秋季开始，人民教育出版社课程教材研究所在全国 28 个省、自治区、直辖市的部分学校进行义务教育教材实验和评价活动。进行两种学制新教材实验的教材共包括小学和初中的 24 个学科。

在试验过程中，各学科教材编写人员积极参加教学研究活动，认真编制考查和测试试卷。不仅通过统计学上的大量问卷进行面上的调查，而且反复地进行充分细致的听课、座谈、个别访谈、书面联系等，使试验评价更加深入持久。而且，不仅对校长、教研员、教师等教育工作者进行了调查，而且还对学生评价进行了细致的分析。编制者们汇总和分析实验数据，认真梳理、研究、参考来自各方面的反馈信息，在试验中不断进行加工修改，使课程教材的质量进一步提高。

这一经验是需要我们认真加以研究、分析和吸取的。

(二)教材设计的主要经验

第一，重视基础知识和基本技能，妥善处理传统知识同现代科学知识的关系。基础知识的掌握与基本技能的培养，应该是教学目标的核心，因为它是形成思想观点、方法论的基础，也是发展智力、创造力等的基本条件。

从本学科特点出发，选择为全体公民进入现代社会从事生产、学习、工作和生活所需要的相对稳定的适合学生生理、心理特点并有利于学生全面发展的基础知识和基本技能，这是我国教材改革的重要经验。

在基础知识的选择中，注意妥善处理传统知识同现代科学知识的关系。各学科都有经过长期实践所筛选、积累起来的传统知识，这些仍然是学生应该掌握和必须掌握的。但是，随着社会的发展，基础知识是有变化的。在当今社会经济和科学技术迅速发展的时代，为适应社会的需要，必须更新教学内容，删减次要的、陈旧的或用处不大的知识，适当充实中小学生能够接受的反映中国和世界的优秀文明成果以及当代科学技术文化的最新发展的知识。这是使新教材具有科学性、先进性所必需的。

1977 年，人教社就研究了 5 个国家 36 种中小学教材，在此基础上充实了部分新知识，更新了教材内容。例如，数学教材适当增加与充实了统计知识与计算机知识。理科教材中适当充实了空间科学、生命科学、电子、通信、资源、环境保护等基础知识，地理教材以人类活动与地理环境关系为主线建立了新的教材体系。文科教材以新观点统率，更新了内容。例如，历史教材，过去以阶级斗争为主线，大量讲述阶级斗争史。新教材则以历史发展为主线，讲述政治、经济、军事、民族、外交、科技、文化等基础知识，充分反映考古学新发现和史学研究新成果，基础知识更新了，教材也面貌一新。又如，初中英语教材是与英国朗文出版公司合编的。这套教材将外国经验与中国实际相结合，将改革创新与继承发扬相结合，改变了传统的做法，不再单纯以语法项目为主要脉络来组织和安排教学内容，而是从语言的实际意义出发来教学语言，使语言形式与学生的生活实际相联系，以达到运用语言进行交际的目的。

第二，正确处理传授知识和培养能力两者相互依存和促进的关系。教材改革中注重传授知识的同时，重视发展智力，培养能力。在加强基础知识的同时，重视思维能力、观察能力等的培养，特别重视培养学生分析问题和解决问题的能力。同时重视学习方法、学习能力的培养，使学生"学会学习"，这是"终身教育"时代所必需的。叶圣陶先生说过"教是为了达到不需要教"，这成为我们编写新教材的重要原则。

　　小学自然课程与教材就特别强调科学探究学习方式的运用，加大了对能力培养的重视力度。如人教版小学自然教材课文的基本结构是：首先从学生熟悉的生活实践和生产实践中，通过观察、实验、游戏、谈话来了解事实，引导学生提出一个问题，然后引导学生进一步通过观察、实验、讲述、阅读等进一步了解事实，在此基础上再通过思考（包括提出假设，通过观察、实验加以验证等认知活动）自己获得问题的结论，之后再引导学生应用学习的知识和能力解决一些实际问题（如举例、判断、解释、预测、设计、制作等）。通过这一学习过程，学生不仅习得了科学知识，对知识的理解印象深刻、牢固，而且在这一知识的主动学习过程中，锻炼和发展了能力。

　　许多学科重视举一反三，重视训练。例如，中小学数学教材重视加强数学思想和方法的教学，以利于知识的迁移。不少学科根据教材内容和学生的年龄特点，有计划地加大练习和训练的分量。理科重视实验，初中物理教材以实验为基础，编入了大量随堂做的小实验和实践性习题。许多教科书中设有想一想、做一做、读读议议、小讨论、观察与思考等小栏目，让学生多动脑、动口、动手，培养学生良好的学习习惯和学习方法，培养他们独立获取知识和运用知识的能力。教材的编写重视从教科书的编辑上引导教学方法的改革，帮助和促进教师运用启发式的教学方法，摒弃呆板的满堂灌，注入式的教学方法。

　　但是，不可能把每一项知识的学习都设计成一个主动探索的过程。尤其是初中，许多知识的学习还是从直接了解结论开始的，还有许多学科（如历史、地理等）提供的知识，往往是一系列的事实和记录，或者无法再现，或者没有条件直接观察。探究学习、发现学习固然重要，接受学习的地位和价值亦不可否定。因此，教材也注意为学生搭建一个全面、系统、均衡的知识结构。就学生的长远发展来说，在义务教育阶段习得一个较为合理完善的知识结构与培养和发展各种能力是同样重要的，不可走极端、片面化，这是一条重要的经验。

第三，正确处理知识的逻辑顺序与学生身心发展顺序的关系。这是教材编写的难点。过去往往重视学科知识的逻辑顺序，对学生的年龄特点，生理、心理发展特征研究不够。这几十年来，在教材的编写上注重以现代教学论和心理学为依据，研究学科特点和儿童少年认知特点、教与学的关系，建立合理的教材结构。有些学科注意吸收近年来各地教学改革的经验，建立了新的教材结构。

以 1993 年秋开始在全国推广使用的新教材为例，小学语文建立了以训练为主线的体系，并吸取了"注音识字，提前读写"的教改经验，充分发挥汉语拼音帮助识字、阅读和学习普通话的功能，从发展语言入手进行编排，在发展语言的过程中识字，改变了原有低年级教材从识字入手的编排方法。关于小学数学一年级课本中 20 以内的进位加法和退位减法如何编写，编者研究了国内外的许多种教法，编写了实验教材，在实验班进行了两轮实验，最后确定采用加减穿插的编排方法，并加强直观演示，增加学生操作的内容，收到良好效果。

各科教材的编写都注意深入浅出，浅在其表，深在其内。遵循儿童少年的认知规律，由浅入深，由易到难，循序渐进。注意处理好学科之间的纵向、横向联系，加强本学科各年级教材有计划的统一安排，同时注意各学科教学内容之间的分工与配合。在编排方式上，注意减缓坡度，分散难点，前后衔接，减少学习上的困难。譬如，在引入和过渡到新的课题时，注意联系社会生产、生活实际，接触学生经验中的潜在问题；结论的得出，尽可能以学生经验过的事实为基础，已掌握的基础知识理论为根据，而论证、推导出来；在旧问题解决的基础上引出新的问题，或造成新的悬念，使学生保持连续的浓厚兴趣等。

　　总之，教材编写考虑到了与对象年龄特征相适应的动机、兴趣等，有力地促进了学生心理品质与优良个性的发展，取得了良好的整体效果。

　　第四，贯彻理论联系实际的原则，使二者有机结合。当今世界课程改革的一个明显特征就是回归生活，即课程内容生活化。这种特征反映在教科书中就是以知识为立足点，以生活为纽带组织教材内容。知识的组织若脱离生活，它就成为僵死的东西。因为人类的知识首先是源于生活的，人类是在生活中通过解决一个又一个的问题而获得丰富的经验的。因此，只有让知识与生活相联系，理论联系实际，才能使教材成为富有趣味的，能够激发学生灵感的刺激物。

　　理论联系实际是编好教材的一个重要原则，也是编好教材的一个难点。联系实际不仅仅是要联系生产实际，还要联系学生生活的实际、联系社会的实际、联系中国的实际、联系世界的实际、联系大自然的实际等。联系实际要作为一种指导思想贯彻到编写教材的每一个环节中去，要增加实验的比重，培养学生的动手能力，要加强实践的环节，注意安排各种课外教学活动，这是一条经验。

　　"文化大革命"期间，由于忽视系统的基本学科知识的学习，学生没有理解和解释这些实际生产现象的系统知识作基础，教学效果极差。改革开放之初，纠正了课程在面向生活、面向社会上的这些偏差和错误，起到了拨乱反正的作用。这一阶段的教材对理论联系实际的部分要求做到适当、适度、有机、渗透，但造成了过分强调学科知识体系的严密性、完整性，某些课程教材脱离生活，脱离社会。

　　在第一轮义务教育课程教材编制过程中，则试图改变课程教材学科中心倾向的问题。这一阶段的教材在面向生活，面向社会方面取得了重大进展。如初中历史增加了以前欠缺的中华人民共和国史和世界历史，同时增加了中外历史中科技史、经济史、文学艺术史方面的内容。教材在编写时十分注意从生活中和社会中的现象和情境出发，引出学科学习内容。在编制练习题时也特别强调将所学应用到生活和社会实际中去。

新一轮义务教育课程教材继续并更加强调知识的应用，更加强调知识来源于生活和社会的实际需要，进一步增加面向生活、面向社会的学习内容，进一步删减那些在社会生活中用处不大同时偏难偏深的学习内容，进一步加强 STS（科学—技术—社会）课程设计思想。理科教材从工农业生产和学生日常生活中常见的事物中，提出学生感到有意思的问题，启发思考，再引导做实验，通过实验得出概念和规律。这种由事例引入和归纳知识，并加强知识和技能的实际应用的编写方法，有益于培养学生学以致用的能力。文科教材注意联系社会现实生活，安排了必要的社会实践活动，如参观访问、社会调查等。各学科教学内容和表述方法改变了从概念到概念、从理论到理论的灌输，注意贯彻从具体到抽象、从现象到理论的原则。许多学科教学内容的安排都留有余地，一般有一定课时，作为地方补充教材、乡土教材的教学时间，便于学校、教师补充联系当地实际的内容。

贯彻理论联系实际的原则，不仅可以增强学生的学习兴趣，激发求知欲，有助于学生对理论知识的理解和掌握，更重要的是义务教育中适度地引进职业技术教育因素，教学内容联系城乡实际，同社会经济发展密切结合起来，有利于贯彻教育为社会主义现代化建设服务，为当地社会主义建设服务的方针。

第五，加强思想政治教育，寓思想教育于各科教学之中。知识、能力和思想品德应当统一起来，协调发展。知识是能力的基础，没有知识就谈不上能力，能力是知识的融会贯通和综合运用，没有能力，知识也就失去了意义；思想品德是一个人的灵魂，有了知识，有了能力，没有好的思想品德，就不可能成为一个对国家、对人民有用、有益的人。因此，在教材编写过程中应把这几个方面有机地结合起来，充分体现这几方面的要求。

各学科教材力求结合本学科特点和学生的接受能力，对学生进行生动具体的富有感染力的爱国主义教育、国情教育、社会主义教育和集体主义教育等，重视对学生进行中国优秀传统文化教育和文明行为的养成教育。培养学生科学的世界观和为人民服务的人生观，坚定建设中国特色社会主义的信念。文科教材有丰富的思想教育内容。例如，语文教材除保留了一些名家名著的传统课文外，增选了文质兼容、富有教育意义和时代感的课文；历史、地理等科教材通过大量具体、生动的事实材料对学生进行国情教育，进行热爱党、热爱祖国、热爱社会主义的教育；理科教材通过介绍我国古代科学家、科学成就和我国社会主义建设成就等材料，对学生进行爱国主义教育；同时更加重视辩证唯物主义观点的教育和科学态度、科学方法的教育，培养学生勇于探索、实事求是的科学精神。音乐、美术、体育教材加强了民族艺术和民族体育的内容，以弘扬民族文化，培养民族自豪感。

第六，逐步改变教材深、难的问题。改革开放之初，我国的课程教材研制者曾改变过分强调课程教材直接为政治和生产服务的课程观。这一阶段的教材强调基础知识、基本技能（双基）和学科知识学习的系统性，纠正了教材在面向生活、面向社会上的偏差和错误，起到了拨乱反正的作用。但造成了过分强调学科知识体系的严密性、系统性，课程教材出现深、难的问题，课程教材的学科中心倾向严重。

在第一轮及随后的义务教育课程教材编制过程中，不断改变课程教材深、难、重的问题。强调降低难度、深度，在大纲中对许多学习内容或知识点要求达到的基本目标都分层次做了极其明确的严格规定，要求教材教学中紧扣大纲标准，严格控制深度和难度，不能任意拔高。同时，各科课程教材进行了大胆的删减。[1] 例如，1990 年的初中地理教学大纲将原来必学的 42 个国家或地区，减为必学 28 个国家或地区，选学 14 个国家或地区，此外还将中国地理和世界地理中有关气候成因的部分内容改为选学。义务教育大纲在此基础上进一步精减了学习内容，必学国家或地区由 28 个再减为 15 个，选学由 14 个减为 5 个。这样，整个大纲就从原来出现 448 个地名减少到现在的 288 个。同时，义务教育大纲中国地理部分还简化了中国地理区划的办法，从原来的 8 个区域改为三大地区 4 个区域。这就基本改变了过去罗列地理事实的叙述法。[2]

精选重点，进一步降低必修课程学习内容总量(减少知识，尤其是删去那些在社会生活中用处不大的、难以引起学生兴趣、过于深难和理论性过强的学习内容)，注重知识面的扩展，使整个课程教材的质量明显提高。

第七，注意统一性和灵活性相结合。教材要有统一性，即教学大纲的要求，以实现统一的教育目的，保证义务教育的质量。同时，教材具有弹性，即有不同层次的不同要求，以适应地区差异和学生个人的差异。这需要辩证地处理课程教材的多样性与统一性的关系，辩证处理课程的选择性与共同基础性的关系，从而使每一个学生得到最大发展。

新教材许多学科的教学内容分必学和选学部分，以大小字体或打星号区别。例如，初中数学题分 A，B 两组，B 组题普遍不作要求，只供扩展知识、提高能力使用。初中语文分教读和自读两类，练习分必做和选做两种。化学实验安排了部分选做实验。教材中的

---

① 任长松：《课程要面向学生，面向生活，面向社会——义务教育课程教材的宝贵经验与改进建议》，载《上海教育科研》，2000(6)。

② 国家教委基础教育司：《九年义务教育全日制初级中学地理教学大纲(试用)学习指导》，28 页，北京，人民教育出版社，1992。

必学内容要求全体学生学习并掌握，教材中的选学内容只要求条件较好的学校和学生选做。

第八，图文并茂，生动活泼，可读性、启发性、趣味性强。教材的读者是学生，学生的年龄不同，兴趣爱好、思维方式都有自己的特点。过去的教材表述方法呆板、枯燥，激发不起学生兴趣。而兴趣是吸引学生用心学习的关键一环，低年级更是如此。教材改革中重视教材内容的生动有趣，富有启发性，增加了许多精美的图画，有的还以图代文；同时以美观大方的版面设计，新颖活泼的表述方式，使教科书的编排既有科学性，又有艺术性，学生爱看、爱读。另外，许多学科编制了音像教材，使教学生动活泼。

三、教材编写存在的问题与建议

（一）关于基础知识与教材内容现代化的问题

我国教材基本理论的一个重要经验是，坚持基础知识和基本技能。但教材中如何体现双基，如何确定双基，人们对此有不同的看法。

一种看法认为，应从我国实现四化、培养人才的需要出发来确定教材的内容，并且从我国目前教师水平和学生基础来安排教材的基本内容。也有人认为，教材的基础知识主要取决于学科的基础知识，即基本概念、基本观点、基本方法、基本规律。还有人认为，基础知识第一步应该是"生活实践最常用的知识和技能"，第二步是"下一步学习中必须掌握的知识"，第三步是一些关键时刻必须具备的知识。有人认为，教师水平和学生的准备状况是变化的而且参差不齐，因此不能作为确定教材基础知识的主因子，而应考虑三个因素的结合：一是中小学教学的培养目标；二是学科本身的发展状况；三是学生的接受能力。吕达认为，基础知识的选择应当是社会需要、学科特点和学生身心发展三者的有机统一。钟启泉认为，基础知识具有多层次性（事实知识、方法论知识、规范知识、价值知识），应从量与质(正确性、概括性、具体性、系统性、永恒性、变易性、意义性)两个方面确定基础知识。① 戴汝潜提出确定基础知识的方法：优选能兼顾多方面作用的知识点，具有深远意义的知识点和学科知识体系必不可少的知识点。曾天山认为，基础是系统中的基础，因而在不同年级不同学段具有相对性；而基础又是动态的、发展的，并非一成不变；基础中的内容也是分层次的，这是确定基础知识的必要前提。由此确定的基础知识是针对升学与就业需要的，是源自科学知识本身的，体现科学发展水平，应用范围最广泛，最具通用性，学生是可以接受的。

教材内容的现代化问题是教材改革的核心。以往的措施是把教材内容"层层下放"。但实践表明，这并非解决知识激增问题的最佳策略，因为它常使教材内容超出师生的教学能力，结果使教材改革常在强调基础性与现代化之间反复摇摆。现今的观点认为，即使基础知识也须不断更新，必须删除次要的、陈旧的、用处不大的信息，摒弃那些作用不明确的知识点，或可由其他学科替代的、可能产生副作用的知识点。适当充实学生能够接受、适应现代生产与生活的即时信息，所采取的策略是多元的，既可新编，也可渗透，又可进行教材的综合化设计。所选材料应突出其学科特点和教育价值，注重科际联系；所选材料的知识点与难度应与学生的"最近发展区"相适应。

(二)教材评价体系的构建问题

1986 年，随着国家级教材审定评价机构的成立以及《全国中小学教材审定委员会工作章程》《中小学教材审定标准》等一系列文件的颁布，教材评价的主体是中央和地方两级中小学教材审定委员会及其

---

① 钟启泉：《现代学科教育学论析》，301～303 页，西安，陕西人民教育出版社，1993。

各学科审定委员会被明确提出，这使我国教材评价朝着科学化方向跨出了一大步。但是，教材审定主要是依据国家课程标准（或教学大纲）对教材资质的一种认定，是对教材的使用资格做出判定，带有很强的政策性。教材评价权主要掌握在中央和省（自治区、直辖市）教育行政部门手中，评价方法比较传统，只限于收集社会及教育界的反馈意见，而后根据学生成绩及教师的感觉作为教材修订的依据，对教材的评价停留在经验性的水平上。这种教材审定还称不上是真正意义上的教材评价。

随着我国义务教育阶段的课程教材政策由过去的"一纲一本"逐渐过渡到"一纲多本""多纲多本"，由高度集中的统一管理，逐步转向中央、地方、学校三级管理，教材的出版、选用制度也随之发生了变化。《基础教育课程改革纲要（试行）》指出，要实行国家基本要求指导下的教材多样化政策，鼓励有关机构、出版部门等根据国家课程标准组织编写中小学教材，逐步建立教材评价制度和在教育行政部门及专家指导下的教材选用制度。

目前，教材多样化的格局已经初步形成。2001 年我国中小学教材建设在基本完成对 3000 多册教材修订的基础上，按照课程标准编写的实验教材在 2001 年 9 月已经进入 38 个国家课程改革实验区试教；2002 年 9 月又有 24 科 67 种课程标准实验教材进入 529 个实验区进行试用。为了保证教材真正实现多样化，教育部还专门下发了文件，要求各地成立教材选用委员会，负责本地教材选用工作。教材选用委员会的成员由教育行政人员、学校校长、有经验的教师以及学生家长构成。那么，面对版本众多的教材，如何鉴定教材的优劣？如何才能选择到适合各地区、各学校的教材？绝大部分学校教师、校长，教育行政领导以及家长都缺乏足够的准备来面对多样化的教材和市场化的出版发行体制，需要有专业化的机构来帮助他们分析教材的情况，为选用教材的决策提供参考，促进教学的优化，保证素质教育的落实。编写和出版教材的单位和个人也需要通过评价来获取反馈意见，提高教材质量。为此，需要建立一个科学有效、符合国情的教材评价体系，包括较完善的评价内容、过程、方法以及评价的标准和工具。通过教材评价研究，充分利用教材评价这一手段公开、公正、客观、有效地进行教材的甄别和选择变得非常必要。

现阶段，我国义务教育阶段文科教材又在进一步改革中，更突出中国传统文化，更强调统一组织编写。进行中小学教材改革与建设，必须要有教育理论的指导，尤其是有关教材评价的研究相对比较薄弱，需要更多的关注。

一定时期的教材又体现一定时期的教育理念。但总体来说，在统一基本要求的前提下，教材要有多样性；在继承中外优秀传统文化的基础上，教材要有时代性；在加强基础知识和基本能力的前提下，教材要有实用性；在保证学生全面发展的基础上，教材要有个性；在以通用教材为主体的情况下，教材要有地方性。

同时，学生的发展永远是教材的出发点和归宿。教材必须着眼于促进学生的发展，着眼于促进社会的进步与可持续发展。这是每一位教材编写者应牢记的。

第三节　义务教育阶段的教学改革

一、我国义务教育阶段教学改革的成就

改革开放以来，我国的义务教育教学一直没有停止前进的步伐。我国的义务教育教学已经进行了多种变革，主要表现在以下几个方面。

（一）师生关系的变革

受中国传统教育思想及苏联教育体系的影响，新中国成立后我

国一直强调教师在教学过程中的绝对掌控地位。改革开放后，师生关系也一直没能摆脱这种模式，反而在应试教育的推波助澜下，愈演愈烈。此后的历次教学改革，都未能从实质上改变这种师生关系模式。直至 21 世纪的课程改革，学生的主体地位和作用才得到了前所未有的重视和提高，过去的师生关系模式才从实质上得以改变，转变为既重视教师在教学过程中的主导地位，又重视学生在学习中的主体地位。

不过，变革毕竟不是一蹴而就的，需要一个长期的过程。这个过程中会出现这样或那样的问题。例如，过去在教学过程中过分强调教师的地位与作用，忽视了学生的地位与作用；注重教师的教，而轻视了学生的学。这显然不利于发挥学生学习的自觉性和积极性，更不利于培养有开拓精神、有创造能力的现代化人才。现在，我们在教学改革中纠正了这一错误的做法，既重视教师在教学活动中的主导作用又重视发挥学生的积极性与主观能动性，既重视教法又重视学法，强调教学是教师和学生相互制约、相互影响、双向交流的活动。这无疑是符合现代教学改革发展趋势的。但有一些观点却认为，发挥学生的主体作用就必须否定教师的主导作用。在这种观点的影响下，一些课堂教学中出现了放任自流的做法，让学生自己去学、去探索，教师对学生很少关心指导；并认为只有这样做才能充分发挥学生的主观能动性，才能培养出具有很强自学能力和创造能力的人才，致使目前的教学出现了一些偏向。

新课程改革中，教师的主导地位不是要削弱，而是要加强。在新的形势下，我们要善于运用发展的目光重新认识教师的这种主导地位。我们可以从以下三个方面来了解师生关系：师生在教育内容上是授受关系；师生在人格上是平等的；师生在道德上是相互促进的。

第一，师生在教育内容上是授受关系。在教育活动中，教师处于教育和教学的主导地位，从教育内容的角度说，教师是传授者，学生是接受者。这是因为教师在知识的储备、智力、社会经验等方面对于正在发展中的学生来说都有比较明显的优势，尤其是相对于年龄比较小，还不十分成熟的中小学生而言。在促使学生身心发展的过程中，教师在知与不知、能与不能、会与不会、幼稚与成熟等矛盾中，处于矛盾的主导方面。教师的主要任务就是发挥自身优势，帮助学生迅速掌握知识及发展智力。当然，也有的人不同意这种观点，认为有的同学在上述方面会超过老师，因此老师的授受就没有意义了。例如，有一种典型的观点认为，随着信息社会的到来，学生的知识储备不一定比教师少，甚至还会在某一方面或多个方面超过老师，因而怀疑教师存在的必要性。其实，这正说明了教师在这种授受关系中的主导地位和作用，"学生拥有的'旧知'作为掌握新知识的前提条件，可以有种种情形。一种是他对掌握新知是适当的、充分的；另一种是，旧知缺乏掌握新知识所必需的要素，或是甚至包含了有碍掌握新知的要素。"教师的主导作用就在于知道怎样利用"适当的、充分的"旧知，为旧知和新知搭桥，并排除旧知中的干扰因素。另外，信息社会，学生面对浩如烟海、扑面而来的信息，往往无从下手、无从选择，教师的作用正在于充分发挥主导作用，解决人类知识总量的无限和学生学习时间的有限这对矛盾，让教学过程变得简约，促进学生尽快成长。所以，王策三先生在 20 世纪 80 年代就主张"在教学中教师领导或起主导作用具有客观必然性和必要性"。

怎样正确认识这种关系呢？王策三先生认为，首先要承认学生的主体地位，这一点在新课程改革中，作为一种提倡的理念，已经深入教育教学中，人们已经意识到学生应该作为一个主体存在。其次，要认识到主导的过程不是径直的，就是要教师充分调动学生的学习的积极性，了解怎样才能让学生产生学习的积极性。主导的形式要多种多样。在新课程的背景下，人们已经想出了许多的方法来调动学生的积极性，如小组合作、分组讨论、课堂提问等。但现在的问题是，我们在前进的时候，又抛弃了原来的讲授法。讲授法是一种重要的教学方法，并不能因为过去一直在用，就是不好的，"系统讲授，能充分发挥教师口头语言和学生的听觉功能，激发和锻炼学生的思维能力、注意力、想象力和情感。"在新课程的背景下，我们还要充分研究讲授法，挖掘讲授法中有价值的部分。我们还要认识到，新课程的课堂并不是越活泼越好，也不是学生活动越多越好，就像风吹池塘，表面层层波纹，而下面却是一潭死水不行。也就是说，调动学生思维的积极性才是最重要的。

第二，师生在人格上是平等的。上面我们提到，在教育内容的授受关系上，教师和学生的身份是不同的，教师是教育者，是教育内容的组织者、领导者；学生是受教育者，是学习的主体，是教师主导下的学习的主体。但是两者的这种身份上的不同并不意味着两者在人格上的不平等，"身份的不同与人格上的平等、在真理面前的平等应是并存的"。教育工作的最大特点在于其工作对象都是有思想、有感情、有独立人格的活动着的主体。义务教育阶段的学生虽然知之较少，尚未成熟，但作为一个独立的社会个体，在人格上与教师是平等的。"这种真正的人与人的关系，就是相互之间的尊重与被尊重的关系。尊重蕴含着尊重自己和尊重别人，被尊重蕴含着在尊重别人的同时也得到别人的尊重。尊重是一种社会公德，不需要怀疑它的存在性，不需要证明它的存在条件。任何人只要是生活在世界上，都应当在尊重、被尊重的环境中得到情感上的体验。"师生关系平等的这种要求，也是社会发展的必然要求，正如丛立新教授认为的那样，现代社会的主流人际关系制约着师生关系的平等，而从目前来看，平等开放、民主和谐的人际关系会逐渐成为社会成员彼此共处的主旋律，因此，学校中的人际关系应该自觉遵从社会发展趋势。

但是，师生关系中的这种平等和民主并不是不要老师的管理。新课程的课堂下之所以出现了"放羊式"的教学方式，学生在课堂上违反课堂纪律而教师不敢管理的情况，与平等、民主的观念是两码事。其一，平等与民主是对于先前的教师知识霸权和话语霸权而言的，教师进行灌输，学生只有被动地听和机械地训练，没有思考和发言的机会。提倡民主和平等就是要学生有表达自己思想的权利，教师要学会尊重学生的思想，但是并不是赞同学生的所有思想，师生的共同目标是在探讨中接近真理，教师有指导学生达到这一目标的任务。其二，平等和民主，就是要改变过去精英教育造成的弊端。社会的发展要求所有的人都有平等接受教育的权利和机会。根据现代的多元智能理论，每个人都有自己的特长，每个人的特长都应该得到发展，教师要改变只凭成绩来评价学生的理念。其三，一些违反课堂纪律而教师不敢管理的情况，这本身就是一种不民主、不平等的表现，因为课堂是所有学生的课堂，对一部分违反课堂纪律的学生的纵容，就是对其他学生的不平等和不尊重。

平等、民主的师生关系并不是不要批评，不是不要管理，而是要讲究批评的方式和方法，采取合理的管理方式。富有真知灼见的批评指正，带有"同情、理解、爱护、调解、帮助和采纳学生意见"的监督和约束，调动学生的积极性，使其共同参与到管理中来，养成自我管理、自我约束的习惯和意识，才是真正的民主。在现阶段，就是要教师主动提高自己的民主意识，创建民主和谐的气氛，平等、合作、相互尊重、友好相处，同时做好引导工作，"教师在放手前，要教他们如何自律。不经教导就要求学生自律就像未经训练就佩剑上战场一样，是会伤害他们的。"

第三，道德上的共同生成关系。教学总是伴随着教育的。一位教育工作者真正的威信在于其人格的力量，同样，学生不仅对教师的知识水平、教学水平作出反应，更会对教师的思想水平和人格有所反应。所以现代教育学理论认为，教师对学生的影响不仅仅是知识上的、智力上的，更是思想上的、人格上的。学生从教师的品质中吸取营养和力量。他们总是密切地注视着教师的一言一行，教师感情上的细微变化学生都会立刻觉察到。这种关系对教学的影响是十分重要的。很多例子表明，具有人格魅力的老师可以改变一个学生的一生。但是这并不等于说，教师就是道德生成中的主要角色。

　　师生道德上的共同生成关系，是指道德的形成不只是学生的事情，同时也是教师的事情，是师生在交往的过程中潜移默化、相互影响、相互促进地成长。在传统的师生关系中，教师被塑造成"楷模""表率"，是完美无缺的。教师也乐于以传教者的身份向学生灌输道德观念，并辅之以惩罚的方式，使学生"经常地或间断地处于惧怕的状态之中"，因而教师多忽视学生的人格和尊严。而现代心理学证明，快乐的情境是学生喜欢的、趋向的。实际上，教师应该首先认识到自己也是一个人，只是在各方面比起学生来发展比较早一些。但在道德认识问题上，并不见得一定达到一个不容置疑的境界，在很多地方也存在一定的缺点。教师要善于认识到这一点，才不至于将自己的道德观念强加给学生。学生虽然是正在发展中的人，但是学生也有自己的道德观念，有自己对世界的一些看法。有时候，这些看法恰恰因为没有沾染到社会的一些风气，而显得更加纯真和宝贵。因此，教师应学会尊重学生的观点和看法，善于向学生学习。教师不能原地踏步，要不耻下问，多与学生交往，在交流的过程中，消除学生对教师的疏远，产生亲切感，得到认可，让学生感到自豪。

　　师生之间应进行思想交流、情感沟通。老师不仅是道德建设中的平等的一员，而且还要承担起创设一个平等、民主的对话氛围的任务，进入学生的情感世界，在指导学生成长的过程中，也提升自己的道德水准。当然，这种共同生成关系的主渠道是借助一定的学科内容潜移默化地生成。道德的生成是以学科内容为基础的，"在教学中只要是传授了各门学科的内容——诸学科的知识、技能，总能使学生增长某种观点，对世界、对社会取得一定的立场，并对人生的真谛，人类的幸福，形成某种观点。这样，便会导致他们对自身生活与劳动，或是政治的、社会的活动与行为，产生一定的姿势和态度。"我们要反对那种抛开学科内容将课堂变为思想政治课的做法。

在新课程的课堂中，有的老师一涉及道德领域，就不自觉地走回老路，以"道德的化身""真理的体现"出现在学生面前，这是值得注意的问题。

以上三个方面中，师生之间的人格平等是另外两个方面的出发点，是它们发展的驱动力。在人格平等的前提下，教师才能更好地发挥自己的主导作用，学生的主体地位才能真正得到重视；在人格平等的前提下，教师才能真正走入学生的情感世界，进行心与心的交流，促进学生健康快乐地成长，使其形成良好的道德观。

（二）教学方法的变革

改革开放后，我国教育教学方法改革的热潮再次掀起。20 世纪五六十年代的一些原有的教学改革试验得以恢复，新的试验也层出不穷，外国先进的教学理论和教学方法也在此时大量传入我国，发现法、暗示教学法、问题教学、情境教学、探究—研讨法、目标教学、注音识字与提前读写、学导式教学法、游戏教学法、愉快教学等在各地被投入试验。其中影响最大的当数注音识字与提前读写和目标教学。教法改革最初发轫于语文、数学，后逐渐扩展到其他学科。这个时期涌现了很多在全国有影响的教法改革专家及学校。随着经验的积累和研究的深入，在借鉴外国经验方面逐步摆脱了单纯模仿的局限，在教学法改革领域呈现出百花竞放的局面。

1986 年《中华人民共和国义务教育法》出台后，我国义务教育的发展速度加快了。由于时代的要求，新的人才观、育人观要求义务教育教学必须注重学生能力的培养及智力的发展。这一时期的教法改革也多体现了这一时代要求。进入 90 年代以后，我国义务教育教学的教法改革开始趋于成熟，尤其是教育法、教师法的相继出台，国家"八五""九五"规划的制定更进一步推动了教学方法的改革。90 年代初期全国教育理论界关于"非智力因素"问题的争鸣更进一步加深了人们对教学的理解和对教学方法改革实验的认识。这一时期，人们认识到教法改革不仅仅是个方法问题，还需要将其纳入到课程体系、教材内容改革的整改中去。到 90 年代后期，随着人们对素质教育、创新教育的认识的加深，主体性教法改革、活动教学及与校本课程开发配套的教法改革在全国各地蓬勃兴起。

第一，注重以发展学生的智能为出发点。20 世纪 80 年代，我国教学方法多继承了 50 年代注重"双基"传授的做法。"双基论"成为当时具体指导义务教育教学并被广大教育工作者所接受的主要理论。"双基论"的提出与发展，既迎合了国际上的潮流，同时也与当时我国国民经济水平低下，义务教育遭受挫折的状况相适应。在"双基论"的指导下，我国的确培养了一大批基础知识、基本技能扎实的青少年，他们后来对国民经济的恢复和建设起到了不可低估的作用。但由于对其过分倚重，又导致了理论与实践脱节、教学与发展分离的倾向，再加上中国传统的教学中机械背诵和严逼硬压的教育思想的影响，在掌握"双基"时很大程度上流于死记硬背，学用脱节，致使学生毕业后难以顺利参与社会活动。

改革开放以后，国外教学改革的新信息大量涌入，使我们清楚地看到了过去由于忽视学生的智能培养而造成的落后局面，看到了与国外的巨大差距；加之传统的"双基论"已经不能满足我国现代化建设对人才培养的需要，强烈要求改革教学现状的呼声越来越强烈，由此带来了教学方法上的一系列变革，尤其是有关启发式教学的思想、原则和方法，几乎主导着这一时期的教法领域。综览现代各种教学方法，不难发现，大多以发展学生智能为出发点，不仅为实现学生更好地掌握"双基"服务，且更着力于发展学生的智能。

第二，注重对学生进行学习方法的指导。过去的教学过于强调教师的主导作用，甚至达到主宰的程度，以教法代替学法。现代教学方法注意处理好教学中的师生关系，既重视教学过程中学生的主体地位，也不否定教师在教学中的主导作用。教师要从研究学生的学习方法入手，对学生进行学习方法的指导。过去在讲一种教学方法的运用时，多是只对教师如何施教的要求，而无学生同时应如何学的说明。现代教学方法注意了在指明如何教的同时，还指明应如何指导学生学习，强调要着眼于如何教会学生学习。教法和学法是一个问题的两个方面，它们既是对立的，又是统一的。教法和学法作为一对矛盾，一般来说，教师的教法处于矛盾的主要方面，起主导作用。在教学过程中，师生之间不可避免地形成了引导和接受引导的关系，这也就在客观上决定了教师的教法对学生的学法具有先导性和制约性。但是，教师教法的基础是学生的学法，教法要遵循学生学习的特点和规律，学生的学法对教师的教法同样具有制约作用。教学是教师和学生所组成的一种双向活动。教学方法就是教师的教法和学生的学法在教学过程中的辩证统一，教法和学法之间有着多维的、交叉的关系。

第三，重视因材施教，努力实现教学方法的个体化。教学方法的个体化并不是要求为每一个学生配一个教师或者进行个别教学，而是针对学生学习的个别差异解决好因材施教的问题，使全体学生获得充分发展。在教学的发展史上，从个别教学到班级授课，是一个进步。班级授课制在教学管理、教学效率以及集体教育作用等方面的优势是个别教学所无法比拟的。但是班级授课制也有自身的局限性，即只能照顾大多数，不利于因材施教。随着教育的发展，一些有条件的地区或学校开始缩小班级授课的规模，以利于实现教学的个体化；依旧实行大班额的地区或学校，也开始注重对个别学生的辅导。现代化手段在教育中的运用，为教学方法的个体化提供了有利的物质基础，比如通过网络、多媒体等手段可以在一定程度上促进教学方法的个体化。

第四，注重现代化教学手段的运用。如何通过教学来促进学生的发展，从教学方法来看，仅靠教学方式的调整和教师技能技巧的提高还是不够的。利用现代教学手段，改造传统的教学技术，提高教学效率和教学质量是当前教学方法改革的一个重要趋势。过去教学方法呈现在学生面前的是语言、实物，这种教学手段把教学活动控制在一定的时间和空间范围内，学生对事物感知的深度和广度都受到一定的限制，无法把那些无法感知的世界在课堂上活生生地展现在学生面前。随着技术的发展，计算机技术、多媒体技术进入教育领域，特别是现代化教学手段的广泛采用，为深化教学方法改革提供了有利条件。教学手段、教学技术现代化的优越性表现在它对教学效率的提高上：它用先进的技术来传授、加工、储存教学信息；打破了时间和空间的限制，扩大了教学人数；可提高教学速度，节省教学时间；利于降低教材的难度，使教学内容更为形象、直观，便于学习、理解和掌握。必须指出的是，现代教学技术的运用有利于使教学过程中学生的主动性得到很好的发挥，这是因为现代教学技术更多地要求学生去听、去看，要求他们独立、主动地去接受信息。因此，绝对不要认为采用了现代化的教学手段，教师就可以轻松了，用机器代替教师，这是现代教学方法的发展所不允许的。

第五，既注重以学生的心理发展水平为基础，也注重学生的心理健康。教学过程是教育者将人类积累的知识、价值观念向受教育者传递的过程。在这个过程中，教师起主导作用。但学校教学必须以学生的心理发展水平为基础，因为外部的影响必须以内部的变化规律为依据，才能有效地促进学生心理的预期变化。教学方法是促进学生心理发展的重要手段，教学方法的改革必须重视学生的心理发展。我国现代家庭普遍存在的独生子女的自我中心主义，富裕家庭子女的消费欲，单亲家庭子女的失落、自卑和自暴自弃，一些父母望子成龙给孩子造成的心理压力，某些不良教育态度和方式造成学生不正常的心理负担等，都抑制了学生心理健康的发展。传统的教学方法一直忽视学生心理健康的培养；而对学生日益增加的心理问题，现代教学方法则着重发展学生的智力，培养他们的创造力，同时还要与情感、意志、个性等非智力因素的发展紧密结合起来，培养学生的健康心理。

二、教学实践中出现的弊端

义务教育教学自改革开放以来，成绩斐然，但也不可否认，在这个过程中也出现了一些问题，主要表现在以下几个方面。

（一）忽视学生的个性发展

第一，重灌输。改革开放以来，我国的义务教育教学主要延续了传统教育中灌输的方式。在这种教育理念下，学生被视为一个有待加工、可以被动塑造的对象；学生的大脑被认为是储存知识的"仓库"，心灵就像没有任何痕迹的"白板"，可以随意"涂写"，教学的任务就是用知识去填充大脑这个"仓库"。这种教学把教育变成了一种存储行为，严重剥夺、压制了学生学习的积极性和主动性，限制了其主体性品质的养成，妨碍了其批判意识的建构。学生越来越倾向于去适应现实世界的现状，适应教师灌输给他们的对现实的不完整的看法，不能有效形成自主的关于对自我、社会及自然的看法或认识。

第二，唯书唯师。过去的教学中，教材和教师占有绝对的权威地位。教师唯教材、唯教参、唯答案至上，学生则必须把教材、教师讲授的内容当成绝对真理，绝对服从。他们极少怀疑课本知识的正确性和教师的权威性，即使偶尔有所怀疑和反驳，也很有可能遭到教师的训斥。因此，学生对于知识的掌握不是以一种探究性、批判性和反思性的方式获得的，而是把知识当成具有终极意义的"真理"来记诵。这些知识没有经过他们的消化、吸收、反思和批判而被机械地记忆在大脑里，学生的理解处于一种"知其然不知其所以然"的状态，导致学习无异于呆读死记和囫囵吞枣。由于记忆和背诵的知识大多是标准化、统一化的答案，学生失去了独立思考、大胆想象和批判性思考的空间，加上一些学生的独特见解、另类想象和创造性观点往往受到压制和歧视，造成了教学的单调、枯燥和乏味，从而丧失了教学应有的活力和乐趣。这样的教学下走出的学生，没有继续学习的兴趣和动力，并且易盲目迷信权威，形成顺从的性格，缺乏现代社会所需要的批判创新意识。

第三，大一统。我国过去的教学如同机械大工业生产中的"流水线"，无视学生之间存在的个性上的巨大差异，试图以一种"大一统"的教学来塑造和培养统一的"标准件"。统一的培养目标、教学大纲、课程、教学进度、答案、评价标准，这种整齐划一的教学严重忽视了学生的主体地位，忽视了学生之间存在的个别差异和个性特征，成了压抑学生个性，扼杀创造力的"元凶"，致使本应丰富多彩的教学变得死气沉沉，缺乏生命活力和勃勃生机。在这种"大一统"教学中，由于学生的个性差异没有得到尊重，个人的需要和兴趣没有得到合理的满足，致使学生缺乏幸福感和成功的体验。

(二)脱离学生的现实生活和社会实际

教学源于生活，生活是教学的源头活水。对于学生而言，课堂教学本身也是一种特殊的生活方式，是教学引导的个人生活展开的过程。但是多年来，我国的教学在整体上缺乏现实感和生活感，学生的整个精神生活被定格在科学世界和书本世界之中，丧失了应有的完整的生活意义和生命价值，存在着一种脱离学生当下的现实生活和社会实际的倾向。

第一，重科学世界和书本世界。科学世界和生活世界是现代人的两个精神家园，其中，生活世界是学生最根本的生长"家园"，生活世界的教育是其他一切教育活动的根源和基础。但是，随着近代自然科学的迅猛发展，"知识就是力量"成为时代的主旋律，自然科学和理性的作用被无限扩大，加剧了人们对自然科学和技术的盲目崇拜，致使人们遗忘了身边的生活世界。在这种教学思想的影响下，教学主要定位在科学世界和书本世界。以科学世界和书本世界统摄生活世界，颠倒了科学世界与生活世界的关系，致使课堂教学严重脱离学生的现实生活和社会实际，缺乏对他们的精神世界和生活世界的全面观照。知识目标至高无上，科学主义唯我独尊，学生的精神世界和生活世界成为课堂教学中"被遗忘的角落"，学生缺少对现实社会的认识、对真实生活的体验、对人文精神的感悟和对未来生活的憧憬，他们的道德生活、审美生活乃至整个精神生活的需要无法得到充分的满足，教学失去了应有的生活意义和生命活力。

第二，重未来生活。教学作为一个个体生存状态的积极主动地展现与充盈的过程，是现实生活与未来生活的统一，它应该从不断丰富学生的现实生活内涵出发，引导他们逐渐走向未来生活。但是，我们的教学总是想方设法把一种预设的成人化、社会化的生活模式强加给学生，牵引着他们走向一种既定的生活模式，而没有认识到人的生活尤其是学生的未来生活是不可限定、不可全盘计划的，致使课堂教学严重脱离学生的现实生活和社会实际。当用这种成人化、社会化的生活模式去全盘规划、设计教学和学生的未来生活时，就容易忽视学生的生活不同于成人的生活的特殊性，进而抹杀了应属于他们的幸福和自由。在这种教学中，学生实际上过着一种"成人生活"，难以体验到本应属于他们的生活和乐趣，缺少了自由展现他们活泼可爱的天性以及丰富的想象力的生活空间和氛围，致使他们长期处于一种压抑、枯燥、乏味的生活状态之中。

（三）缺乏交往

在教学中，教育主体具体说来包括教师、学生个体和学生群体。他们的不同组合产生了教育主体之间交往的基本类型：教师与学生个体之间的交往、教师与学生小组之间的交往、教师与学生全班之间的交往、学生个体与学生个体之间的交往、学生小组与学生小组之间的交往以及学生小组与全班之间的交往。在我国过去的教学中，班级授课制是主要的课堂教学组织形式，教育主体之间的交往大多是以教师为中心的，教师是教学交往中的启动者和主宰者，扮演着"法官"或"裁判者"的角色，学生则相对处于一种消极被动的地位；学生与学生之间缺乏有效的沟通。其原因一是由于前面所述的教学体制的影响；二是由于竞争性的考试制度的影响，在这种残酷的竞争面前，学生与学生之间更多的是竞争的关系，而非相互促进的关系。

三、深化教学方法改革应注意的问题

（一）关于传授知识与发展能力的关系

过去，我们的教学偏重知识的传授，而忽视学生能力的培养，这无疑是片面的。随着社会经济、文化和科学技术发展速度的加快，世界各国纷纷把如何发展学生的智能作为教学改革的主攻方向。我国当前的教学改革，也日益重视学生的能力发展，这是完全必要的。然而，近年来有些学校却存在自觉或不自觉地把知识与能力对立起来以及轻知识重能力的倾向，认为当今时代发展学生能力比向他们传授知识更为重要，教育应当由培养知识型人才向造就智能型或能力型人才转变。这种观点也是片面的。从知识与能力的关系来看，二者既有区别，又有非常紧密的联系。知识多了不等于智力就提高了，能力就强了，知识与能力不能画等号；知识与能力又是相互依存、相互制约、互相促进的。学生的能力发展，必须以掌握知识为基础。因为知识是人类认识世界、改造世界的经验结晶，而能力则是人们认识世界、改造世界的本领。所以，要发展能力，就必须掌握知识，但这并不意味着只要掌握了知识，能力就一定能得到发展。要发展能力，除了必须掌握一定的知识外，还必须运用知识去解决实际问题，即加强实践。同时，学生的知识掌握过程也受能力发展水平尤其是认识能力的发展水平制约，没有一定的认识能力就不可能获得知识；而认识能力水平高则接受能力强，掌握知识的效率就高。

不可否认，随着社会的发展，科学技术存在着加速发展的趋势，知识的老化速度也在加快，但这并不意味着传授知识就毫无价值了。发展能力是以传授知识为条件的，没有必备的知识，能力的培养就无从谈起。虽然教师现在向学生传授的知识，将来有可能变得陈旧，但是通过传授知识，教师毕竟培养了学生的能力，学生有了一定的能力就可以在将来的生活与工作中根据社会的需要学习新知识，更新自己的知识结构。尽管随着科技的迅速发展，知识的更新速度加快了，但这并不等于所有的理论、知识随着时代的进步都会很快被淘汰。随着社会的发展，知识老化的速度加快，主要是一些应用的技术知识，而这些应用的技术知识所依据的科学理论、基本知识很难说老化了。这些基本理论、基础知识是人类认识世界、改造世界的经验中的精华，因而在教学中，向学生传授这些基本理论、基础知识，不仅是必要的，而且对发展学生的能力极有价值。

（二）教学方法不能一味创新

有重大影响的教学理论都是从实验中来，到实践中去的。有些教学方法通过实验，给传统教学理论赋予新内涵。改革开放以来，我国涌现出了很多的教学法，但是大多教学法都没有明确反映出其改革的理论依据和指导思想，没有相应的教学原则，没有经过实践的检验，大多数都是直接从国外照抄照搬或者改头换面得来的，或者就是臆造的。长期以来，人们竞相研究、实验的教学方法，大都源于欧美或苏联，往往照搬照抄，批判、创造较少。这本身就说明了我们教育的指导思想存在着一些问题，在这种教育思想的指导下，很难说我们的教育能培养出有创造能力的人才来。实际上，20 世纪后期我国的教学方法实验已走出一条自己的路，这就要求我们在认真理清优秀教育思想的同时，全面客观地研究土生土长的中国特色的教学方法，静下心来搞自己特有的教学方法实验，注意总结教学方法实验中的理论成果，而不是为了时髦或利益而随心所欲地"创新"。

（三）正确对待传统的教学方法

在教学方法的改革中，大家对传统教学方法提了许多批评意见。这些批评从不同侧面，在不同程度上反映了传统教法在应用中的实际情况，是中肯的、实事求是的。但我们在具体分析问题时一定要弄清楚这些问题到底是传统教学法本身造成的，还是运用者的指导思想及技艺水平的问题，不能武断地下结论，将传统教学方法一棍子打死。

教学方法作为一种传递教学信息的手段，基本上是中性的，它可以为各种社会形态的教育服务。具体说，教学方法包括物质手段和使用技术两个要素。物质手段如教学设备、各种实验器材和直观教具，它们是科学技术成果；语言也是一种物质手段。物质手段本身有发展，有新陈代谢，但它并不依附于某一阶级或某一教学论思想，它有自身的运动规律。使用技术，既有与教学指导思想相联系的方面，又有与物质手段相联系的方面。教学方法的改革作为两者的结合，在发展中具有相对的独立性和继承性。教学法的改革主要在于提高它的科学性和艺术性，而不能主观地把某种方法贴上"旧方法"或"注入式"等标签，然后将其从教学方法体系中淘汰出去。

传统的教学方法是长期教学实践经验的结晶，其中任何一种方法都有许多合理的因素可以继承，而不应从整体上加以否定。传统的教学方法体系是由许多传递信息、培养知识能力的基本方法组成的。教学离不开这些基本方法。以这些基本方法为元素，可以形成许多教学方法的组合。当前许多行之有效的新的教学方法，实际上是这些基本方法的组合，有的方法则是某一种教学方法的改进和提高。在实践中，我们很难找到一种与传统方法无关的新教学方法。总之，对传统的教学方法我们应当客观地、历史地、一分为二地对待。

第六章

义务教育德育的改革与发展

第一节 改革开放以来中国义务教育德育改革概述

一、德育面临的时代挑战

改革开放以来，我国社会各领域都取得了举世瞩目的成就，尤其是科学技术领域的长足进步，带来了整个社会在物质生活上前所未有的繁荣与舒适。人们越来越陶醉于由经济变革和物质丰饶所带来的物质享受之中，从中得到了轻松的娱乐与充分的宣泄。然而人们逐渐发现，物质的丰富并没有带来人们预期的精神上的满足感。相反，很多人却感到了一种精神上的失落。最终，人们发现，改革开放以来，人们选择了最为切实的道路：对智慧和真理的追求被各种实用的知识与技术所取代，对人的价值的终极关怀与人格精神的塑造已不再被热情追寻。人们原有的平均观念、螺丝钉观念让位于自主观念、竞争观念、自我设计观念；与农业社会相适应的安贫思想、自足思想、保守思想被致富意识、创业意识、开拓意识所取代；与封闭社会相关联的闭锁心理、排拒心理、狭隘心理被开放意识、协调意识所替代。这一系列思想观念上的变化，必然伴随着大量是与非、得与失、善与恶、美与丑等的重新判断，必然会打破原有的价值观念体系，形成多元价值取向并存的局面。

　　道德价值观念的变化给学校道德教育带来了极大的挑战。青少年学生是我国社会生活中最为活跃、敏感的群体，社会生活中的每一变化都会通过各种渠道影响他们的成长与发展。社会中道德价值观念的变化对青少年学生的道德价值观的形成与确立更是具有重要作用。而未来社会的价值取向在很大程度上又将以当代青少年的价值取向为基础。一方面，受整个社会思想界对主体的追寻和影响，青少年学生的主体意识得以萌发，他们越来越多地意识到"自我"与"个人利益"；另一方面，又由于其思想上的不成熟，面对多元化的世界时，他们尚缺乏价值判断和选择能力。他们对个人和社会的前程尚缺乏一定的信仰，他们对人际关系和权威尚缺乏应有的信任，对个人的职责尚缺乏应有的信守。面对社会上存在的极端的利己主义、拜金主义和享乐主义及大众传播媒介的影响，部分青少年学生尚缺乏抗诱能力，形成了不同程度的追求单纯物质性和感官快感性的及时行乐倾向。面对与人类共同利益相关的社会秩序和生活秩序及法律和道德规范，表现出无可奈何的压抑和烦恼，自由散漫作风有所滋长。青少年道德价值观念出现了一些明显冲突，主要表现为：青少年学生在信仰上已经不如过去那样单一和坚定，他们已经开始从更深、更广、更现实、更多元化的角度来认识、体味人生及其生存环境；随着青少年学生自我意识的逐步觉醒，在当前社会文化背景和独生子女成为家庭人口结构特征的情况下，"自我中心"成为其追求的主要目标，而由于青少年学生思想上的不成熟，他们对于自我的理解带有明显的非理性色彩。在追逐个人利益的过程中，"社会"与"他人"被逐渐地遗忘了。价值选择上的困惑带来的是行为上的失范。过去所提倡的集体主义、为他人服务等观念由于受到社会现实的影响正在随着学生年龄的增长而逐渐淡化。代之而起的是"做一个现实的人"。分数和学校乃至班级的排名成为许多青少年学生主动或被动追求的目标。在青少年学生的思想与行为中，个人利益所占的比例越来越大，而为社会、为他人服务的比重则相对缩小。在耀眼的物质光环下，曾经激励人们奋斗的道德精神被一些人视为虚无缥缈的东西。

学校的道德教育担负着为国家和民族培养未来合格接班人的重任，学校道德教育的发展至关重要，尤其是义务教育道德教育的发展。

二、德育发展的四个阶段

根据社会重大政策的调整及简便的原则，我们将德育的发展划分为四个时期：改革开放中的德育、体制转型时期的德育、和谐社会引领下的德育、社会主义核心价值观引领下的德育。德育的发展，与一个时代的政治、经济发展紧密相连，是教育对时代最为敏锐和及时的反映。

(一)改革开放中的德育(1978—1991 年)

党的十一届三中全会的召开，标准着中国进入改革开放的新时期。党的十一届三中全会确立了解放思想、实事求是的思想路线，政治上开始拨乱反正，经济上恢复发展，思想政治工作开始整顿，市场要素也开始进入人们的生活，中国日渐打破过去的封闭僵化状态，出现了前所未有的活跃局面。过去单一强调阶级斗争取向的政治逐渐变革，但是，不断摆脱阶级斗争狭隘认识的政治仍然承袭着过去的诸多惯性，在整个经济与社会生活领域发挥着重要的影响，并牵引着德育发展的走向。这是学校德育工作拨乱反正、恢复发展、艰难探索、曲折前进的一段时期。

(二)体制转型中的德育(1992—2000 年)

1992 年春，邓小平同志阐述了"发展才是硬道理"，"两手抓，两手都要硬"等重要原则。同年 10 月，江泽民同志在《加快改革开放和现代化建设的步伐，夺取有中国特色社会主义事业的更大胜利》中全面阐述了改革开放以来党的方针，确立了社会主义市场经济的新体系，从而开辟了改革开放和社会主义现代化建设的新阶段。中国社会主义市场经济体制确立，社会结构发生了裂变，有计划的商品经济最终明确地被社会主义市场经济所取代，计划经济与市场经济不再是社会主义与资本主义的分界线，市场经济正式进入人们的视野，并出现在一系列相关重大报告中，这对于过去一元化的政治格局产生了重大影响，市场经济从若隐若现的后台走向前台，对德育政策产生了重要影响。而且，市场经济也为义务教育德育提供了一个新的视角与发展路径。这一阶段是学校德育深刻反思，开拓创新的一段时期。

（三）和谐社会引领下的德育（2001—2011 年）

进入 21 世纪以后，人们发现，无论是对政治的过度依附，还是对市场经济的强烈期盼，或是简单地拒斥，都难以合理地解决社会面临的诸多问题，而且在政治与市场经济之间产生了区隔，良好的互动状态尚未形成。以人为本的和谐社会建构为德育政策提供了新的视角，和谐社会强调以人为本，要求我们必须关注学生的生命成长和其真实的生活状态，要让德育在生活世界中进行，以对生活德育的追求实现德育诸要素之间的和谐共融。

（四）社会主义核心价值观引领下的德育（2012 年至今）

党的十八大以来，立德树人上升到了"教育的根本任务"的战略高度，社会主义核心价值观教育覆盖大中小学。立德树人成为教育改革的先导、发展的基石。因此，培育和践行社会主义核心价值观成为中小学德育的必然要求，是深化教育领域综合改革、促进学生健康成长的现实选择。针对新形势、新要求，2014 年教育部印发的《关于培育和践行社会主义核心价值观，进一步加强中小学德育工作的意见》强调加强中小学德育的薄弱环节，指出要通过加强中华优秀传统文化教育、公民意识教育、生态文明教育、心理健康教育和网络环境下德育工作来培育和践行社会主义核心价值观。

2018 年 9 月，全国教育大会在北京召开，习近平总书记发表重要讲话。他强调："在党的坚强领导下，全面贯彻党的教育方针，坚持马克思主义指导地位，坚持中国特色社会主义教育发展道路，坚持社会主义办学方向，立足基本国情，遵循教育规律，坚持改革创新，以凝聚人心、完善人格、开发人力、培育人才、造福人民为工作目标，培养德智体美劳全面发展的社会主义建设者和接班人，加快推进教育现代化、建设教育强国、办好人民满意的教育。"这是对新时代党的教育方针的高度概括，指明了今后一段时期内中国特色社会主义教育事业发展的方向与重点。

对于新时代中国特色社会主义建设者和接班人的具体要求，习近平总书记从九个方面进行了阐述，其中涉及德育的有以下几条：第一，要在坚定理想信念上下功夫，教育引导学生树立共产主义远大理想和中国特色社会主义共同理想，增强学生的中国特色社会主义道路自信、理论自信、制度自信、文化自信，立志肩负起民族复兴的时代重任。第二，要在厚植爱国主义情怀上下功夫，让爱国主义精神在学生心中牢牢扎根，教育引导学生热爱和拥护中国共产党，立志听党话、跟党走，立志扎根人民、奉献国家。第三，要在加强品德修养上下功夫，教育引导学生培育和践行社会主义核心价值观，踏踏实实修好品德，成为有大爱大德大情怀的人。第四，要在培养奋斗精神上下功夫，教育引导学生树立高远志向，历练敢于担当、不懈奋斗的精神，具有勇于奋斗的精神状态、乐观向上的人生态度，做到刚健有为、自强不息。第五，要全面加强和改进学校美育，坚持以美育人、以文化人，提高学生审美和人文素养。第六，要在学生中弘扬劳动精神，教育引导学生崇尚劳动、尊重劳动，懂得劳动

最光荣、劳动最崇高、劳动最伟大、劳动最美丽的道理，长大后能
够辛勤劳动、诚实劳动、创造性劳动。

三、德育的新进展

改革开放以来，我国中小学德育在改革中求发展，以发展促改
革，取得了多方面的新进展，主要表现在以下几个方面。

(一)思想观念上的解放

党的十一届三中全会以后，思想观念上进步的核心是"拨乱反
正"和"解放思想"。教育界也不例外，邓小平同志多次从培养合格人
才的高度强调教育战线的拨乱反正，并"自告奋勇"亲自抓教育。

改革开放以来，与全国各界和教育战线"解放思想"的进程相适
应，学校德育工作的整个指导思想发生了深刻的转变，其"拨乱反
正"的核心是把以往扭曲了的德育恢复过来。首先在指导思想上打破
德育政治化、工具化的局限，强调德育发展人、提升人的素质的功
能；重新确定了德育的地位，并认为德育应该有一个恢复期，逐步
走上"解放思想""实事求是"的德育发展轨道。20世纪90年代以来，
随着经济全球化、网络化的发展，德育工作者不断深化对德育理念
的认识，强调德育实践的着力点，最终形成了这一阶段的德育实践
的特征。21世纪以来，全球性的问题越来越突出，涉及的问题越来
越广泛，对德育提出了严峻的挑战。这一时期，"以人为本"，促人
向善及使人与自然、社会和谐发展成为德育发展的方向。

(二)德育理论研究上的深化

思想观念上的解放促进了德育学术思想观点的全面深化，这集
中体现为德育理论研究者对德育概念的辨析、德育本质与功能的揭
示以及德育范式的创新。"大德育"的概念被逐渐认可，即对学生进
行政治、思想、道德和心理品质教育。20世纪90年代，德育课程也
开始进入我国德育理论研究者的视野，专家和学者们确定了德育课

程的重要地位，提出了"大德育课程体系"，课程类型主要为知识性德育课程、活动性（或实践性）德育课程、学科德育课程、隐性德育课程、校本德育课程五种。这些研究极大地丰富了我国对德育课程的认识，并推动了我国德育课程的建设，对德育本质与功能的认识也得到了深化，揭示出德育的本质就其存在特性而言具有适应性，就其价值特性而言具有超越性，德育不仅有政治功能，而且有经济功能、文化功能、享用性功能、自然性功能、对人的发展的主导功能、对学校教育的导向功能、促进社会进步的功能、生活性功能、生态性功能等。在德育范式研究方面，则提出了情感性德育、发展性德育、活动性德育、心育、生态德育等新范式。这一系列德育理论研究的新进展，使德育的概念、本质、功能和范式逐渐完整和明晰起来，为新时期更新德育观念，确定德育地位及德育改革理清思路，提供了必要的理论依据。在德育机制、德育测评研究等方面，德育理论工作者也做了大量有价值的探索，使德育理论在实际工作中发挥出越来越重要的作用。

（三）德育原理课程教材的进步

德育原理课程的教学和教材建设是德育理论自身建设的一项重要工作。改革开放以来，这一工作得到了持续的重视。20 世纪 80 年代初开始，高等师范院校在总结以往学校德育和高师教育学科教学的基础上，根据当时需要开设了"德育原理"课程。德育原理硕士研究生授权点在 80 年代中期开始设立。1983 年开始编写、1985 年正式出版了新中国成立后第一部德育原理教材《德育原理》，此后，又陆续出版了多部有关的重要教材。项目研究是促进德育学科发展的一条有效途径，国家十分重视这项工作。国家教委实施"面向 21 世纪高师教改计划"，把《面向 21 世纪德育学课程教学内容和体系改革与实践》作为重要的立项项目，由全国 7 所高师院校合作组成课题组。课题组最后提交了《德育学课程教学内容和体系改革研究报告》，并编写了"面向 21 世纪新教材"《道德教育学》。与此同时，编辑出版了一定量的全国性、地方性的德育理论报刊，建立了必要的德育原理学术团体和研究机构。

(四)德育实际工作的进展

在思想上"拨乱反正"之后，全国上下逐步恢复和重建中小学德育的机制和机构。国家教委、各省(自治区、直辖市)教委，都设立德育处，大学设有德育教授职称。中小学则设有德育处、政教处，由专人做德育工作，并要求每一个教师既是专业课教师，又是德育工作者。从中央到地方，各级政府对中小学德育工作的指导力度空前加强，在国家教委(教育部)的主持下，分别于 1985 年、1987 年、1993 年、1995 年、1998 年、2000 年、2002 年、2004 年、2005 年、2006 年连续制定和颁布了中小学德育工作指导纲要。此后又召集专家进行反复修订，同时下发了一系列关于加强和改进中小学德育工作的通知。这些重要的指导性文件顺应社会变迁的趋势，不断吸收新的德育理论成果，反映新的时代精神，对德育工作提出越来越高的要求。日益强调中小学德育从社会生活实际和学生思想品德实际出发，学校德育与社会德育、家庭德育有机结合，每一门学科从本学科的实际出发，把德育有机渗透到每一门学科的教学中去。

《小学德育大纲》与《中学德育大纲》，《九年义务教育小学思想品德课和初中思想政治课课程标准(修订)》，《品德与社会新课程标准(实验稿)》与《思想品德课程标准(实验稿)》等为各级各类学校有计划、有系统地开展德育工作提供了依据，也进一步推动了德育研究队伍的发展。与此相应，全国各大中小学开设了政治课、德育课、思想政治课、思想品德课、人生哲理课等，并全面加强了对中小学德育内容等方面的调整。新的中小学德育指导纲要中不仅强调爱国主义教育、中华传统美德教育，还重视道德与个性的关系，明确提出道德教育生活化，道德情感教育，把德育要求生活化、具体化。

德育的模式、途径、方法等也有了多方面的改革和实验，如大中小幼衔接的德育一体化研究、立体性德育的研究、青少年儿童道德情感教育研究等都取得了长足的进展。

四、义务教育德育发展中出现的问题

不可否认，改革开放以来德育取得了令人瞩目的成就。但是，我们也应该直面这样一个现实，即在取得成绩的同时，德育发展也出现了一些问题。

(一)德育定位的问题

长期以来，受形而上学和认知主义的影响，我国德育的理论与实践中一直存有误区，即认为德育是一种单独的教育，可以脱离其他各育，可以脱离学生的整体生活。在这种认识的影响下，我国中小学德育出现了两个分离：一是把学校德育从完整的教育中割裂、抽离出来，使之成为学校中一个单独的实体，试图靠单独的德育课程，单独的德育教师，单独的德育机构(如政教处、德育处)来实施德育。从表面上看，这似乎是重视德育，其实，这是把德育与其他四育割裂开来，是一种德育地位和价值的偏移或变相缺失。二是把德育从生活中抽离出来，成为独立于生活世界的孤立实体。学校里所搞的德育与现实生活中的德育实际之间存在着较大的差距，学校德育脱离活生生的人际交往，表现出空疏的特征，对学生在社会生活中遇到的具体道德情境时的道德判断和选择帮助不大，学生很难形成实际的道德体验，因而很难对现行德育产生兴趣。

认识上的不到位，使得实际工作中的德育工作定位偏移或游移不定。一方面存在把德育与其他各育割裂对待的现象。学校教育中，仅仅依靠德育课程、班队系统和德育活动，在专门的时间里，由专人搞德育，没有形成学校全部门、全员和全时空抓德育的意识，这就无法保证德育实效。同时，学校德育脱离社会生活的整体大系统，与家庭和社区的联系不紧密，单纯依靠学校，在封闭的环境，由道德教师传输理想化的道德信息，提出脱离学生生活实际和思想实际的德育要求。另一方面，德育在整个学校教育工作中的落实，受到许多因素的影响甚至干扰。虽然素质教育推行了多年，但不少学校仍然没有摆脱应试和升学教育的模式，德育"讲起来重要，做起来次要，忙起来不要"的现象仍然较为严重。

(二)德育的价值取向问题

我国德育的价值取向在一定程度上忽视了两个向度：一是学生基础德性的培养；二是学生独立判断能力的培养。

第一，德育的目标取向问题。既往德育的价值取向过多强调传递既定的道德规范，而忽视对学生基础德性、品格的培养。当道德规范与学生生活实际、思想实际发生矛盾的时候，往往要求学生被动地听从、盲目地服从既定道德规范的要求，而不是鼓励学生从生活实际出发去感受和体验新生活。这不仅降低了德育的现实性、针对性和德育目标应有的激励、引导作用，而且限制了学生对生活中各种道德关系的敏感性，容易形成只知道背诵道德条文，把口头的道德言说与自己的生活行为分离的双重人格。

第二，德育的功能取向问题。既往的德育不是去积极大胆地激励引导学生，而是设法约束、防范学生。这样的德育在信息传输上明显带有单向灌输性，其动力系统是外在的，学生不会产生内在需求。实践证明，对学生过多地控制、惩罚，会导致学生的恐惧和逆反心态，形成表里不一的言行方式，学生很难通过自觉的理解真正提高其道德水平。因此，21 世纪的中小学德育要由外部约束、控制，走向学生多样化的实际，激励、引导学生，发展其道德主体性，通过培养学生的道德判断力、道德情感，教会学生自主、自律，教会判断、选择，勇于承担责任。

(三)德育实践操作过程中的问题

我国义务教育德育主要是通过学科德育课程、活动课程和隐性课程来实施的。中小学德育实践的操作过程中存在的主要问题是，针对性差，缺乏魅力，实效不高。

　　造成这些问题的原因是多方面的，主要有两个方面：一是教育者认识的局限。教育者对德育过程的生活性、活动性、情感性、生成性等本质特点缺乏认识，有些教育者误以为德育过程与教学过程一样，就是通过德育课程讲授或灌输既定的德育内容，考知识便是考德育水平，于是出现了有些教育工作者限制学生活动的做法，有些教育者所传递的内容远离生活等现象。其实在德育过程中，学生没有产生道德体验时，德育要求是难以内化的，因而便不能取得德育实效。学生身体的绝大部分活动时空是可控的，但其内部的思想和心理活动却无法被学校德育时空所限制，学生通过多种渠道与校外的社会信息发生着密切的交流，一旦学校德育采取"美德袋"式的知识传递方式，而且所传递的德育知识信息与社会现象不一致，或不符合学生的内在需要，学生就会出现人在德育中而心在德育外的现象，自主参与性较低，师生之间也缺乏互动。二是中小学德育中程度不同地存在着形式主义的倾向。学校虽然也有德育活动，但是有些学校德育活动的目标主要是对上级负责，应付检查，却较少对下服务。于是在设计和组织活动时，存在着单方面考虑上面所下达的德育任务，而较少考虑学生的实际品德基础和品德需要，因而所组织的德育活动缺乏吸引力；加之不少学校教育者创新意识不强，囿于既往的德育经验，不愿也不敢大胆改革、创新，使德育流于完成任务的水平，以完成常规工作为满足；有的学校则习惯于盲目照搬国外和国内其他学校的德育实践模式，不注意结合本校实际情况构建自己独具特色的德育实践模式。

第二节　中国义务教育德育改革及反思

一、德育目标的演变

首先要说明的是，这里主要是从"大纲"或"标准"来看中小学德育课程目标（目的）的演变的。因为我国以往并无"课程目标"的提法，直到最近才开始采用"基础教育课程目标"的提法。以往规定各级各类学科"培养目标"，在教学大纲以及教案中的提法是"教学目的"（即"教学目标"）。从现代意义上来看，这些"培养目标"应该与我们现在所提的"课程目标"基本一致。

（一）德育目标的演变过程与分析

归纳来看，改革开放以来，中小学德育目标总体演变过程可以划分为三个阶段：德育课程目标时期（1978—1988 年）、德育分段目标时期（1988—2000 年）、德育目标系统化时期（2000 年至今）。

1. 德育课程目标时期

1988 年以前，德育政策中没有学校德育目标或者任务的具体规定，国家对德育质量的设想和规定体现在德育课程目标里，主要是在思想品德课程的教学大纲里，如 1982 年颁发的《全日制五年制小学思想品德课教学大纲》（试行草案）规定了课程目标："它（思想品德课）的教学目的是使中小学生初步具有共产主义道德品质和良好的行为习惯，立志做有理想、有道德、有文化、守纪律的劳动者，为把他们培养成为共产主义事业的接班人打下思想基础。"1986 年又颁发了《全日制小学思想品德课教学大纲》。1982 年的课程目标，现在看来，其突出的特点就是政治化倾向和理想主义要求过高。1986 年的大纲，减少了政治化和理想主义的色彩，开始注意小学生的年龄特点，比如大纲规定："通过'五爱'和'五讲四美'为中心的社会公德教育和社会常识(包括必要的生活常识、浅显的政治常识以及同小学生生活有关的法律常识)，从小培育学生社会主义国家公民应有的良好的思想品德和行为习惯，为使他们成为有理想、有道德、有文化、有纪律的社会主义建设各类人才打下初步的思想基础。"但是仍然以社会为本位，具有成人化的特点。

2. 德育分段目标时期

1988 年印发的《中共中央关于改革和加强中小学德育工作的通知》，首次出现了总体目标和小学、中学德育目标的分段。中小学德育工作的基本目标是培养"好公民"，最高目标是"他们中的优秀分子将来能够成长为坚定的共产主义者"。1988 年后，德育总体目标和分段目标的基本格局、基本内容保持相对稳定。第一，德育总目标基本未变。将《中小学德育工作规程》与 1988 年《中共中央关于改革和加强中小学德育工作的通知》的文本对照一下，前者只是作了三处小的改动：将"把全体学生培养成为爱国、具有社会公德、文明行为习惯的、遵纪守法的好公民"改为"培养学生成为热爱社会主义祖国、具有社会公德、文明行为习惯、遵纪守法的公民"；将"引导他们逐步确立科学的人生观、价值观"改为"引导他们逐步确立正确的世界观、人生观、价值观"；将"使他们中的优秀分子将来能够成长为坚定的共产主义者"改为"并为使他们中的优秀分子将来能够成为坚定的共产主义者奠定坚实的基础"。虽然目标要求降低了，但更实际，体现了德育的针对性。第二，从分段目标来看，小学德育目标基本未变。中学德育目标，1998 年颁布的《中小学德育工作规程》只是对 1988 年的《中学德育大纲(试行稿)》做了微调，将"成为有理想、有道德、有文化、有纪律的社会主义公民"改为"在这个基础上，引导他们逐步树立科学的人生观、世界观，不断提高社会主义思想觉悟，使他们中的优秀分子将来能成长为共产主义者"，基本的要求未变。

3. 德育目标系统化时期

其一，目标分类化。2002 年，新课程《品德与生活》及《品德与社会》课程标准提出了总目标与分目标。分目标从观念来看，突出了德育与儿童的关系，表明了德育要为儿童的生活服务的人性化特点；从内容看，目标不仅对学生的认知提出了要求，而且对学生的学习过程、学习方法与情感价值也提出了要求，具有分类化特征。

其二，目标系统化。2000 年 12 月中共中央办公厅、国务院办公厅下发的《关于适应新形势进一步加强和改进中小学德育工作的意见》，2001 年 5 月国务院下发的《关于基础教育改革与发展的决定》，2001 年 9 月中共中央下发的《公民道德建设实施纲要》，2002 年教育部印发的《中小学心理健康教育指导纲要》等文件，提出了国情教育目标、国防教育目标、爱国主义教育目标、心理健康教育目标，而且就每一目标分别在小学、中学阶段做出了系统化要求。

其三，目标整体化。不仅分别提出了中小学的德育目标，而且就中小学德育目标体系做了整体规划和层次性安排。《关于进一步加强和改进未成年人思想道德建设的若干意见》指出了未成年人思想道德建设的主要任务：从增强爱国情感做起，弘扬和培育以爱国主义为核心的伟大民族精神；从确立远大志向做起，树立和培育正确的理想信念；从规范行为习惯做起，培养良好道德品质和文明行为；从提高基本素质教育做起，促进未成年人的全面发展。《关于整体规划大中小学德育体系的意见》指出了整体规划大中小学德育体系的总要求：以邓小平理论和"三个代表"重要思想为指导，全面贯彻党的教育方针，坚持以人为本，遵循学校德育工作规律和青少年成长成才规律，适应社会发展要求，贴近实际、贴近生活、贴近学生，把理想信念教育、爱国主义教育、公民道德教育和基本素质教育贯穿始终，使大中小学德育纵向衔接、横向贯通、螺旋上升，不断提高针对性、实效性和吸引力、感染力，更好地促进青少年学生健康成长。同时，它还分别规定了小学阶段的德育目标和中学阶段的德育目标，既有层次感，又有整体性。

（二）德育目标演变的审视

1. 由社会本位到关心个人，由理想到现实

目标定位由以往以服从政治、经济发展的需要为主转向真正关注学生当下的现实生活和所处的现实社会；目标制定由以往的高远转向切合学生当下实际的生活与社会现实，注重目标的普适性和可实现性。例如，1982 年的小学思想品德课教学大纲，其"教学目的"是"为共产主义事业的接班人打下思想基础"，而 1986 年的小学德育课程教学大纲的教学目的是为"社会主义建设的各类人才打下初步的思想基础"。1993 年的《小学德育纲要》的"培养目标"是"德、智、体全面发展的社会主义事业的建设者和接班人"；而初中部分，1980 年的《关于改进和加强中学政治课的意见》指出中学政治课的任务是"以马列主义、毛泽东思想的基础知识武装学生，提高学生认识问题的能力和政治觉悟，培养学生的共产主义道德品质，教育学生坚持又红又专的方向，逐步树立无产阶级世界观和人生观，立志为人民服务，为实现祖国的社会主义现代化而献身"。可见，这几次大纲在目标定位方向上几乎一致地体现了我国思想品德教育的政治化、成人化倾向，而且越早颁布的大纲体现得越明显。1997 年的《九年义务教育小学思想品德课和初中思想政治课课程标准（修订）》较以往的教学大纲在目标定位上，发生了很大变化：由"共产主义、社会主义事业的建设者、接班人"的目标定位，调整为"树立崇高理想和参加社会主义现代化建设的社会责任感"。这一新的目标定位与当时国际、国内的重大形势变化有一定关系。基础教育课程改革后不久制定的《品德与生活课程标准》和《品德与社会课程标准》在目标定位上实现了质的飞跃，以最新的教育理念构建课程目标，体现了与时俱进的时代特点。例如，《品德与生活课程标准》的课程目标是"培养具有良好品

德和行为习惯、乐于探究、热爱生活的儿童"，而《品德与社会课程标准》的课程目标旨在"促进学生良好品德的形成和社会性的发展，为学生认识社会、参与社会、适应社会，成为具有爱心、责任心、良好的行为习惯和个性品质的社会主义合格公民奠定基础"。第一次将目标定位指向了学生，切实关注学生的生存、生活和学习状态。初中德育课程的目标定位也由1997年的课程标准中的"注重良好的道德品质、行为习惯的培养，具有一定分辨是非的能力和社会责任感"调整为《思想品德课程标准》中的"好公民"的定位目标，充分地体现了"帮助学生学习做负责任的公民，过积极健康的生活"这一初中德育课程的新目标，非常重视道德教育向人的回归。

2. 由知识传授到能力培养，由认知到情感态度和价值观

在目标要求上，基础教育课程改革以前的中小学德育课程教学大纲，虽然强调良好道德品质的培养，良好行为习惯的养成，但至多要求在道德观念上具有辨别是非的能力。目标层次结构上还主要侧重于学生道德认知的发展，强调道德知识和规范的理解、掌握；而对学生的道德情感、态度和价值观的培养，对学生品德能力的发展则重视不够甚至忽视。《品德与生活课程标准》与《品德与社会课程标准》和《思想品德课程标准》在课程目标设计上显然有较大的创新和超越。《品德与生活课程标准》不仅对以往教学大纲已涉及的"知识与技能、行为与习惯"提出了条理清晰的要求，而且对以往教学大纲所缺失的"情感与态度""过程与方法"首次提出要求。小学中高年级的《品德与社会课程标准》和初中的《思想品德课程标准》在课程分目标上不仅对学生的"知识"提出要求，还对学生的情感、态度、价值观和能力提出了明确的要求。既注重小学低年级学生情感与态度、行为与习惯、知识与技能的培养，同时也注重小学中高年级学生和初中生的知识、能力及情感、态度、价值观教育，并将它们有机结合起来，形成层次分明的目标体系，使课程目标在表述上更为科学。

二、德育课程的变革

"文化大革命"开始前，小学没有开设德育（政治）课程，1968 年
规定在全日制十年制学校第五年级开设政治课。十一届三中全会后，
1982 年印发了《全日制五年制小学思想品德课教学大纲（试行草案）》；
1986 年印发了《全日制小学思想品德课教学大纲》；1992 年印发了
《九年义务教育全日制小学思想品德课教学大纲（试用）》，规定了小
学德育"对学生进行以'五爱'为基本内容的社会公德教育和浅显的政
治常识教育，教育学生心中有他人，有集体，有人民，有祖国。着
重提高学生的道德认识，培养道德情感，知道道德行为"。1997 年印
发的《九年义务教育小学思想品德和初中思想政治课课程标准（试
行）》，2002 年颁布的《品德与生活课程标准》《品德与社会课程标准》，
2005 年教育部颁布的《关于整体规划大中小学德育体系的意见》，都
就小学德育课程设置作了新规定。

表 6-1　改革开放以来中学德育课程的演进

执行时间	课程设置
1978—1981	初一年级、初二年级开设社会发展简史，初三年级开设科学社会主义常识；高一年级开设辩证唯物主义常识，高二年级开设政治经济学常识，高三年级复习高一、高二课程
1981—1985	初一年级开设青少年修养，初二年级开设社会发展简史，初三年级开设法律常识；高一年级开设政治经济学常识，高二年级开设辩证唯物主义常识，高三年级复习高一、高二课程
1985—1992	初一年级开设公民，初二年级开设社会发展简史，初三年级开设中国社会主义建设常识；高一年级开设共产主义人生观，高二年级开设经济常识，高三年级开设政治常识

执行时间	课程设置
1992—2005	根据《九年义务教育全日制小学、初级中学课程计划（试行）》（1992）及《九年义务教育小学思想品德课和初中思想政治课课程标准（试行）》（1997）的规定，课程名称均为思想政治课，但各年级内容侧重点不同
2005 年至今	《关于整体规划大中小学德育体系的意见》规定，初中设置思想品德课，高中设置思想政治课，各年级内容侧重点不同

（一）德育课程性质、地位的演变

　　基础教育课程改革以前，小学思想品德课程和初中思想政治课程都是一门分科课程，且地位很重要。我们可从 1982 年至 1997 年以来的中小学德育课程教学大纲、课程标准对其的定位中看出变化。1982 年的《小学教学大纲》明确了本课程的性质、地位："用共产主义思想向小学生进行思想品德教育的一门重要课程"；1986 年的《小学教学大纲》指出是"向小学生比较系统地进行共产主义思想品德教育的一课程""是我们学校教育社会主义性质的一个重要标志，在小学教育中居于重要地位"；1980 年颁布的《关于改进和加强中学政治课的意见》中指出中学政治课的地位是"中学教学计划中主要课程之一，是对学生进行马列主义、毛泽东思想基础知识教育的课程，是思想政治教育的重要途径之一，是贯彻德、智、体全面发展的教育方针的重要方面，是区分社会主义教育与资本主义教育的重要标志"。1997 年首次中小学德育课程合编的课程标准指出，九年制义务教育小学思想品德课程和初中思想政治课程是"必修课程""是我国学校教育社会主义性质的重要标志之一""起着重要的指导作用"。由此可知，新德育课程标准颁布以前，因德育课程的特殊性，国家在历次德育文件里都指示应把它放在重要位置上，乃至首位，"甚至在特定时期'德育首位'成了实际德育工作的指针"。然而，文件及政策中的首位，并不代表实际工作也是如此，在实践中这种指示常常落不到实处。

基础教育新课程改革以前，德育课程在中小学学科教育中也一直是分科课程。所谓分科课程是依据一定的逻辑关系将原本为一体的知识内容进行分割，使这些内容条理化、结构化，以便学生专门学习和研究的一种课程类型。建立在分科基础上的中小学德育课程，固然有利于道德知识和规范的系统学习与掌握。但同时缺陷也逐渐显现出来：一方面它容易将有机统一的知识和观念人为地割裂开来，致使学生对世界、社会、自然及自身的认识变得片面、狭隘、不完整。另一方面，各学科知识的内在关联性和相通性，使小学思想品德课同生活课、社会课和劳动课以及相关专题的其他课程之间在内容上出现重复、交叉，相同的内容在几门课程中重复教育，既浪费了教师与学生的宝贵时间，增加了教与学的负担，也不利于提高这些课的上课效率和课堂质量，最终还是不利于增强德育课程的实效性。

新世纪基础教育课程改革明确提出，课程改革的任务是实现课程的综合化。新制定的中小学德育课程标准定位了中小学德育课程的性质，而未明确指出课程的政治方向和地位。例如，小学低年级的《品德与生活课程标准》指出本课程是"活动型综合课程"；中高年级的《品德与社会课程标准》指出本课程是"综合课程"。初中《思想品德课程标准》指出本课程的性质是"一门综合性的必修课程"，还首次从思想性、人文性、实践性、综合性四个方面，多个角度阐述课程的性质，从而使教师、学生能更清楚、更准确地把握这门课程的性质。综合课程既是适应基础教育课程改革和社会进一步发展的需要，更是适应青少年逐步提高社会生活能力和其社会化进一步发展的需要。新课程标准正好明确地反映和体现了这些，如小学《品德与生活课程标准》指出"品德与生活课程是以儿童的生活为基础，以培养品德良好、乐于探究、热爱生活的儿童为目标的活动型综合课程";《品德与社会课程标准》指出"品德与社会课程是在小学中高年级开设的一门以儿童社会生活为基础，促进学生良好品德形成和社会性发展的综合课程"。初中《思想品德课程标准》指出"本课程是为初中学生思想品德健康发展奠定基础的一门综合性的必修课程"。总之，新的中小学德育课程标准更有利于教师教得有针对性，也有利于学生学得有主动性。响应基础教育课程改革和新课程标准的要求，在小学将品德课与生活课综合为《品德与生活》课，供一、二年级学生使用；将品德课与社会课综合为《品德与社会》课，供三至六年级学生使用。初中新改称的"思想品德"课，也是道德、心理健康、法律和国情等多方面学习内容的有机整合，这些课程都体现了综合课程的特点。

(二)德育课程演变过程中出现的问题

1. 课程取向的知识化倾向

长期以来，思想政治课被当成文化知识课程，造成了重认知教育，轻情意教育和能力教育，单纯传授知识，考概念、考理论，导致许多富有时代气息的内容未能及时在课程内容中体现出来。

2. 课程内容空洞

思想政治课存在脱离学生思想实际，脱离社会生活实际的问题，未能很好地遵循学生思想品德形成和发展的规律，未能贴近生活和实际，未能很好地回答学生所关心的实际问题，因此实效性较差。

3. 课程设置不稳定

无论是课程名称还是课程内容，基本上是 5 年左右一小变，10年左右一大变，并且前后课程之间的连贯性较差。改革开放后，德育课程的设置较大的变动就有四次：一是 1986 年起，北京、天津、上海、广东、贵州等六省市和北京师范大学编写了七套实验教材，由点到面在全国范围内铺开，从初一到高三设置了"公民""社会发展简史""社会主义建设常识""科学人生观""经济常识""政治常识"等课程，取代了原来的"青少年修养""社会发展简史""法律常识""辩证唯物主义常识""政治经济常识"课程。二是 1992 年，实验和试用了 5 年多的高中教材又被统一，大多数省份的初中教材也被统一，名曰"思想政治课"。三是 1996 年颁布《全日制普通高级中学思想政治课课程标准》，执行 1997 年的《九年义务教育小学思想品德课和初中思想政治课课程标准（试行）》。四是 2005 年，教育部颁布《关于整体规划大中小学德育体系的意见》，规定小学开设以提高学生思想道德水平为基本内容的思想品德、思想政治类课程，初中开设思想品德课，着重讲解个人成长应具备的基本要求、个人与他人的关系、个人与集体、国家和社会的关系，引领初中生感悟人生意义，提高道德素质，了解基本法律知识，培养健康心理品质，确立责任意识和积极的生活态度；普通高中开设思想政治课，着重讲解哲学基本常识和政治生活、经济生活、文化生活常识，公民道德与伦理常识及法律常识，引导学生运用矛盾和实践的观点与方法认识问题、分析和解决问题，使高中学生具备现代社会生活中应有的自主、自立、自强的能力和态度，初步形成正确的世界观、人生观和价值观，初步掌握辩证唯物主义和历史唯物主义的观点、方法，为终身发展奠定思想道德基础。可以看出，中学德育无论课程名称还是课程内容一直在频繁变化。

（三）德育课程的新转向

自 1999 年基础教育改革启动以来，德育课程改革也随之进行。2005 年，教育部颁布的《关于整体规划大中小学德育体系的意见》集中体现了新德育课程的宗旨。

1. 课程目标上，由培育美德转向发展品德能力

传统德育热衷于采用"美德袋"模式，虽然在一定程度上有利于

美德的灌输，但不利于品德能力的培养，最终失去了德育的意义。新课程的培养目标体现时代的要求，使学生具有爱国主义、集体主义精神，热爱社会主义，继承和发扬中华民族的优秀传统和革命传统；具有社会主义民主法制意识，遵守国家法律和社会公德；逐步形成正确的世界观、人生观、价值观；具有社会责任感，努力为人民服务；具有初步的创新精神、实践能力、科学和人文素养以及环境意识；具有适应终身学习的基础知识、基本技能和方法；具有健壮的体魄和良好的心理素质，养成健康的审美情趣和生活方式，成为有理想、有道德、有文化、有纪律的一代新人。课程目标的转换也体现了德育课程目标由培养美德向发展品德能力的转换。

2. 课程取向上，由唯知识转向育德性

初中各学科课程标准在"课程目标"中，除了知识与能力、过程与方法目标之外，还明确提出了情感、态度与价值观目标，要求教学既要关注学生的知识学习和相应的学科能力的发展，又要重视使学生在情感、态度和价值观方面获得相应的发展，而且，在"教学建议"和"评价建议"中进一步明确了实现情感、态度与价值观目标的具体要求，这表明新课程在取向上由唯知识倾向转到德智并重。

课程取向的德育性除了课程目标的德育性，还表现在学科课程的德育渗透性。以初中课程为例，从内容上看，初中各学科尽管由于学科本身的性质和特点不同，各学科课程标准在具体德育渗透上不尽相同，侧重点不尽一致，但是从整体上看，其内容几乎涵盖了现行学校德育的方方面面。经统计，数学、地理、科学、生物、化学、物理6门理科课程标准多涉及的德育内容是：科学态度与精神、积极的学习态度、创新意识与能力、科学世界观、正确价值观、爱国主义、社会责任感、可持续发展观、合作意识与团队精神、生态伦理与环保意识、辩证唯物主义、思维方法与习惯。语文、英语、历史、历史与社会、音乐、美术、艺术、体育与健康等文科课程标准多涉及的德育内容是：爱国主义、合作意识与团队精神、积极的学习态度、创新意识与能力、国际意识与开放态度、正确的价值观念、文明交往、良好个性与健全人格、科学世界观、积极的人生态度、情感教育、集体主义、审美情趣、自信自尊等。综合看来，初中各学科共同强调的德育内容是：积极的学习态度、创新意识与能力、爱国主义、合作意识与团队精神、正确的价值观念、科学世界观、科学态度与精神等。可以看出，新课程强调各学科的德育渗透，强调促进个体道德判断能力、道德实践能力的发展。

3. 课程内容上，由知识本位转向生活本位

新课程教材编写所遵循的内在逻辑是个体生活的逻辑而不是学科知识或道德规范的逻辑。内容组织上，中低年级以个体的生活内容为轴心，按照健康生活、学习生活、交往生活、团体生活、闲暇生活等侧面展开；中高年级以人的社会活动为轴心，按照健康活动、学习活动、公民活动、职业、经济活动、闲暇活动等侧面展开。生活逻辑的依据是有正确取向的"生活事件"，"生活事件"的选择标准要求：其一，以日常生活事件而不是非日常生活事件为主。日常生活事件是个体每天都可能发生的事件，如丢失东西、与同学争吵等；非日常生活事件指节日、纪念日等。其二，以普通的生活事件而非崇高生活事件为主，即以生活中的普通个体经常遇到的事件为主。其三，以今天的生活事件而非以可能的生活事件为主，即指个体生活中的事件而非未来生活的事件。课程内容取向上的转换既是生活德育的要求，也体现了德育生活化的国际背景。

4. 课程实施上，由道德教学转向道德学习

传统德育注重师生之间的授受关系，强调只有通过教师的言传身教才能达到培养学生品德的目的，因此在课程编制上，十分重视设置专门的德育课程和进行直接的道德训导。新课程在编写教材时，把学生当作主角，以学生的视角来呈现教材的教育话题和案例，十

分重视个体通过感受价值、判断价值、比较价值、选择价值来促进道德学习，有利于学生开展自主式学习、合作式学习、探究式学习。自主式学习，有助于培养学生独立自主的品格，有利于学生健康人格的形成；合作式学习，能使学生懂得与人交往，懂得如何处理人与人之间的相互关系，从而培养与人合作、与人分享、尊重人、接纳人的优秀品质；探究式学习，能使学生在探究中培养不怕困难、不怕挫折的品格，养成实事求是、勇于探索的习惯，还能培养学生科学的态度和对真理执着追求的禀性。

5. 课程评价上，由终结性评价转向发展性评价

既往的德育课程的评价，注重结果，侧重甄别和评优，恪守课程标准自上而下的进行，评价表述多为训导式、结论式评语，难以实现促进全体学生共同发展的目的。而新课程评价，在评价目标上强调发展性，内容上注意全面性，方式上多采用温馨式评价，使得评价成为师生、生生间平等、自由、鼓励、帮助、民主、尊重等理解与对话的交互过程，评价本身成为一种独特的德育过程。

三、德育内容的发展改革

学校德育内容是为实现德育目标而在德育实施过程中确定和安排的教育内容，是特定社会对双向互动的教育者和受教育者提出的有关德性的具体规定性要求。学校德育目标是一定社会对青少年所要达到的德性方面的规格要求。从层次上来看，德育目标是德育工作的立足点和归宿点，德育内容的性质和构成是由德育目标决定的，两者是一种主从关系。另一方面，德育目标的概括性更高，德育内容虽然对于具体的教育、教学要求来说也有一定的概括性，作为德育目标的具体化，两者是一种抽象和具体的关系。

就结构来说，我国学校德育内容结构包括政治品质、思想品质、法制品质、道德品质和心理品质等互相联系、相互渗透的五个方面的要素。就其组成来说，我国学校德育内容有两大部分：一是基本

的、相对稳定的内容，二是灵活安排的、可变性的内容。前者可称为学校德育的基本内容，后者则是学校德育的时变内容。

(一)义务教育德育内容的演变

从基础教育课程改革以前的历次教学大纲来看，德育课程的内容主要是继承了历史上传下来的优良德育传统及精选的一些道德文化等，且大都以"德"来组织课程。小学思想品德教育的内容主要包括："五爱"教育、爱国主义教育、共产主义教育、集体主义教育、良好的意志和品格教育、民主与法制的启蒙教育及辩证唯物主义的教育等内容。初中思想品德教育除了包含小学的内容外，还逐步增加了心理品质教育、法律常识教育、社会发展常识和国情教育。这些教育内容自新中国成立以来差不多一直是学校德育课程的主要内容，如 1982 年的《全日制五年制小学思想品德课教学大纲(试行草案)》规定其教学内容是以"'五爱'为基本内容"，1986 年《全日制小学思想品德课教学大纲》的教学内容是以"'五爱'、'五讲四美'为中心的社会公德教育和社会常识教育"，到 1993 年颁布的《小学德育纲要》仍是"向学生进行以'五爱'为基本内容的社会公德教育"，此外加了"有关社会常识教育"的内容。而初中部分，1980 年的《关于改进和加强中学政治课的意见》中明确规定中学政治课由"政治课、时事政策教育、日常思想政治工作"这三部分构成，并强调这三部分"都是学校马克思主义思想政治教育的重要有机构成"。1993 年《九年义务教育全日制初级中学思想政治课教学大纲(试用)》则是要求对学生进行社会主义公民的义务教育、社会发展常识教育、基本国情和建设有中国特色的社会主义有关内容的教育，以及社会主义民主与法制观念教育。可见，很长时间以来，中小学德育课程在教学内容上缺乏创新性。1997 年以前的历次教学大纲的内容老是围绕着这几大块转。这也是我国德育，特别是学校德育课程长期无法提高其实效性的重要原因之一。另一方面，由于这些内容又几乎涵盖了社会生活各方面，而且其中许多内容的制定既是维护安定团结的社会政治局面和建设社会主义现代化强国的需要，也是时代和政治经济进一步发展的要求，特别是社会主义教育、集体主义教育和爱国主义教育仍然是今天我国社会德育的主旋律。

在当代价值多元化的社会背景下，网络文化对德育形成冲击，社会环境复杂化、多元化和变幻不定，中国社会主义道德教育面临着从未有过的尖锐挑战。学校德育在内容选择上，再也不能像以前一样仅仅以单一的社会价值取向为主，只注重德育社会性功能的实现，而应以社会价值取向为主，兼容个体价值取向，不仅注重德育社会性功能的实现，而且注重德育的个体发展和个体享用功能的实现。新制定的小学《品德与生活课程标准》在内容设计上以儿童生活为轴心，从儿童的实际生活出发，选择与儿童生活密切相关的内容来选编教材；并以儿童的生活为基础，用三条轴线和四个方面来构建课程的基本框架。三条轴线是儿童与自我、儿童与社会、儿童与自然；四个方面是健康安全地生活、愉快积极地生活、负责任有爱心地生活、动脑筋有创意地生活。《品德与社会课程标准》则是以儿童社会生活为基础，按儿童逐步扩大的生活领域，从"我在成长""我与家庭""我与学校""我的家乡（社区）""我是中国人""走近世界"这六大主题来组织课程内容。而新制定的初中《思想品德课程标准》是从初中生的认知水平和生活实际出发，以他们逐步扩展的生活为基础，围绕着"成长中的我""我与他人的关系""我与集体、国家和社会的关系"来构建课程，并将道德、心理健康、法律和国情教育等内容整合于其中。总之，新的中小学德育课程标准从青少年的生活出发，注重其主体性的发展，关注教育向生活的回归，其内容较好地体现了当代教育思想和德育课程的基本理念、价值追求。最后，纵观基础教育课程改革前后中小学德育课程的教学内容，都有一定的层次性。

(二)德育内容存在的问题分析

1. 泛政治化

在我国，"德育"是一个外延很宽广的概念，它不仅包括道德教育，而且也包括思想教育、政治教育、世界观教育、人生观教育甚至心理教育和环境教育。在教育实践中，道德教育和政治教育及思想教育等是密不可分的，但也带来了许多问题。首先，造成了它们之间的界限模糊。"道德"与"政治"之间本身就存在着很大的差别，无论是在意识形态上还是政策上，都不容许用"道德"去代替"政治"，也不容许把"政治"看成是"道德"的附加成分。其次，道德的发展、政治觉悟的提高，各属于不同层面的问题，其过程与机制相差甚大，不能以一样的手段、方法，通过一样的途径，遵循一样的原则，来实施道德教育、政治教育、思想教育。如道德教育要求其方法本身就应该合德性，所以从德育的角度看，灌输不是道德教育的主要方法。而政治教育则是把一定的政治思想传授给受教育者，从而培养他们参与政治的热忱与能力，因此灌输对于政治教育来说是有效方法之一。再次，道德教育与政治教育是两种相对独立、并行不悖的教育形态，如果二者之间彼此不分相互包含，会导致德育的泛化，最终抹杀了二者之间的区别及它们的相对独立性和稳定性。但由于我国的学校德育中掺杂着诸多的思想政治教育的内容，不可避免具有浓厚的意识形态色彩。最后，其结果是，一方面削弱德育的实际效果，伤害真正意义上的德育；另一方面也给政治教育、思想教育带来消极影响，影响思想政治工作的顺利展开，使道德与政治之间的关系畸形。

2. 脱离现实生活

教育只有与生活世界相联系，才能充满活力。生活世界是一个实在的、由人构成的日常生活世界。它是一个充满是非、真假、美丑、善恶的世界，蕴含着丰富的内容。它在形式上似乎表现为平等、琐碎及世俗，但生活的价值和意义却泛化地存在于其中。它虽然不及经过抽象、归纳和整理以后的理性知识那样有条理和清晰，但在对其进行的体验、品味、揣度、想象与领悟中，人们能够探寻和感悟到其中的乐趣、价值和意义。学生总是存在于一定的生活世界中，这样的生活世界是学生树立信念、形成真知的基础。然而，目前的教育更多的是与生活相互脱离的，其中道德教育表现得更为突出。一方面，翻开中小学德育教材，看看其中的内容，我们就会发现讲的都是好人好事，宣传的都是真、善、美，很少甚至是没有涉及生活中的一些不良现象。学校德育为学生所展示的生活世界与学生在校外实际面对的生活世界是两个不同的情景，在很大程度上甚至是对立的，于是学生也就形成了两套伦理原则，一套是为了学校内部生活，一套是为了校外生活，学生在学校行的是一套，在校外做的又是一套。另一方面，改革开放以来，我国的经济状况有了明显的改善，社会内部结构与以前相比也有了很大的变化，整个社会的主流意识形态、文化价值观念及伦理道德也随之发生了相应的转变。学校德育却没有依据社会变迁选择适当的德育内容，或者对许多传统的德目进行新的阐释以注入时代因素，而一味地去宣传原有的道德规范，试图使社会适应道德规范的需要，致使学校德育走在时代的后面，无法满足社会生活的现实需要。这种脱离使得道德教育无法改善已有的生活和创制新的生活，逐渐失去生命力和源泉。

3. 呈现方式单调

我国中小学学校德育在内容选择脱离社会生活的同时，在组织和编排上也没有很好地满足学生的兴趣和需要。

第一，道德规范呈现方式单调。德育内容所蕴含的道德规范既可以用直接呈现的方式传递给学生，也可以用间接呈现的方式展示出来，不同的呈现方式其效果显然是不一样的。而我国中小学学校德育的呈现方式，主要以直接呈现为主，方式显得比较单调。这说明我们对教育对象的批判和反省能力及创造性人格的培养没有给予足够的重视，德育内容所蕴含的道德规范基本上是以一种绝对真理的形式呈现出来的，这种以文字的方式直接呈现出道德规范的做法实际上是把道德规范等同于学科知识的传授，把学生当成是有待填充的"美德袋"，其结果是抑制了学生的道德价值判断能力和创造性人格的培养，禁锢了学生的自由，压抑了学生的自主性和创造性，因此也很难引起学生的兴趣。它不仅不能促进反而限制了学生智慧和道德的发展。

第二，道德教材形式单调。道德教材是德育内容的载体，是德育内容选择、组织和编排情况的直接体现。它既可以是学生感兴趣的话题，可以是直接的经验材料，也可以是间接的经验材料；既包括教师教授的材料，也应该包括学生学习的材料；既可以是书籍，是学生喜欢的卡通画或者连环画，也可以借助录音录像等来讲解故事。道德教材是丰富多彩的，因此德育内容的载体也应该是多种多样的。只有这样，才能满足学生的兴趣。而就中小学德育发展的过程来看，我国的德育内容更多的是通过教科书承载的。教科书是为了实现某种目的，通过编制加工并通常是用简化了的方法来介绍主要内容的书，在教材中使用面最广，比重和作用最大。但如果只注重教科书而忽视了其他方式，就使得德育内容的载体过于单一，就无法调动学生的兴趣和积极性，同时也削弱了道德教材的作用和功能。当然，随着一些科学技术在教育方面的运用，这种状况现在已有所改观。

第三，道德教材缺乏情景性。教材可以是文字的，也可以是情景性的。我国中小学以文字性教材为主，相对忽略了情景性教材的作用。情景性教材有着文字性教材所没有的特点，主要体现在：每一种情境均包含着人与人之间或个体与群体之间或群体与群体之间的互动事件。这些互动事件均发生或者可能发生在学生身边，包含学生遇到过或者可能遇到的人际问题或比人际问题更为复杂的社会问题，颇具真实性；每一种情境包含的人际问题或社会问题，均有多种答案甚至无数种答案，给学生自由想象和探索留下了相当大的空间。情境不但可以用文字叙述，还可以用图画描绘，但通常是图文并茂。情境的叙述方式和问题的呈现方式，使学生与事件联系在一起，作为当事人或事件评价者，介入情境之中；事件的叙述简明扼要，情境问题因而具有很大的弹性和开放性，使学生有可能根据亲身经历，对事件的细节加以补充，从而调动学生参与的积极性。情景性道德教材在很大程度上弥补了文字性教材的缺点，一方面，它可以激发学生的积极性；另一方面，它也可以培养学生的道德判断和选择能力。随着价值多元世界的到来，不同的价值观念势必会产生各种矛盾，这就需要我们作出正确的选择，而不是一味地顺从或盲从。所以，培养学生的道德判断能力和选择能力是社会发展趋势使然。而情景性道德教材可以弥补目前道德教材的这一缺陷，如说明情景和实验情景有利于提高学生的道德认知；体验情景有助于培养学生道德信念和行为习惯；道德两难情景适合于学生进行道德探究；体谅情景、后果情景、冲突情景适合激发学生的道德想象力，培养学生的人际—社会意识或道德敏感性。

4. 注重超越性，缺乏适应性

德育目的可以分为社会本位和个体本位，不同的德育目的体现不同的道德价值观念。我国的德育目的和德育目标基本上是由国家决定和颁布的，较多地体现了国家主导的意识形态，对个人的生活幸福与德育的关系强调得不够，是以社会本位为主的德育目的和德育目标体系。这种以社会本位为取向的德育目的和德育目标对道德内容有着重要的影响，决定了学校德育内容注重和推崇的是社会价值，强调社会利益，强调个体的义务，忽视了作为一个社会成员所应该享有的正当利益和权利等。也就是说，学校德育内容体现出德育超越性的实现，忽视了其应有的适应性。道德是对客观存在的一种反映，因此道德标准应该从客观现实出发。目前我国正处于社会主义初级阶段和价值观念相对多元化的时期，不同的人有着不同的觉悟。相对而言，先进分子毕竟是少数，大部分的人觉悟水平还是一般的。这就是我国道德建设所面对的客观现实。但长期以来，我国道德教育所推崇的可以说是一种"圣人道德"和"英雄道德"，不切实际地要求人们"毫不利己专门利人""大公无私"，遇到危险就要挺身而出。一方面，学校德育用道德理想或者是离实际太远的道德规范来约束人们的行为，但效果并不好；另一方面，学校德育忽视了作为一个社会成员所应该具备的基本素养的培养，因此一些违背简单的诸如遵守交通规则、不随地吐痰等道德规范的现象却屡见不鲜。学校德育之所以一味地强调德育的超越性而忽视其适应性，强调社会的利益而忽视个体的正当利益，就是因为我们对道德和德育的功能认识不足。人的行为总是围绕人的生命活动和与生命活动有直接联系的各种需要，这就决定了道德对个人有一种自我肯定、自我发展和自我完善的作用。一旦道德失去了这种个体功能，就会使人觉得遵守道德对自己是没有意义的，就不会有人再去重视道德，道德本身也就不复存在，当然更谈不上社会功能了。道德的社会功能是建立在个体功能之上的，当一种道德完全丧失了其积极的个人功能，成为一种纯粹束缚人的精神发展的枷锁时，道德的社会功能也就完全丧失了。道德功能之间的这种辩证关系决定了德育不是灭私，而是在肯定私的基础上又超越私，修德不是为了别人，而是为了自己，德育不是自我牺牲，而是自我实现；修德不是仅仅为了奉献与牺牲，更重要的是实现自我。

（三）德育内容的发展趋向

1. 由重政治教育转向重道德教育

学校德育包括政治、思想、道德和心理品质等方面的教育，这些内容之间有区别又有联系，各项教育内容既不能完全割裂开来，又不能相互替代。它们统一于德育目标之中。在具体实施德育过程中，由于社会政治、经济和文化建设的需要，可能会出现侧重抓某一方面的情况。这种阶段性的重点教育，其目的是通过调整，使各方面教育协调发展，这是完全正常的。21世纪的德育在以下两方面进一步加强：一是道德人格教育。道德人格同道德规范相比，是更深层、更基础的道德意识。它是人们的道德主体意识，包括人们的追求高尚道德的内心动力、道德选择的权利感、责任感、独立进行道德选择的能力自信和人格尊严。我国传统道德教育的一个很大弱点就是"重规范、轻人格"。过多强调规范，而不大注意尊重人们的道德人格，不善于把规范同培养健全的道德人格以及正确进行道德选择的能力结合起来，这是一种简单的、浅层次的教育，目前人们正在逐步改变这种教育方式。21世纪的道德教育出现尊重个人自立、尊重个性和选择的权利，在"重人格"的基础上带动道德规范教育的新局面。二是加强社会公德的规范化。传统德育中的一个很大弱点是"重个人道德、轻公德"，即对个人要求多，对社会公共道德规范建设投入不够，把国家、社会的一切均寄托于个人的修养，对社会体制、优化环境、公共规则建设的责任感比较淡漠。随着社会的发展，人们也越来越关注社会公德的建设与维护。21世纪的德育是务实性的、基础性的，这是时代与社会的自然选择。

2. 从封闭的德育走向开放的德育

无论历史的事实还是现实的事实都证明，文化道德的文明交流是一个国家、一个民族繁荣昌盛、兴旺发达的光明之路。一个国家的精神文明建设，必须从全人类这个大家庭的角度来思考问题，任何阶级偏见、孤立发展，最终只能拉开自身与人类文明之间的差距。今天，社会主义市场经济体制的建立，使我国的经济发展逐步进入世界经济发展轨道。我们应该在继承和发展属于全人类共同文明的那部分优秀传统道德的基础上，广泛吸取人类一切优秀的精神文明成果。德育工作作为社会主义意识形态的一项活动，要想赢得与资本主义同类活动相比较的优势，更好地服务、服从于社会主义市场经济建设，也应该大胆吸收与借鉴别国的长处为我所用，在这个问题上，我们还要进一步解放思想，消除顾虑，建立开放的德育体系，这是 21 世纪对我们这个具有悠久历史并曾在人类精神文明建设有过辉煌成就的中华民族提出的时代要求，我们必须用大德育观来建构一个符合新世纪要求的德育体系。由此看来，把德育局限在校园内，已无法完成现代社会所要求的德育任务，仅局限在本国传统德育内容上也很不够，必须将德育纳入世界精神文明建设的轨道，与此同步运行，才能适应 21 世纪道德建设的需要，才能使我国学校德育再创新世纪的辉煌。

四、德育方法的变革

德育方法是为达到既定教育目标，教育者、受教育者参与德育活动所采取的各种方式的总称。德育方法有三个层次，即作为指导思想的方法、作为德育方式总和的方法和作为具体操作技能的方法。随着社会的发展，人们价值观念的改变及德育自身内容的发展，越来越要求德育方法进行转变，以保证德育目标及德育内容的顺利实施。

(一)对德育方法的历史反思

过去常用的德育方法主要有说理教育法、榜样示范法，多以教师、教材为中心。我国现行的诸多德育方法层次不一，形式多样，但其宗旨似乎只有一个——把社会所要求的品德规范"传授"给受教育者。这是一种典型的"内容中心模式"，它往往只限于向学生传授一套固定的品德规范。随着我国的改革开放的发展，传统的价值体系遇到了严峻的挑战。教育者只限于用单一的品德规范体系和道德价值观去影响受教育者，把某些品德规范的掌握等同于德育的全部。人们常用的"说服教育""榜样示范""行为训练""奖励与惩罚"等方法，基本上都是在进行一种传授式操作，不同程度地存在着"灌输"的味道。强制性与灌输性的德育方法，忽视了作为社会与历史主人的价值和主体能动作用。它直接导致了两种消极后果：一是德育效果差，甚至无效。二是德育过程中学生的修身过程处于消极、被动甚至中断的状态。长此以往，学生自我教育的主体性和创造精神将大大受挫，并趋于萎缩甚至消失。此外，在少数地方个别教师还奉行虐待型德育方式，体罚学生的情况较为普遍，不仅使学生身体遭受痛苦，也易使其精神受到打击。

(二)德育方法的变革趋向

1. 变训斥式为疏导式

在现行的学校德育中，一些教师不研究学生思想的新变化，忽视市场经济条件下学生思想教育中出现的新情况和新特点，在教育中仍坚持传统的训斥式教育，以为对学生要求越严，品德教育的效果就越好。殊不知，这种对学生的压服式教育由于缺乏师生间的情感沟通，没有学生发自内心的主动参与，效果很差。教师在德育过程中应以情动人，循循善诱，给学生以人格感化。只有这样，德育才能真正取得实效。否则，教师尽管出于自己的良好愿望和良苦用心，若是对学生进行挖苦讽刺或实施体罚，都可能使学生产生反感甚至对立情绪，无助于学生的品德培养。

2. 变封闭式为开放式

在长期的计划经济模式的影响下，学校德育一直处于自我封闭的状态。学校往往把学生束缚在校园里，禁锢在课堂上和书本中，让学生不加思考地接受既定的行为规范和价值观念。个别学校甚至开历史倒车，实行所谓的"封闭式"管理，关起门来"育人"。这种封闭性的德育方法严重脱离了丰富多彩的社会生活，剥夺了学生的社会生活和道德实践体验，不能给学生提供认识社会和自我判断与思考的机会，不利于学生形成科学的世界观、人生观、价值观，不利于学生的品德成长和人格成熟。因此，在我国改革开放和实行社会主义市场经济体制的背景下，学校应从现实出发，把学生从学校的禁锢和书本的束缚中解放出来，让学生走进大千世界，融入社会，去亲历、观察和思考现实问题。对于社会现实问题，不搞回避式的消极防范，不掩饰社会矛盾，而是引导学生实事求是地观察、分析、比较、判断和选择，在开放的德育环境中产生免疫力，形成辨别真善美与假恶丑的能力。

3. 变包办式为自治式

包办式教育是传统德育方法的特点之一。许多教师只注重对学生的外在影响，而置学生的主观能动性于不顾，企图用一边倒的德育灌输来代替和包办学生的自我教育。事实上，学生思想品德的形成过程与德育过程不是完全统一的，还必须经过内化和转化环节，这就要求学生积极参与其中。否则，即使学生能高谈阔论仁义道德，也未必真正具有相应的品德、情感和行为。因此，在德育过程中，教育者必须改变家长式的德育方法，最大限度地调动学生的主观能动性，在充分尊重、信任的前提下，平等相待，引导其主动参与德育过程，使之在德育实践活动中养成自主、自强、自教、自学、自治、自理等自我教育的能力和行为习惯。

4. 变单一式为综合式

受传统德育观念的影响，一些教育者往往按常规行事，习惯于单独运用某一方法，存在着德育方法单一化的倾向。德育综合化的发展趋势要求教育者具有多种视角，运用多种方法，全方位地影响和教育学生。德育有多种模式，多种途径，运用的方法也不尽相同，不能绝对地肯定或绝对地否定某一种方法。因此，在德育工作中，既要重视每一种方法的特有功能，又要重视多种方法的优化组合，以发挥各种德育方法的整体育人功能。

5. 变保守式为创新式

传统的德育方法习惯于墨守成规，唯书唯上，存在着求"静"怕"动"、求"稳"怕"变"等现象。实际上，德育方法同所有事物一样，其生命力在于创新。社会条件、教育对象、德育内容等发生深刻的变化后，德育方法必须随之进行相应的变革。德育方法创新没有什么固定的模式，但要遵循德育的基本规律，坚持实事求是的原则，从教育对象、社会环境等实际出发，处理好继承与创新的关系。当前，德育正朝着综合化、科学化和信息化的方向发展，运用现代教育手段实施德育，已成为德育工作走向现代化的重要标志。为此，我们要学习和借鉴古今中外一切有益的经验，结合实际，大胆实践，在德育方法上有所创新。

五、德育评价的变革

(一)中小学德育评价的主要问题

德育评价是教育者对受教育者的品德发展进行评价的一种活动，它直接关系到青少年学生的道德发展，影响到学校德育的实效性。德育评价对整个德育过程起调控作用，具有重要的反馈功能、管理功能和教育功能。改革开放以来，德育评价改变了过去那种以偏概全的评价方式，开始从各个方面进行改革，但是受传统观念的影响及当时理论的限制，德育评价还是显得十分落后，主要体现在以下几个方面。

1. 评价目标过高

德育具有理想性，较高的德育目标具有激励的作用。但当代中国德育的目标往往过于抽象、空泛、统一，目标与目标之间缺乏适当的层次，而且不符合学生和学校德育的实际，很难反映学校德育的个性和学生思想品德的特色，抽象有余、具体不足。

2. 评价标准随政治变化而变化

德育与国家政治存在着不解之缘，两者息息相关。任何国家、任何时代没有不反映政治的德育，也没有不关注德育的政治。因此，德育评价反映政治的要求，把政治标准作为德育评价的一个重要标准并不为过。但政治标准不是唯一的标准，不能用政治标准代替其他一切标准。德育评价在当代中国长期受到政治运动的干扰，德育评价的标准始终围绕着政治形势转，一个时期一个德育评价标准。

3. 重定性轻定量

长期以来，我国学校德育评价以定性的评价为特色，定性的评价成了我国学校德育评价的传统，而定量的评价则没有得到应有的重视。定性的评价以印象和经验为依据，是用语言文字描述、说明、评价对象德育状况的一种方法。好的定性评价入木三分，准确把握评价对象道德状况的本质；不好的定性评价则显得苍白无力，不能把握评价对象道德状况的特点和本质，不能准确概括学生道德差异，容易造成德育评价的主观性和随意性，导致以偏概全、以点带面，得出不正确的评价结论。定量的评价则是通过系统收集数据，用数据来描述、说明、评价对象德育状况的一种方法。好的定量评价对学校德育工作是促进，更是帮助；不良的定量评价不但不利于学校德育工作，反而以"科学"装点门面，让人不知所措。因此，在改变重定性、轻定量评价的同时，加强德育评价的定量化，也不能放弃定性的德育评价。定性和定量的德育评价要相互结合。

4. 重静态轻动态的评价

当代中国德育评价比较注重对德育结果的评价，往往把德育评价看成是学校德育的终结，从现有的成绩来衡量学校的德育状况及学生的思想品德状况，但对德育过程的评价并不那么重视，缺乏对学生道德发展的动态考查。评价学校德育不能只看到德育的结果，还必须注重从动态的角度看问题，要看到学生思想品德的发展和学校德育的潜力；不能只看到学生和学校的现有表现，要通过评价促进学生思想品德的发展和学校德育的改善。学校道德评价应结果与过程并重。

(二)德育评价发展趋向

1. 承认学生是道德发展中的主体

当代德育模式的发展，使得人们更加认识到道德教育的目的就是一步一步地促进人们的道德发展，使人们能做出越来越成熟的判断和推理，直至达到普遍原则这个道德发展的顶峰。因此，不能通过间接的说教进行道德教育，不能以教育者的权威向儿童、青少年灌输道德观念。因为就每个个体而言，道德认知都是发自内心的，而变化又是渐进的，因此，促进人们的道德发展要按照一定的阶段和顺序来进行。学校道德教育的进行必须随时了解儿童、青少年所达到的道德发展阶段，注重他们主观能动性的积极调动和发挥，促使学生逐步发展。尽管道德发展的各个阶段不容跨越，但人们总是喜欢超越自己的现有发展水平而达到较高阶段的道德判断，只要教育者向受教育者指明较高一个阶段的道德见解，并将其转化为受教育者的内心期盼，他们是能够而且喜欢向更高水平的发展努力的。道德认知的变化乃是人们自己经验的重新改组，乃是人们遭遇到某种道德上的冲突而引起的。教育者的主要任务就是帮助受教育者更加注意真正的道德冲突，考虑自己用来解决这种冲突的理由是否恰当，找出自己思想方法的前后矛盾和不恰当之处，发现解决矛盾的道德思维方法和途径，最终做出较为成熟的判断和推理。因此我们应该更加注重提高学生道德思维能力方面的培养，承认学生是道德发展中的主体，建立更加适合我国国情的道德教育模式。

2. 形式多样化

过去的德育评价形式主要有两种：闭卷考试和教师凭印象打分。前者以实证主义、科学主义为方法论基础。实证主义认为，儿童的品德素质可以分为几个固定不变的部分，通过闭卷考试可以对其加以精确测量，测量结果能够准确地反映儿童的品德发展情况。事实上，这种貌似科学的量化评价方式存在着不合理之处。因为闭卷测验虽然可以测量出儿童的道德知识水平，但无法测量出儿童的道德情感、道德信念和道德行为。同样，教师凭印象打分也有很大的弊端。教师对儿童的印象通常有极强的主观性，在很大程度上由儿童的相貌、家庭背景、学业成绩或某些偶然性因素所决定，因此把个人印象作为品德评价的依据是不公正的，是违反教育规律且不利于儿童的品德发展的。要改变这种不科学的评价形式，就必须倡导德育评价形式的多样化，除闭卷考试和印象打分外，还可以采用其他评价形式，如开放式测试、成长档案袋法、活动性测试等。

3. 主体多元化

传统的品德评价通常只有一个评价主体，那就是教师。开放性的德育评价认为评价的主体应该是多元的，不仅包括教师，还包括学生、家长；整个评价过程应对学生和家长开放。学生成为评价主体，即让学生对自己的道德水平进行自评以及同学之间进行互评。自评与互评有利于学生对自己的道德认知、道德情感、道德信念和道德行为进行反思，使学生能够正视自身的优缺点，从而促进自身道德水平的提升；自评与互评还能增强学生的主体性，使学生主动、积极地参与评价过程，使评价的功能得到更好的发挥。另外，学生作为家庭中的一员，其日常生活中的一言一行家长都看在眼里，因此家长也应当成为评价的主体之一。只有学生、家长都成为评价主体，德育评价才可能变为一种理解、对话和协商，德育评价的根本目标也才可能实现。

4. 侧重发展性功能

德育评价的主要目的不是形成一个终结性的评定结果，而是促进学生道德水平的发展。以往的德育评价通过闭卷考试或教师印象来鉴定儿童的品德，这种做法不科学、不公正，缺乏信度和效度。德育评价，其主要任务不是给学生一个终结性的评定，而是力图最大限度地促进学生的品德发展。它指向的是学生的长远发展，它对学生的未来是开放的。为了提高德育评价的这种发展性功能，首先，必须使评价的鉴定性与发展性相结合，把鉴定学生的品德等级放在次要地位，把促进学生品德发展放在首要地位。其次，评价中应适当使用表扬和批评。最后，评价应充分关注学生品德的纵向发展。横向比较往往会打击一部分发展滞后的学生的自信心，无法激励他们继续努力。将学生的道德发展进行纵向比较，有利于树立学生的自信，使他们的品德向良性方向发展。

第七章

义务教育评价和考试制度改革

第一节　义务教育评价制度改革

对于我国义务教育质量的评价，一直有两种迥然不同的观点：一种观点认为中国的义务教育质量很高，甚至超过欧美发达国家，中国学生基础知识比多数国家的学生扎实，这从历届国际奥林匹克竞赛的成绩可以看出。而另一种观点则认为中国学生毕业后缺乏创造性能力，就是因为中国义务教育阶段无休止地考试、排名、选拔抑制了学生思维的活跃性和自主性。应该说，扎实的基础知识与畸形的功利化追求都提示了中国义务教育质量的真实性，只不过是角度不同而已。正是对于义务教育功能和成功的标准认识不同，才会对中国义务教育产生不同的评价。这就涉及对教育评价的性质、标准以及评价方法的认识问题。

改革开放40年来，中国义务教育虽然有了长足的进步，但仍然存在着一些问题，对此应该说从上到下都有一定的认识，但是远远没有达到可以撼动当前应试体系的程度，主要原因是现代教育理念没有得到普及，教育评价标准没有制度意义上的根本改变。

何谓教育评价？一般来说，教育评价是指依据一定的教育目标，通过使用一定的技术和方法对教育教学进行测量、分析和评定的过程，科学有效的教育评价，在很大程度上决定着教育的走向，影响着学生的素质发展，也关系到整个社会的教育公平与民族素质的提高。教育评价主要包括对学生学业的评价和对教师教学质量的评价两个领域。

一、学生评价

学生评价是教育者促进学生发展的一个重要手段，是整个教育评价的重要组成部分。《教育大辞典》中把学生评价界定为学生评价活动的总称，按评价对象，可分为教师对学生的评价、学生相互评价、学生自我评价等。

自古以来，我国学校教育中一直注重对学生的评价。《礼记·学记》记载，西周时就建立了一个对学生的考评制度："比年入学，中年考校。一年视离经辨志，三年视敬业乐群，五年视博习亲师，七年视论学取友，谓之小成。九年知类通达，强立而不反，谓之大成。"这个考评制度，一方面明确了教育的总目标，又确定了每个阶段的具体标准和要求，而且逐步深化提高，另一方面，每个阶段要达到的标准中都规定了学业知识和思想品德两方面的要求，体现了德智并重，循序渐进的特点。随着社会的发展和教学的改进，教学评价也在不断发展、改进，从隋唐科举制度创立以后，考试一直是中国封建教育的主要评价手段。

近代以来开始出现新教育下的教育测评制度，还建立了教育督导（视导）制度。新文化运动时期，教育测评得到了蓬勃的发展，不仅翻译了国外的测验量表，陈鹤琴等人还自行编制了各种测验量表，开设测量课程，在中小学进行教育测评试验。

中华人民共和国成立后，最初采用苏联的"五分记分法"，与苏联关系恶化后，又逐渐恢复了"百分记分法"，后因"文化大革命"，以阶级斗争为纲，政治标准成为基础教育评价的主要标准，正常的教育教学评价一度停滞不前。

改革开放以后，我国基础教育中学生评价取得很大的进展。大致可以分为两个主要的阶段：第一个阶段是 1978 年至 20 世纪 90 年代初期；第二个阶段是从 20 世纪 90 年代初至今。

(一)1978 年至 20 世纪 90 年代初期的学生评价

1978 年 12 月，中共中央十一届三中全会胜利召开，大会重新确定了解放思想、实事求是的思想路线，使中国毅然走上了改革开放的道路。

教育工作经过拨乱反正，各级各类学校逐步恢复了教学秩序。1980 年 12 月，中共中央、国务院发出《关于普及小学教育若干问题的决定》，明确提出了 80 年代在全国基本实现普及小学教育的历史任务。1982 年 9 月 1 日，在党的十二次全国代表大会上，党中央正式提出把发展教育事业列为经济发展的战略重点之一。1983 年 9 月，邓小平在视察北京景山学校时提出了"教育要面向现代化，面向世界，面向未来"的教育工作指导思想，为教育的改革提出了战略性要求。一方面，教育要为社会主义现代化建设服务，要适应经济建设和社会发展，另一方面，教育本身也要面向现代化，面向世界，面向未来，所以教育的思想、教育的制度、课程与教学、教育手段等也要不断进行变革、更新与发展。1985 年 5 月，《中共中央关于教育体制改革的决定》提出了"教育体制改革的根本目的是提高民族素质，多出人才，出好人才"。1986 年颁布的《中华人民共和国义务教育法》，明确了"义务教育必须贯彻国家的教育方针，努力提高教育质量，使儿童、少年在品德、智力、体质等方面全面发展，为提高全民族的素质，培养有理想、有道德、有文化、有纪律的社会主义建设人才奠定基础"。无论是"提高全民族素质"，还是"多出人才，出好人才"，必须改变"面向少数，忽视多数"的升学应试教育体制，大面积提高基础教育的质量。1985 年至 1988 年，中共中央、国务院连续 4 次发文要求各地试行小学毕业就近直接升入中学，不再举行升学考试。

这一切都给中小学学生评价的发展提供了契机，人们逐渐认识到过去那种突出政治特点的评价标准已不适应时代的发展，也彻底否定了"读书无用论"的错误观点，重新强化了科学知识的重要性。

与此同时，西方先进的教育评价理论逐渐被引入我国，对传统的教育观念产生了极大的冲击。1984 年，我国正式参加"国际教育成就评价协会"，开展了大规模的现状调查评价活动。这些活动加强了我国同国外教育评价界的联系与交流，使得我国能够更好地学习国外的先进经验。泰勒等人的课程设计理论、布卢姆的教育目标分类说和苏联的合作教育学理论中的评价思想对我国传统的评价思想影响比较大。这些先进理论的核心思想就构成了 20 世纪 80 年代学生评价的指导思想。

第一，学生发展的整体观。学生发展的整体观是 20 世纪 80 年代以来学生评价发展的一个重要指导思想。学生发展的整体观把学生的发展看成是一个整体，强调从学生的身体与心理，从学生的自然属性与社会属性，从学生的认知、情感、态度、行为等方面去促进学生的发展，从而塑造学生的健全人格。这是人们在反思以前学生评价状况的基础上得出的。在教育活动中作为完整的人存在的学生不仅具备全部的智慧力量和人格力量，而且体验着全部的教育生活。也就是说，学生的学习过程并不是单纯的知识接受或技能训练，而是伴随着交往、创造、追求、选择、喜怒哀乐等的综合过程，是学生整个内心世界的全面参与。如果不从人的整体性上来理解和对待学生，那么，教育措施就容易脱离学生的实际，教育活动也难以取得预期的效果。这些思想要求在评价学生时，把学生作为完整的人来对待，反对割裂学生人格的完整性，从身体与心理、认知与情感、理性与感性平衡等方面促进学生的发展。

　　第二，学生是教育的主体观。学生是教育的主体观是针对以前
传统教育中的弊端而提出来的。传统的教育只是将学生视为被教育
的对象，只看到其被动的一面而看不到其主动的一面，忽略了学生
学习主体的地位。在这一观念的影响下，一些教师上课是一言堂、
满堂灌，自己当演员，让学生当观众或听众，不给学生留有一点自
主支配的时间，使学生在教育过程中一直处于消极、被动的状态。

　　第三，学生的个体观。学生的个体观是针对教育现实中的弊端
而提出的。在实践中，一方面，人们要么把学生视为没有思想和感
受的白板，要么将学生视为和成人没有什么区别的小大人。这些忽
视学生是独立的个体的观点是不正确的。事实上，学生有着自己独
特的内心世界、精神生活和内在感受，有着不同于成人的观察、思
考和解决问题的方式。由于受影视信息广泛传播的影响，当时中小
学生的视野开阔，思想开放，对外界事物反映迅速而敏感，追求新
意和时髦，甚至比许多成人更具时代气息，再用上一代的观念和行
为来约束学生，这将很难取得预期的效果。只有摈弃传统的观念，
承认并正视现代学生的群体特征，认真研究现代学生的特点，采取
积极的引导措施，教育者才能和学生进行有效的沟通，得到他们的
认同和配合，从而达到教育和影响他们的目的。另一方面，人们往
往忽视学生之间的差异。其实，义务教育阶段的学生既具有未成年
人的共性，也有各自的个性，我们应充分尊重由遗传、环境、教育
作用导致的个体差异。简言之，每个学生都是完整的具有独特个性
的人，教育应保证每个学生在自己原有的基础上的最大限度的发展，
为每个学生按照自己的学习方式和速度进行学习创造条件，而不是
一刀切、一律化。

　　第四，学生的发展观。儿童是处于不断发展的个体这一观点是
人们熟知的，但在教育实践中人们往往忽视了这一点。这一观点在
我国教育评价蓬勃发展的 20 世纪 80 年代，随着泰勒、布卢姆的教

育评价思想在中国的传播，被赋予了新的内涵，并成为学生评价发展的指导思想之一。学生的发展观有两层含义：学生是尚未成熟还需要发展的人；学生是具有发展潜能和多种发展方向且具有巨大发展价值的人。作为发展的人，就意味着学生还是一个不成熟的人，是一个正在成长的人。在实践中，人们往往忽视学生正在成长的特点，而要求学生十全十美，对学生求全责备。这是和发展观点相对立的。没有缺陷、没有矛盾，就没有发展的动力和方向。把学生作为一个发展的人来对待，就要理解学生身上存在的不足，就要允许学生犯错误。当然，更重要的是，要帮助学生解决问题，改正错误，从而不断促进学生的进步和发展。

20 世纪 80 年代，受评价科学化思潮的影响，在教育测量与教育统计理论的指导下，学生评价的方法主要以定量评价为主，人们追求教育评价的科学性、客观性、可量化性。当时各种教育类期刊，就发表了很多强调教育评价要体现科学性的文章，并介绍了很多评价方法以达到评价的客观化、科学化。一些学校考试命题力求科学化，考试评分尽量客观化，引进多项选择题，增加客观题的比重，改进传统主观题的评分方法，减少评分误差。数据处理与分析也追求现代化，利用计算机技术对试卷进行定量分析。追求学生评价的科学性，使用定量的评价方法，以便使学生评价更加规范、客观、真实，以便避免因评价主体的个人感情和价值因素造成评价结果模糊的弊端，这是合理的。但是，学生的情感以及那些具有丰富意义、教育价值、对人生具有终极意义却不可能用量化的方法去评价的东西，就可能被排除在评价之外。尽管如此，强调学生评价的科学性，追求定量的评价方法，在当时是有很大的进步意义的，它打破了评价基本上以经验性、描述性的主观评价为主的局面，促进了评价理论和实践的发展。

总之，20 世纪 80 年代的学生评价，随着西方一些教育思想的引进和吸收，在反思以前学生评价的基础上，取得了显著成就：在考试改革中强调学生的智能与技能的共同发展，注重减轻学生的学习负担；在考试以及作业评分中，强调鼓励学生，促进学生的健康发展。受评价科学化思潮的影响，评价方法主要以定量评价为主。这些成果与经验为其后的学生评价的变革与发展奠定了坚实的基础。

(二)20 世纪 90 年代初至今的学生评价

长期以来，人们一直是过多地重视评价的科学性，忽视它的人文性，重评价的结果轻评价的甄别与选拔功能，轻评价的导向与激励功能，这严重制约了素质教育的推进。针对这些弊端，新一轮的基础教育课程改革把评价观的转变作为重要关注点，对学生评价提出了更高的要求。《基础教育课程改革纲要》从宏观上对学生评价做了原则性的要求，要求建立促进学生全面发展的评价体系，倡导评价的发展功能。这一切为学生评价体系的建立与完善提供了广阔的空间。

20 世纪 90 年代以来，我国在经济、政治、文化、生活的各方面都发生了深刻的变化，以邓小平的南方谈话和党的十四大为标志，我国改革开放和现代化建设事业进入了一个新的阶段。

日益激烈的国际竞争和新技术革命的挑战，既为教育改革和发展提供了机遇和动力，又对教育改革和发展提出了新的任务和要求。随着时代的发展，信息化、学习化、合作化日益成为现代社会发展的特点，这对社会成员提出了新的要求：不仅会学习而且愿意学习；更应有主动性、创造性，会根据自己的需要选择信息；有更高的道德水准和更强的社会责任感。传统的应试教育模式已不能适应时代的要求，素质教育成为必然。正是在这一背景之下，1993 年，《中国教育改革和发展纲要》应运而生。

《中国教育改革和发展纲要》是 20 世纪 90 年代乃至 21 世纪我国教育改革和发展的蓝图，对建设中国特色社会主义教育体制进行了整体性的设计，明确了教育工作的主要任务和要求，指出教育要由"应试教育"转向全面提高国民素质，面向全体学生，全面提高学生的思想道德、文化科学、劳动技能和身体心理素质，促进学生发展。1997 年，《关于当前积极推进中小学实施素质教育的若干意见》指出，改革人才培养模式，由应试教育向全面素质教育转变，这是我国国民经济和社会发展对中小学教育提出的要求，是基础教育面临的一项重大任务。实施素质教育是迎接 21 世纪挑战，提高国民素质、培养跨世纪人才的战略举措。

这一时期的学生评价的指导思想，不仅延续了 20 世纪 80 年代的指导思想，还扩展了深度和广度。

第一，可持续发展观。持续发展理论萌芽于 20 世纪五六十年代，90 年代成为国际社会研究的热点问题。随着当今可持续发展战略的全面实施和理论研究的深入，人们对于可持续发展的认识也在不断深化，它已从物质层面的可持续发展拓展到文化层面的可持续发展。而在文化层面上，可持续发展始终把人放在最突出的核心地位，认为人的发展是可持续发展的归宿。没有受过良好教育的各类专业人才，就不能建设一个适应可持续发展的现代化社会。可持续发展战略的实现从根本上说取决于人的素质，全面提高人的素质是可持续发展战略的核心。而培养具有综合素质的人，是教育应有的责任。可持续发展观已经从一种社会发展观成为指导我国基础教育学生评价发展与变革的教育观，这对学生评价提出了更高的要求，它要求在评价中不仅培养学生宽广的基础知识，更要培养学生的自立意识、竞争意识、进取精神、毅力、交往能力和创造能力等。

第二，终身教育观。终身教育这个概念从个人和社会的观点来看，包括了整个教育过程，蕴含着现代人怎样去实现终身学习，即学会生存、学会学习、学会创造、学会关心、学会负责、学会合作等。这一思想影响着当今教育的各个领域，基础教育作为终身教育的起步阶段，应该给学生什么样的教育，学生评价应该如何使学生拥有终身学习的动力与品质，成了当今学生评价发展与变革的一个重要问题。20 世纪 90 年代以来，学生评价所做出的各项改革都离不开终身教育理念这一指导思想。

第三，多元智能观。传统智力理论持智力一元论观点，认为语言能力和数理逻辑能力是智力的核心，智力是以这两者整合的方式而存在的一种能力。20 世纪 80 年代哈佛大学认知心理学家霍华德·加德纳所提出的多元智能理论对传统智力理论提出了最彻底的挑战。该理论认为，就其基本结构来说，智能是多元的，每个人身上都存在着语言智能、数学逻辑智能、音乐智能、身体运动智能、空间智能、人际关系智能、自我认识智能和认识自然的智能等，每一种智能在人类认识世界和改造世界的过程中都发挥着重大作用，而且具有同等重要性，以上各种智能不是以整合的方式存在的，而是相对独立的，各自有着不同的发展规律并使用不同的符号系统。他的多元智能观对美国和西方国家当前的教育改革特别是中小学课程改革产生了极为重要的影响，也为我国素质教育评价的实施提供了新的视角。加德纳抨击了单纯依靠纸笔的标准化考试，以及以此来区分儿童智力的高低，考察学校教育效果，甚至预言他们未来发展贡献的做法。他认为，这样实际上是过分强调了语言智能和数学逻辑智能，否定了其他同样为社会所需要的智能，使学生身上的许多重要潜能得不到确认和开发，造成他们中相当数量的人，虽然考试成绩很好，走上社会后却不能独立解决实际问题的教育弊端，是人才的极大浪费。加德纳的多元智能理论为确认学生的不同智力和才能提供了一个理论基础，推动了学生评价的发展，为重新衡量学生的学业提供了新的视野，即评价学生必须多元化，从不同的视角、不同的层面去看待每一个学生，通过多种渠道、多种方式对学生进行评价，使得每个学生都能通过适合其智能特点的学习方式展现自己的知识和能力。

因此，20世纪90年代以后，人们认为教育应该"以人为本"，提倡教育是"为了一切孩子的发展，为了孩子一切的发展"，以全面提高学生的综合素质为宗旨。在这一时代背景下，基础教育界进行了一系列评价内容与方法改革的探索，这一时期开展的档案袋评价、实践活动评价等评价活动更是丰富了学生评价的内涵，呈现出学生评价发展的一些新特点。

第一，从分等鉴定到诊断激励。过去的评价主要是为选拔服务的，即它的主要目的在于为学校选拔最好的学生。以往，由于教育资源比较紧缺，评价就被当成教育资源分配的主要工具。评价的主要功能就是分等鉴定，通过评价把学生分为三六九等，以使最好的学生能享受到最好的教育。同时，通过评价来鉴定学生是否达到学校毕业的基本要求，以保证学校文凭的价值，这是评价最主要的功能。然而，随着社会对人的价值和教育本质认识的深入，人们对评价目的与功能的认识也发生了很大的变化。为学生成长与发展服务，这是现代社会对评价的基本要求。评价为学生的成长与发展服务，就是要为学生创造最好的教育服务。通过评价不断改进教育教学，使学生能受到越来越好的教育。为学生创造最好的教育，在教学评价上就是注重评价的诊断与激励的功能，注重通过评价发现师生教学活动和教学行为的意义与价值，找出存在的问题与症结，以不断提高教学的质量，激励教与学两方面的积极性。因此，观察、访谈、录音、录像、作品分析等多种评价方法应运而生。20世纪90年代末期至今的档案袋评价法、表现性评价法、情景测验法、小组评定法等质性评价方法已在各个基础教育课程改革实验区得到普遍推广和运用。

第二，从注重结果到注重过程。过去的教育非常重视结果，而往往忽略了过程。随着现代教育评价目的的的变化，人们试图更多地运用评价工具去诊断教学活动中的问题，发现教学问题的症结，显然，仅仅关注教育活动的结果，评价是无法实现这一功能的转变的。教师教学中的问题只有在教学活动中才能被发现，学生学习中的问题也只有在学习过程中才能被找到。过去的教学评价，仅仅注重学生的结果，并且随着应试教育的发展，更是把评价仅仅集中到学生的考试成绩上。将学生的学习活动及教师的教学活动都化为一个个抽象的数字符号。这显然是将丰富的教学活动简化，扭偏了教学的方向，在一定程度上抹杀了教师教和学生学的积极性。目前的教学评价，则开始调整评价的重点，在注重结果的同时，开始注重过程；不仅注重学生的学习成绩，而且更加注重学生在教学过程中的情感、态度和价值观，激励学生学习的积极性和主动性。试图通过这种评价机制，客观准确地评价学生，促进学生健康全面地成长，并全面展示学生的成长及发展过程。教育评价从重结果到重过程，是目前教育教学评价改革的一个重要特点。

第三，从重知识到重全面素质。过去的教学评价注重测量与评价学生对事实与原理的掌握。基础知识与基本技能对任何人来说，都是十分重要的，教学评价如果不关注基础知识和基本技能就不能正确地对学生的学习作出判断，也不可能对学生的发展作出有价值的分析。然而，如果一个评价只关注基础知识与基本技能的话，那就不能对学生成长与发展提出真正有意义的建议，在教学实践中也会误导教师与学生。在对人自身发展的需要和社会对人才的基本要求充分认识的基础上，目前的教学评价出现了重知识到重全面素质的根本变化。所谓人的全面素质，根据素质教育的要求，包括学生的思想素质、心理素质等方面。就学生的认知发展来说，重点在学生的创新精神和实践能力。此外，在现代学习化的社会中，学生终身学习的意识和学会学习的能力也是对学生全面素质评价的重要方面。在对学生能力评价方面，近年来，世界各国的教育工作者也都强调对学生习得能力的评价。

第四，从与感情无关到注重感情。课堂教学不仅是促进学生认知发展的过程，同样也是促进学生情感发展的过程。因而，课堂教学评价就不能只评价认知的发展，同样也要评价学生在课堂教学中的情感发展。以往的教学评价，尤其是理科课程的课堂教学评价，往往只注重学生认知的发展。众所周知，兴趣是最好的老师，学生对一门课程的兴趣的大小在很大程度上决定了他能否很好地学习这门课程。因而，对学生学习的诊断评价，如果不对学生的兴趣与动机状态作出判断，是很可能对学生学习的问题作出错误判断的。任何一门学科，它既是概念和原理等组成的知识体系，同时也是价值认识的体系。每门学科的概念与原理的背后隐藏着人们如何认识世界的哲学观点，发现概念与原理的过程体现着科学家的科学精神。这种态度和精神是人的全面素质的重要组成部分。此外，作为教育工作者，我们还必须认识到，科学技术是人类社会进步的重要推动力量。但是科学本身并不是万能的，科学就其自身来说并不能解决科学的价值问题。科学技术在造福于人类的同时，也给人类社会带来了一系列极其严重的问题，科技的价值选择问题在当今社会已日显突出。现代教育不仅要教会学生掌握科技，同样重要的是，在这一过程中要帮助他们学会价值选择。因而，评价教学开始转到评价与学生认知相关的情感上。

第五，从统一性答案到多样性答案。20世纪初中叶，人们开发了标准化的所谓的客观试题。客观试题有固定的答案，不以评分人的好恶而变化，从而大大提高了评分的客观性。因此受到不少教育工作者的青睐，并被认为是真正的科学考试。然而，随着时代的发展和教育改革的深化，人们逐渐认识到，客观试题也有着非常大的局限：一是把多样化的世界单一化；二是将人类认识的不同阶段统一化；三是将不同个体的认识一致化。因而，现代教学评价试图突破客观式考试的局限，把创造机会还给学生，在评价的标准上，从统一性的答案走向多样性的答案，为学生富有个性的发展留出最大的空间。

第六，评价主体从一元到多元。我国的教学评价的主体一直存在着一元化的问题。教学过程中主要以教师的评价为主。教师无疑应该成为教学评价最主要的主体，因为教师是直接与学生接触的群体，对学生的学习情况、心理及生活状况最为了解。因此教师对学生的评价往往比较准确。但是，教师的评价即使再准确，也不可能概括一个学生的全部。每个学生都是一个多面体，都是一个发展的个体。在这个方面和在那个方面表现出来的可能就不一样。例如，面对师长和面对同学，学生所表现出来的就有可能不同；面对自己同年级的同学和面对比自己高或低年级的同学，也有可能不同；在校内和在校外有时甚至表现相反；在小学和初中的表现也可能大不一样。因此，评价的主体虽然主要还应以教师为主，但却不能唯一。现代教学评价的发展，充分注意到这个问题，在继续发挥教师的评价作用的同时，还积极发挥家长、同学、学生个人及其他社会资源的评价作用，试图构建一个立体的、发展的评价模式，以保证评价的全面。近几年，基础教育界纷纷开展了多种形式的自我评价和小组评价活动，组织了家长开放日、公开教学活动等。这些活动可以更好地让家长了解学校的课程，了解学生的发展，更加关心学校的教育，真正实现"评价过程是各方共同参与相互支持与合作的过程"。

(三)学生评价制度存在的问题与反思

自 20 世纪 80 年代中期以来，我国基础教育在教育评价方面进行了一系列的改革和尝试。例如，关注学生发展的过程，提出形成性评价；关注学生综合素质的发展，提出综合学力考查、质量综合评定等；尝试进行了小学考试取消百分制而实行等级制的探索；部分地区还试行分项、分类考试，加入口试、面试等超越简单的纸笔考试的改革措施等。这些有益的探索与尝试取得了一些有价值的成果，对于促进我国基础教育评价的发展起到了积极的作用。但是，这些探索大多是浅层的、微观的和零散的尝试，没有对我国基础教育评价中存在的主要问题产生根本性的改变，没有达到可以撼动当前应试体系的程度，主要原因是现代教育理念没有得到普及，教育评价标准没有制度意义上的根本改变。

第一，在评价内容上，仍然过多倚重学科知识，特别是课本上的知识，而忽视了实践能力、创新精神、心理素质以及情绪、态度和习惯等综合素质的考查。

第二，在评价标准上，仍然过多地强调共性和一般趋势，忽略了个体差异和个性化发展的价值。

第三，在评价方法上，仍以传统的笔试为主，仍过多地倚重量化的结果，而很少采用体现新评价思想的质性的评价手段与方法。

第四，在评价主体上，被评价者仍多处于消极的被评价地位，基本上没有形成教师、家长、学生、管理者等多主体共同参与、交互作用的评价模式。

第五，在评价重心上，仍过于关注结果，忽视被评价者在各个时期的进步状况和努力程度，没有形成真正意义上的形成性评价，不能很好地发挥评价促进发展的功能。

二、教师评价制度改革

教师评价是教育活动的一个重要组成部分，它是以教育目标为依据，运用有效的评价技术和手段，对教育活动的过程和结果进行测定、分析、比较，并给以价值判断的过程。教师评价是教师管理的重要环节和手段，它对实现教师管理的科学化、规范化，提高教师的教育教学水平，促进教师自身的专业发展具有十分重要的作用。

新中国成立以来，我国的教师评价历经曲折，不断走向成熟与完善。1978 年以前，我国基本上没有对教师进行过全面的、有组织的、较为系统的评价。党的十一届三中全会以后，我国的教师评价开始逐步走上正轨。教师评价作为加强教师管理的一个重要手段，才逐渐引起教育行政部门及广大教育工作者的重视。1978—1984 年，主要以高考升学率的高低为标准，通过考核来评选出优秀教师。1984 年，我国正式加入了国际教育成就评价协会，逐步开始我国教育评价实践和理论的新探索。1985 年，《关于教育体制改革的决定》重申了必须对现有的教师进行认真的培训和考核，1986 年《中华人民共和国义务教育法》又明确指出，建立国家教师资格考核制度，对合格的教师颁发资格证书。同年 9 月，《中小学教师考核合格证书试行办法》印发并对中小学教师的任职条件、标准作了较为明确的规定，使得教师评价工作更加具体化、规范化。

1991 年，《教育督导暂行规定》提出了"加强对中小学校校长与教师队伍建设工作的督导评估，促进中小学校长、教师队伍政治思想素质与业务水平的提高"的督导工作重点。这标志着我国教师工作评估的全面开始。这一时期中小学教师评价的理论有了一定程度的发展，如上海教育学院与普陀区教育局合作的"教师绩效评价研究与实践"课题等。这一阶段还出现了教育评价的专业性期刊，也出现了一些教育评价的专业组织、专业人员。此外，1994 年 1 月 1 日起开始实行的《中华人民共和国教师法》为我国教师队伍的依法管理提供了法律依据，同样也为教师评价奠定了法律基础。

改革开放以来，我国的中小学教师评价发展较快，不仅体现在教师评价的理念及相关的研究成果上，也体现在中小学教师评价的内容、方式上。

(一)教师评价观的转变

教师评价不能只作量化的判定，还要对教师工作做出进一步的价值判断。价值取向问题是教师评价的一个基本理论问题，传统教师评价只注重教师对社会发展的社会价值，而对教师自身发展的个人价值重视得太少。改革开放以来，教师评价中开始关注教师的个人价值，重视教师个人的专业发展，逐步将教师个体发展目标与学校发展目标融合在一起。

2001年，教育部《基础教育课程改革纲要（试行）》要求全国中小学试行专业发展性教师评价制度，"建立促进教师不断提高的评价体系。强调教师对自己教学行为的反思，建立以教师自评为主，校长、教师、学生、学生家长共同参与的评价制度，使教师从多种渠道获得信息，不断提高教学水平"。它为发展性教师评价的理念提供了新的注脚，教师评价因此需注入新的元素。

教师评价可以分为两类：一是奖惩性教师评价，通过对教师工作表现的评价，做出解聘、晋升、调动、降级、加薪、减薪、增加奖金等决定；二是发展性教师评价。长期以来，绝大多数学校中的教师评价沿袭着传统奖惩方式，尽管这些评价的出发点很好，但是会给教师加重负担，并且不能为希望提高专业能力的教师提供帮助，而发展性教师评价体系有利于教师在发展中遇到困难时给其提供必要的支持，因此急需建立一套教师发展性评价体系来适应当前新课程的发展。

教师发展性评价的首要目标就是促进教师专业的发展，因此它必然突出教师的主体地位，一切为了教师的发展而考虑。评价的目的不仅仅是寻找教师的缺陷，更重要的是为教师专业发展提供有意义的信息，通过这些信息的反馈，鼓励教师进行积极的反省从而促进教师专业的不断发展。

（二）教师评价内容的转变

反思我国教师评价的历史，最初教师评价的内容主要是思想政治素质，后来又较为注重学生的学习成果，以学生的考试成绩作为评价教师工作的主要内容，现在又开始注重教师的教学行为。2002年发布的《教育部关于积极推进中小学评价与考试制度改革的通知》

指出，对教师的评价要多元，既要重视教师业务水平的提高，又要重视教师的职业道德修养；评价标准既应注意统一要求，也要关注个体差异以及对发展的不同需求，为教师有个性、有特色的发展提供一定的空间。

传统教师评价在内容上往往存在片面性，而新时期教师评价则强调内容的全面性，在对教师工作的各个方面进行深入调查的基础上，做出客观的、整体的评价，包括三部分内容。

1. 教师素质评价

教师素质评价主要是对教师个体的品德修养、文化素质和专业能力的评价。这方面的评价在教师的聘任、晋升中可作为主要依据。主要包括如下几个方面。一是思想素质，考核教师是否具有强烈的事业心和责任感，是否具有高尚的道德品质，能否做到以身作则、为人师表。二是文化素质，考核教师是否具有较高的文化修养，在言行举止方面能否做到仪态端庄、谈吐文雅、衣着整洁。三是业务素质，考核教师的教育教学能力，能否熟练掌握教育通识知识、教育研究方法论知识、所任学科教学法理论知识，并能在教学中灵活贯通地运用，能否有效安排和利用课堂教学时间，注重各教学环节的前后衔接，把握、调动学生的积极性。四是身体素质，考核教师的身体健康状况能否适应繁重的教育教学工作。五是心理素质，考核教师的心理状况是否适合担任教师职务，是否具有良好的性格、坚强的意志以及心理的自我调控能力。

2. 教师职责评价

教师职责评价就是看教师是否按照岗位职责去做以及做得如何。职责标准的内容主要包括如下几个方面。一是工作态度，即工作责任感、工作积极性、组织纪律性、团结协作精神等。二是工作数量，即教育工作量、教学工作量、社会工作量、科研工作量等。三是工作质量，即教育工作质量、教学工作质量、科研工作质量等。对教师职责进行评价，不仅能促进教师增强工作责任心，还有利于教师发现工作中存在的问题，引导教师按教育规律办事，更好地为教育教学改革和发展服务。

3. 教师绩效评价

教师绩效这里指教师的工作成果。教师工作成果主要包括如下几个方面。一是工作效果，如学生在德智体等方面的素质提高情况，学生学习成绩情况（合格率、优秀率、提高率），学生学习方法和能力的培养情况等。二是工作效益，如社会的反响，学生、家长、同事、领导的评价等。对教师的绩效进行评价，有利于教师了解教育目标达到的程度，总结自己的教学工作经验，发现问题，明确方向，调整今后的教学工作，进一步提高教学效果。

（三）教师评价方法的转变

在传统教师评价实施的过程中，大多数中小学主要以教育行政领导为主来进行评价，教师评价主要是一种自上而下的考核。这种评价方法不太关注教师本人的自我评价，缺乏教师的积极参与，因而不能引起全体教师的"共鸣"和响应，部分教师甚至对评价产生抵制和厌倦情绪，导致教师对评价产生了一些不恰当的认识：一是"评价无用论"，认为评价只是摆形式、走过场，对教师教育教学工作并无实质性的促进作用；二是"评价有害论"，认为评价是一种扰民行为，干扰了教师正常的教学工作，不仅无益，反而有害。[1]

2002年，《教育部关于积极推进中小学评价与考试制度改革的通知》指出，评价方法要多样，制定便于评价者普遍使用的科学、简便易行的评价办法，探索有利于引导教师进行积极的自评与他评的评价方法；不仅要注重结果，更要注重发展和变化过程；要把形成性

---

[1] 张其志：《当代教师评价制度述论》，载《韶关学院学报》（社会科学版），2002（10）。

评价和终结性评价结合起来，使发展变化的过程成为评价的组成部分。"建立以校为本、以教研为基础的教师教学个案分析、研讨制度，引导教师对自己或同事的教学行为进行分析、反思与评价，提高全体教师的专业水平。不得以学生考试成绩作为评价教师的唯一标准。"在全员参与的教师评价中，既有教育行政领导的教育性评价，也包括同行的形成性测评、学生的层次性评教、教师自己的反思性评价以及家长和社区的动态性评价。这就将原来的"上级"对"下级"鉴定式的单向评价，转变为"上下级"之间相互评价的交互式评价。学校内部评价中以自我评价为主，形成性评价为主。

1. 开始注重教师自我评价

教师自我评价是评价对象依据评价原则，对照评价标准，主动对自己的工作表现做出评价的活动。它是一个批判反思的过程，更是一个自我提高的过程。教师的自我评价对提高教师素质、提高教育质量有重要作用。

20 世纪 80 年代，美国、英国等西方国家兴起反思性教师教育思潮，反思性教师教育思潮中出现了许多名词，如反思性教师（reflective teacher）、反思性实践（reflective practice）、教师即研究者（teacher as researcher）等。虽然提法不同，但都认为教师应该既是实践者，又是自身教学行动的研究者，主张教师应该培植起"反思"的意识，不断反思自己的教育教学理念与行为，教师自我反思的过程也就是教师自我评价的过程。教师只有经过不断自我诊断评价，了解自己的优势和不足，才能有意识地寻找学习机会，才可能成为一个"自我引导学习者"。教师正是在自我反思、自我评价的过程中实现自我专业发展的，教师的自我反思能力使教师的终身学习成为可能，并为进行教师终身教育提供保证。另外，教师自我评价体现了教师职业及其从业人员的特点。

首先，享有有效的专业自治是专业的基本特征之一，教师拥有个人专业发展自主也是教学专业的一个基本特征。教师结合自己的工作实践，不断回顾自己的教育教学过程，对自己的教育行为和周围发生的教育现象展开批判反思，不断改进自己的工作并形成理性的认识，实行自我专业发展管理。这是教师专业自主性和自主能力的最高表现形式，更是一名成熟的专业人员的必备素质之一。

其次，教师作为专业工作者，是受教育程度较高的人，教师有能力对自己的教育行为加以反思、研究和改进。内部动机比外部压力有更大的激励作用，外部压力可以使他们达到最低标准，但是很难使他们达到优秀。金钱奖励不是激发教师积极性的唯一动力，他们还有友情、安全感、归属感和受人尊重的需要，教师渴望自主，渴望获得发展机会。

再次，教师是教学的设计者和实施者，也是教学的直接责任者，整个教学过程的构思乃至每个教学细节的安排只有他们最清楚，外来的研究者对实际情形的了解往往停留在表层，因此提出的问题往往无法切入问题的关键。从这个意义上说，教学效果评价只有建立在教师自我评价的基础上，才会比较准确、全面和切合实际，也才容易为教师所接受。

最后，现代教师生活紧张而繁忙，这使得教师之间几乎没有时间进行交流，和同事的交流可能是短暂的和偶然的。很少有人喜欢被质疑，在感到足够安全之前，教师并不愿意让别人来对自己的教学进行评判。因此，教师的批判反思最有可能发展的是自我反思、自我评价。

教师进行自我评价至少具有以下两方面优点。一是注重教师未来的发展。教师发展性评价的首要目标就是促进教师专业的发展，因此它必然突出教师的主体地位，一切为了教师的发展而考虑，要求教师不断通过自我评价来进行自我调整，进而不断地发展自我。二是评价标准的灵活性。由于评价对象都具有自己的特点，所以不能用同样的标准去评价不同的教师，因此在制订评价标准时要充分考虑到教师的个体差异性。即使是面对同一个教师，评价标准也要随着教师的不断发展做相应的改变。

2. 开始注重内部导向

传统教师评价往往注重外部导向，即将教师评价的结果作为教师之外的主体，如学校、上级主管部门决策的依据，或者是通过教师评价，对教师做出相应的奖惩措施，这种评价制度更重视的是对教师的鉴定和选择的功能，而很少重视教师自身的长期发展，因此这种评价制度在实施的过程中很难得到教师的积极配合，反映的情况也并不一定真实。而现代教师评价开始注重内部导向，即教师评价的结果主要是为教师的未来发展服务的，而不是解聘、晋升、调动、降级、加薪、减薪、增加奖金等方面。2002 年，《教育部关于积极推进中小学评价与考试制度改革的通知》指出，未经教育行政部门批准，任何社会团体、民间学术机构组织的教学评比结果不得作为教师晋升、提级、评优的依据。教师评价制度不再成为奖励和惩罚教师的机制，而是作为提高教师专业能力和专业知识的一种手段，成为促进学校发展的一种措施，其实这才是教师评价的实质。

3. 教师成长袋评价法

教师评价的方法目前普遍采用的有课堂观察、课堂绩效评定、学生学业成绩、成长档案袋评价、学生或家长评价、同行评议、纸笔测验、问卷与面谈、后设评价等。其中教师成长袋评价法在目前我国中小学教师评价中影响较大。

教师成长袋运用于教师评价是为了改进传统的评价制度，矫正其过分强调观察评估的弊端，给教师提供参与对自己工作和学生学习情况进行分析的机会。教师成长袋之所以备受瞩目，除了它所具有的真实性外，还在于涉及了评价工作的复杂性，并鼓励教师积极参与、反思和自我评价，从而促进了合作互动。

教师成长袋评价的特点是真实、全面、准确，它把评价者的目光引向教师的日常教育实践活动，通过对教师生活化的事例的评述来全面判定教师个体的专业素质，从而使教师评价活动回归生活，并且促使教师善于捕捉自己教育教学活动中富有创造性的片段以便为教师评价提供素材，能显著增强教师的反思意识和反思能力。对日常教育活动真实记录的评价，将促使教师更加关注教育实践中的个体知识，使他们在做一名知识传授者的同时，还要成为一个"临床诊断者""研究者""行动者"。[①]

总之，在教师评价实践活动中，要认识到不能片面地强调一种方法，每种方法都有其优缺点，都有其使用的范围，不应对每种方法都求全责备，应相对评价与绝对评价相结合，定性评价与定量评价相结合，他人评价与自我评价相结合，传统评价与现代评价相结合，不断建立科学的教师评价体系，根据不同的评价实践选用不同的方法，从而不断完善教师评价方法，促进学校选拔优秀人才，提高教师自身的综合素质，促进教师的专业发展，使教师的发展和学校的建设目标相一致，促进教师和学校共同发展。

第二节　招生和考试制度改革

在长期的封建教育体制中，考试是评价学生学业和学校教育质量以及人才选拔的核心标准之一。进入现代社会以后，考试与教育测量学、教育统计学等现代测试理论相结合，发展成现代考试学理论。它除了被普遍运用于各级各类学校内部检验教学效果、学习成绩的诊断性测试和总结性考试外，还被广泛地运用于大规模的学校招生、毕业考试及各类人才选拔录用等考试。

---

① 孟照海：《教师成长袋在教师评价中的可行性分析》，载《中小学教师培训》，2005(8)。

一、取消初中统一招生考试

1986 年国家教委提出在普及初中教育的地方取消初中入学考试，实行小学毕业生就近直接入学以来，各地采取种种措施积极推进改革，使免试就近入学政策的实施取得了阶段性的成果。然而，由于小升初实行免试就近入学是义务教育阶段牵一发而动全身的改革，它涉及教育内容、方法等一系列的问题，尤其在当前人们对此项改革的认识还不完全一致，改革中的具体步骤、措施和技术尚不完善的情况下，出现了各种矛盾和问题。这些矛盾和问题的存在阻碍着初中入学办法改革的实践和深入，同时也使免试就近入学政策在出台十余年后又成为义务教育阶段的研究热点。如何正本清源，澄清是非，化解矛盾，是每一个教育工作者都应密切关注的问题。这些问题的研究是教育政策科学不可或缺的重要组成部分，也是教育政策实践的重要内容，对促进教育政策的民主化、科学化、绩效化具有十分重要的意义。

（一）取消初中统一招生考试的由来

新中国成立以后，在升学考试问题上几次引起争论。坚持考试者认为，孩子在学习天赋上是存在差距的，国家有责任提供一些教学设备先进、教育质量优良的学校，以满足一些孩子的需要，符合因材施教的教育规律。而且鉴于国家的财力有限，不可能将每一所中学都建成花园式的学校。为了追赶发达国家的科学技术水平，在培养人才方面，应该集中优势，重点培养，以求突破；另一部分人上职业学校、农中，接受劳动教育，成为有文化的普通劳动者。而相反的意见认为，这是一条精英教育路线，让多数人陪着少数人考试，既违背教育的平等原则，也违背了党的"德、智、体"全面发展的教育方针，不符合培养社会主义普通劳动者的要求。争论的背后，实质上是对我国教育方针和路线认识上的分歧。"文化大革命"前的 17 年，小学升初中一直实行统考。"文化大革命"时，小学、中学、大学的统考通通取消，中小学取消重点，实行彻底的就近入学，大学的工农兵学员完全凭推荐。1977年，恢复了高考制度；1978年，教育界拨乱反正，恢复了重点中学，考试也自然随之恢复。但是，否定考试的意见并没有因此消失。

1985年，国家颁布《中华人民共和国义务教育法》后，否定小学升初中考试的呼声又逐渐升温。其理由有二：其一，既然是九年义务教育，就不需要选拔，因此没必要进行统一考试。其二，学生从小就围着考试指挥棒转，学习负担过重，身心健康受到摧残，这种应试教育的模式必须改变。于是，想通过就近入学来改变薄弱校的生源，实现中学教育"齐步走"的美好前景。1988年，国家教委做出决定，在5年之内，全国各地逐步取消小学升中学的统考。

（二）初中入学办法改革的实施

至1997年，初中入学办法改革的方案从实施深度上大致可以分为两种：一种是全部就近入学；一种是"双轨型"，即选拔和划片就近入学。有的城市采取一种方案，有的城市两种方案兼而有之。总体来看，改革是有步骤地、循序渐进地实行的，许多城市都经过了按阶段稳妥深入的过程。同一城市中的不同地区根据自身实际情况采取了不同的改革方案，形成了区域性差异。越是教育发达的城市或城区，在改革中越是谨慎、稳妥。

义务教育阶段取消升学考试，实行免试就近入学是教育的大政策，但各地区在实行这一政策时采取的具体措施略有不同。例如，广州、北京采取计算机派位就近升初中，但是依靠钱、权、势进行择校的依然很多。经过几年计算机派位的实践，广州市对引进计算机派位的方法进行了改革，采取了两条腿走路的方法——推荐生单独排位，然后才轮到普通学生排位。有的想办法转户口，家长们为了孩子的将来都舍得投资。目前，计算机排位也在各大城市形成了自己的特色。在这种情况下，一批国有民办学校也兴办起来，在城市中发展很快，为不惜花钱择校的家长和学生提供了新的选择机会。与其他地方有所不同的是，北京还有"单位（集体）择校"或"共建"的方式。

（三）取消初中统一招生考试的利弊及其分歧

就近入学难调众口，人们对于初中统一招生考试取消与否争议很大。有人认为，初中统一招生考试是个无形的指挥棒，在一定程度上左右着小学的各项工作，给实施义务教育带来一定的困难，表现在以下几个方面：师生负担过重；学校畸形发展，冲击教育根基；牵动社会面广，造成的损失大，改革初中招生考试制度、实行划片招生势在必行。此外，还有人认为取消初中统一招生考试后所采取的种种招生措施并没有实现预期的效果，仍然存在一些弊端，如推荐保送的学生不一定是最优秀的，划片有时也不是公平的等。

应该说，义务教育阶段取消升学考试，免试就近入学是对的，在当前教育投入不足、人们教育消费增加的前提下，有利于薄弱学校改造，缓解学生课业负担及便于实施素质教育等多种功能，要继续坚持，但有待于补充完善。我国的义务教育将会努力适应 21 世纪对人才的多样化需求，实现均衡化发展。

二、初中毕业和高中招生考试改革

传统的高中阶段招生考试一直制约着课程改革的进程和素质教育的发展，使得学生的全面发展受到严重阻碍。为了更好地促进学生的全面发展，我国中考制度经历了改革、创新、完善的过程，在考试评价和招生录取等方面取得了重大成就。

党的十八届五中全会和国家"十三五"规划纲要强调，深化考试招生制度改革，推行初高中学业水平考试和综合素质评价。2016 年 9 月颁布的《关于进一步推进高中阶段学校考试招生制度改革的指导意见》指出，改革区学生的综合素质评价将成为招生的重要依据，同时关于学业成绩、品德教育、文学素养、艺术素养、健康素养以及社会实践能力等方面的因素通过相应的举措作为录取参考。无疑，这次招生制度改革的走向是素质教育理念，打破了分数至上的招生原则。

第一，这次改革重在改变目前高中招生将部分学科成绩简单相加作为录取唯一依据的做法，推广初中学业水平考试，初中学业水平考试主要衡量学生达到国家规定学习要求的程度，考试成绩既是学生初中毕业又是升学的基本依据，明确了初中学业水平考试的多重功能。初中毕业和高中招生考试"两考合一"，合并为初中学业水平考试，实现"一考多用"，减轻学生多次备考负担。

第二，改变考试科目构成。语文、数学、外语为基础学科，统一作为录取计分科目。体育也被纳入录取计分科目，科学确定考试分值或等第要求，引导学生加强体育锻炼。同时，根据文理兼顾、负担适度的原则，试点地区确定其他纳入"录取计分科目"，防止偏科。例如，有些地方在坚持以往科目考试的基础上增设了1—2门可选的考试科目，但是考生不能同时选择历史、地理、思想品德，也不能只选理科类科目，要文理兼顾。国家课程方案所设定的科目均列入学业水平考试的范围，不仅"要学""要考"，还要达到"合格"，但并不要求将所有科目纳入招生录取计分科目，以免增加学生负担。

第三，改变考试内容，减少单纯记忆、机械训练性质的内容，注重考查学生分析问题和解决问题的能力，提高学生的创新精神和能力素质。

第四，改变成绩呈现方式。可采用分数、等级等多种形式呈现，鼓励有条件的地区实行"等级"呈现，避免学生分分必争、过度竞争。

第五，完善学生综合素质评价。明确要求试点地区将综合素质评价作为高中招生录取的依据或参考，让以往处在从属、参考地位的综合素质评价成为主角，在高中录取中真正发挥作用。评价内容上，要求细化和完善思想品德、学业水平、身心健康、艺术素养和社会实践五个方面的评价内容和要求。评价重点上，强调反映学生的全面发展情况和个性特长，注重考查学生的日常行为规范养成和突出表现。评价程序上，强调要做好写实记录，将用于招生使用的事实材料进行公示、审核、建立综合素质评价档案。在结果使用上，实行谁使用、谁评价，由高中学校根据学校办学特色制定具体的使用办法，使综合素质评价在招生录取中真正发挥作用，避免唯分数的倾向。

文件提出到 2020 年左右初步形成新的基于初中学业水平考试成绩、结合综合素质评价的高中阶段学校考试招生录取模式和规范有序、监督有力的管理机制，促进学生全面发展和健康成长，维护教育公平。

其后，全国许多省份开始制定中考改革方案。北京市改革后的中考方案除了必考科目外，选考科目有 9 种选课组合，54 种分数折算方式。上海市中考改革以"一依据、一结合"（依据初中学业水平考试，结合初中学生综合素质评价）为主要制度架构：一是完善初中学业水平考试制度，考试科目覆盖初中基础型课程的所有科目，所有初中在籍学生均需参加考试，考试成绩用于初中毕业和高中阶段学校招生；二是完善初中学生综合素质评价制度，进一步加强综合素质评价在初中毕业和高中阶段学校招生录取中的运用；三是深化高中阶段学校招生录取改革，进一步健全初中学业水平考试与综合素质评价相结合的多元招生录取机制。《辽宁省教育厅关于进一步推进高中阶段学校考试招生制度改革的实施意见》提出构建与高考综合改革相衔接、一体化的创新人才培养体系，将全面推行初中学业水平考试，考试成绩作为学生毕业和升学的基本依据，招录同时结合综合素质评价。

后　记

　　义务教育是一个近代概念，最早的名称颇为不一，有的称之为"强迫教育"，有的谓其为"普及教育"，也有人叫它"免费教育"等。之所以关于义务教育的称谓有这么多，原因就是对英语"Compulsory Education"的翻译有所不同，中国沿用日本的翻译方法，称之为义务教育。

　　义务教育的具体指向也有时代性。民国时期的义务教育仅指初等小学阶段，学制4年，只有强迫教育的含义，不包括免费的内容。从1949年到1978年，义务教育主要指小学教育，学制5—6年。改革开放以后，随着经济的迅速发展，我国将义务教育确立为小学6年及初中3年。在《中华人民共和国义务教育法》的指引下，我国义务教育的普及率逐年提高，并稳步巩固义务教育普及率。义务教育发展的水平和质量，成为衡量全体国民整体素质和现代社会文明程度的基本标志，也成为我国实现从人口大国提升为人才强国宏伟目标的根本标志。

　　40年来，我国的教育改革是逐步深化的。从1977年到1985年，重点是解放思想、实事求是，拨乱反正、正本清源，揭露和批判"四人帮"的罪行和谬论，平反冤假错案，解除知识分子和广大教师的政治包袱和思想束缚，树立尊重知识、尊重人才、重视教育、尊敬教师的政策导向和社会风尚，明确了教育优先发展的战略地位和发展方向，理顺教育管理体制，为全面推进改革开放奠定思想理论基础，落实制度保证。主要标志是"全国科学大会""全国教育工作会议"的召开和《中共中央关于教育体制改革的决定》的发表及邓小平的一系列重要谈话，特别是 1983 年为景山学校题词："教育要面向现代化、面向世界，面向未来"，最集中地表明了中国现代教育的特征、目标和方向，成为整个教育领域改革开放的指导性纲领。这一阶段偏重于解决教育的宏观问题，创造教育改革开放的条件。

1986 年以来，我国的教育改革全方位铺开，重点就是实施普及九年制义务教育，实现中国几代教育工作者的百年梦想，1986 年 4 月 12 日，第六届全国人民代表大会第四次会议正式通过《中华人民共和国义务教育法》，规定至 20 世纪末，在全国基本普及九年制义务教育，并于当年 7 月 1 日起开始执行。经过全社会的共同努力，至 1999 年，全国小学入学率达到 99.09%，初中入学率达到 88.6%，实现了基本普及九年制义务教育，创造了世界性的奇迹。这是 40 年中国教育取得的最为骄人的成绩。

跨进 21 世纪，义务教育改革开放进入新阶段，两大攻坚战成为焦点：一是全面完成并认真巩固普及九年制义务教育的成果，做好进一步扩展普及义务教育范围的准备，一些大中城市和经济发达地区正在酝酿或着手实施扩展义务教育的范围，向上扩展至高中教育；二是大力提高普及九年制义务教育的质量，尤其是提高边远地区和流动人口子女的义务教育质量，促进义务教育的均衡发展。

2018 年是中国教育改革开放 40 周年，也是中国义务教育发生翻天覆地的变化的 40 年。义务教育改革 40 年及其取得的成就，本身就是一部内容极为丰富的教科书。随着时间的推移，其意义和价值必将越来越为人们所认识和重视。认真回顾 40 年来中国义务教育的巨大变化，充分肯定已经取得的丰硕成果和积累的宝贵经验，实事求是地分析存在的困难和不足，厘清未来发展的目标，积极主动地探讨发展和创新之路，是非常必要的、及时的。

十年前，我们曾协助王炳照先生主编了《中国教育改革 30 年·基础教育卷》，转眼十年过去了，在编写本书的过程中，我们对原著进行适当的增补，也删除了一些章节，选择几个与义务教育相关的侧面作专题性的探讨，主要包括普及义务教育的发展历程、义务教育管理体制改革、改革开放 40 年来义务教育的成就、义务教育结构调整、义务教育课程与教学改革、义务教育德育的改革与发展、义务教育评价和考试制度改革等。全书由集体分工合作完成，参加本书编写的人员有（按章顺序）：第一章（代养兵）、第二章（周慧梅）、第三章（林钧）、第四章（林钧）、第五章（彭彩霞）、第六章（尹逊才）、第七章（施克灿）。全书由施克灿统稿。

感谢北京师范大学出版社与北京师范大学教育学部领导的组织与指导，尤其是感谢陈红艳编辑的辛勤付出。

由于学识有限，时间仓促，肤浅之见及谬误之处实难避免，恭请方家批评指正。

图书在版编目(CIP)数据

中国教育改革开放 40 年：义务教育卷 / 施克灿，林钧等著. —北京：北京师范大学出版社，2019.2
（中国教育改革开放 40 年/朱旭东主编）
ISBN 978-7-303-24415-7

Ⅰ. ①中… Ⅱ. ①施… ②林… Ⅲ. ①教育改革－成就－中国 ②义务教育－教育改革－成就－中国 Ⅳ. ①G521

中国版本图书馆 CIP 数据核字（2018）第 272706 号

营 销 中 心 电 话　010-58805072　58807651
北师大出版社高等教育与学术著作分社　http://xueda.bnup.com

ZHONGGUO JIAOYU GAIGE KAIFANG 40 NIAN：YIWU JIAOYU JUAN
出版发行：北京师范大学出版社 www.bnup.com
　　　　　北京市海淀区新街口外大街 19 号
　　　　　邮政编码：100875
印　　刷：北京盛通印刷股份有限公司
经　　销：全国新华书店
开　　本：710 mm×1000 mm　1/16
印　　张：21
字　　数：270 千字
版　　次：2019 年 2 月第 1 版
印　　次：2019 年 2 月第 1 次印刷
定　　价：98.00 元

策划编辑：陈红艳　　　　　　　责任编辑：王　强
美术编辑：王齐云　　　　　　　装帧设计：王齐云
责任校对：段立超　陈　民　　　责任印制：马　洁